U0925909

ASATS 美国学生事务译丛

A Series of Student Affairs in Higher Education of America

LINKING THEORY TO PRACTICE

Case Studies for Working with College Students

(2 Edition)

理论联系实际:

高校学生事务工作案例研究

(第2版)

〔美〕费郎西斯·斯特奇
〔美〕迈克尔·达内尔斯 著

游敏惠 杨德山 高黎平 译

四川大学出版社

责任编辑：黄新路
责任校对：余　芳
封面设计：米迦设计工作室
责任印制：王　炜

图书在版编目(CIP)数据

理论联系实际：高校学生事务工作案例研究 /（美）斯特奇，（美）达尔内斯著；游敏惠等译．—2版．—成都：四川大学出版社，2015.12
（美国学生事务译丛）
ISBN 978-7-5614-9246-8

Ⅰ.①理…　Ⅱ.①斯…　②达…　③游…　Ⅲ.①高等学校-学生工作-研究-美国　Ⅳ.①G645.5

中国版本图书馆 CIP 数据核字（2016）第 006726 号

四川省版权局著作权合同登记图进字 21-2016-93 号

书名　理论联系实际：高校学生事务工作案例研究(第2版)
LILUN LIANXI SHIJI：GAOXIAO XUESHENG SHIWU GONGZUO ANLI YANJIU

著　　者　〔美〕费郎西斯·斯特奇　〔美〕迈克尔·达内尔斯
译　　者　游敏惠　杨德山　高黎平
出　　版　四川大学出版社
地　　址　成都市一环路南一段 24 号 (610065)
发　　行　四川大学出版社
书　　号　ISBN 978-7-5614-9246-8
印　　刷　郫县犀浦印刷厂
成品尺寸　148 mm×210 mm
印　　张　8.5
字　　数　243 千字
版　　次　2016 年 1 月第 2 版
印　　次　2016 年 1 月第 1 次印刷
定　　价　30.00 元

◆读者邮购本书，请与本社发行科联系。电话：(028)85408408/(028)85401670/(028)85408023　邮政编码：610065
◆本社图书如有印装质量问题，请寄回出版社调换。
◆网址：http://www.scup.cn

序 言

本书是《理论联系实际：高校学生事务工作案例研究》的第二版。我们认为这个更新了 26 个案例的新版本将像它的原版那样为生机勃勃的学生事务工作带来极大的帮助。第二版对原书的前三章做了更新，新增了对学生事务工作前沿理论的概述，以反映学生事务工作不断变化的客观事实。此外，根据专家的建议，本书增加了学生案例研究的索引。任课教师和工作坊举办者可以通过索引方便快捷地查找到自己感兴趣的院校类型及事件的案例研究。尽管如此，我们仍然不得不提醒使用本书的学生注意，在案例研究中我们仅对每个案例的最主要的三个方面的问题进行了界定和分析，还有大量的更细致的问题需要通过全面的案例研究来界定和分析。预计将来我们还需要对大学生校园生活做数量更多、涉及面更广、内容更新的案例研究。因此，我们期待各位能对本书提出批评指正，或者为我们提供更好的案例，以资我们在今后的再版中增补。

我们期望，本书能成为学生事务工作培训课程阅读材料的有益补充。本书也可以作为学生事务工作专业人士或其辅助人员开办工作坊的材料。虽然我们对指导学生事务实践的理论进行了概述，但是本书不可能完整地介绍所有涉及的理论。因此，本书必须与其他有关重要理论的文献材料，尤其是前三章中所引用到的文献材料配合使用。

本书主要包括两个部分。第一部分由前三章构成，主要是关于事件场景的设置，也可以说是为案例研究做准备。第一章深入论述案例研究在将理论研究与实践操作相结合中所起的作用。第二章概述高校学生事务工作研究中的四个重要方面：学生发展、校园环境、组织理论以及大学生本身的变化。第三章介绍案例研究分析的操作步骤。本章通过对列举案例的详细分析，向使用本书的专业人士和学生说明了进行案例研究分析的具体步骤。

第二部分主要是案例。该部分所列案例按照学生事务的工作领域分为学生组织和管理、辅导与咨询、宿舍生活、学生活动、学术问题、法律和司法问题六章。读者可能首先会发现的问题是，这些案例实际上是被主观地归类并编撰到以上章节中，各章之间缺乏关联性。辅导与咨询的案例有时有重复，宿舍生活和学生活动有时看起来似乎差不多，而大多数的案例都可能涉及法律问题。然而，这就是当今大学校园复杂性的真实写照。

案例研究的作者提出了一系列具有挑战性且需要解决的问题。这些案例包括背景、人物和案例陈述。许多案例都涉及众多的因素。在每个案例中，专业人员都会面对短期或长期的问题。案例的主题变化多端，其范围从日常生活到种族多样性、校园暴力、酗酒闹事和学生激进主义等。案例发生的校园环境也多种多样，有的发生在规模庞大的研究型大学，有的发生在社区大学，有的发生在传统意义上的黑人大学及住宿型文科学院。案例面临的两难问题涉及各级各层的专业人士，包括从分管学生事务工作的副校长到刚上岗一周的学生事务工作新员工。

本书案例的作者们拥有丰富的学生事务工作经验。据保守估计，所列案例的时间跨度长达250多年。我们非常幸运能借鉴他们的专业知识，帮助我们做好学生事务工作中非常重要的一个方面的工作——将课堂上所学的理论知识运用到实践操作中。

最后，我们对给予本研究项目以极大帮助的乔伊斯·里杰斯特致以深深的谢意。

编者：弗朗西斯·斯特奇
迈克尔·达内尔斯

作者简介

本书系印第安纳大学伯明顿分校教育管理与政策研究学院弗朗西斯·斯特奇博士，以及堪萨斯州立大学心理咨询与教育学院迈克尔·达内尔斯博士合编。

弗朗西斯·斯特奇：印第安纳大学伯明顿分校教授，从事教育领导与政策研究，拥有迈阿密大学数学学士学位、德雷塞尔大学数学硕士学位，以及亚利桑那州立大学高等教育博士学位，担任研究生的学习理论和研究设计课程的教学，其研究集中于大学数学的课堂学习，以及学生在数学或科学领域的进展。她曾荣获美国高等教育研究协会“希望学者”奖、印第安纳大学“突出青年研究者”奖和美国大学人事协会（ACPA）的“天佑吾人基业”奖，并于1999—2000年担任美国国家科学基金会与美国教育研究联合会（AERA）的研究员，现担任美国高中以上教育研究协会副会长。她的很多书、很多书的一些章节及论文都聚焦于大学生及研究大学生的方法。她是《创造学习为中心的课堂：学习理论得说什么?》一书的第一作者。

迈克尔·达内尔斯：堪萨斯州立大学辅导与教育心理学系系主任、教授，同时也是堪萨斯州立大学教育学院大学生人事计划协调员。他获得布莱德利大学工科学士学位，以及爱荷华大学大学生发展专业的博士学位。他曾在不同的学生事务工作岗位上任职，包括学生处处长、宿舍生活处处长、招生与新生服务处处长等。他曾是美国大学人事组织委员会主任，也曾担任过教师职前培训委员会主席。他研究并撰写了许多以学生事务为题的论文和书籍，尤其在学生纪律和司法事务方面颇有建树。他是《从纪律到发展：反思高等教育中学生的行为》（ASHE-ERIC，1997）一书的作者。

玛丽莲·阿梅：密歇根州立大学从事高等教育、成人教育与终身学习研究的副教授，担任过多个学生事务工作的行政职务，在宾夕法尼亚州立大学、堪萨斯大学和密歇根州立大学从事过大学生、大学校园环境、行政管理、领导、教职工等方面的研究，也任过课。

瓜达卢佩·安娜娅：印第安大学教育领导与政策研究系助理教授，拥有加州大学洛杉矶分校高等教育博士学位，主持过许多关于大学生发展项目的效果评估研究，在本科生和学生组织方面具有丰富工作经验。她致力于研究学生的学习和发展、学习效果评估替代指标的有效性，同时研究非裔美国学生和拉丁美洲学生的学习体验与学习成效。

艾伦·安德森：现任密歇根大学高等教育与中等教育后的教育研究中心研究助理，并且在该中心攻读博士学位。他已在加州大学伯克利分校工作过数年，是一位经验丰富的学生事务专业人员。他近来的研究主要集中在团队、领导、组织发展以及高等教育机构中发生的变化和演变等课题上。

克里斯托夫·布朗：伊利诺伊大学香槟分校高等教育学院助理教授，《规定种族隔离的请求》的作者，以及《高等教育组织和管理：高等教育研究协会读者》（第五版）的编者。他的教学和研究主要集中在教育公平与教育机会领域。现在，他正致力于撰写一部关于高等教育中反歧视运动的主动性的专著。

斯科特·布朗：获加利福尼亚大学欧文分校英语学士学位、印第安纳大学学生事务管理咨询和教育咨询硕士学位、马里兰大学大学生事务管理博士学位。他曾在达特默斯学院和海上学院[①]工作过。工作中他曾撰写和发表过许多与改善学习环境相关的论文。

安妮·巴特勒：博士，肯塔基州大学非裔美国人研究中心主任，曾经是堪萨斯州大学咨询与教育心理学助理教授、女性学研究中心主任。

莉莲·卡西拉斯：印第安内州州立博物馆与历史遗址教育处口译兼管理员。她获印第安纳大学学生事务管理硕士学位，曾任印第安纳大学拉美女生事务办公室以及拉美事务的项目协调员。她曾在墨西哥和西班牙从事国际项目咨询，在本科生和拉美学生组织方面具有丰富的工作经验。现从事设计并指导针对印第安纳大学和社区组织的博物馆扩展项目。

珍妮特·卡斯特利亚诺斯：教育者和管理者，拥有华盛顿州立大学咨询心理学硕士学位、高等教育管理博士学位。她完成了印第安纳大学夏季博士后研究工作，现在加州大学欧文分校工作。

萨利·胡德·西泽：印第安纳大学语言教育副导师，语言教育博士三年级学生，其研究方向为外国语言与阅读。她过去两年执教一门阅读法的必修课，平时也通过远程教育讲授硕士课程。西泽的一部分工作是在州外语教育顾问处与一些外语教师共事，合作完成给予教师以专业性指导的项目。她曾在印第安纳州南部偏远地区教了8年的法语。

迈克尔·库莫斯：博林格林州立大学研究高等教育的副教授。他获得西华盛顿大学历史学学士学位、印第安布那大学伯明顿分校

① 译者注：Semester at Sea，创办于1963年的Semester at Sea（意为海上学府，简称SAS）由基地设在美国弗吉尼亚州的非营利组织海上教育学院（Institute for Shipboard Education）管理。主要是为美国学生提供海外交流学习的机会。分春（4个月环球航行）、夏（2个月欧洲航行）、秋（4个月大西洋航行）三个航线，拥有不同的航程。学生在船上上课，该项目的学术支持由美国弗吉尼亚大学提供；另外，可在沿途靠岸国家下船旅行，或者参加由教授组织的课程实践。该项目目前已对国际学生开放申请，并有奖学金提供。官方网址：http：//www. semesteratsea. org/。

教育学博士学位，是美国大学人事管理协会会员、学生人事管理全国联合会会员、高等教育研究协会会员。他的学术活动集中在联邦教育政策、大学生资助和大一经历等方向。

珍妮斯·道森·斯莱特：密苏里大学哥伦比亚分校高等教育与学生事务助理教授。她讲授高等教育史，高等教育的人种、性别和种族，学生发展理论和学生事务管理等课程，其研究旨在揭示美国大学生学术经验和身份认同形成过程之间的关系。她最近在学生服务工作新方向系列丛书《帮助非洲裔美国人在大学取得成功》中出版了《提高非裔美国人的课程学术经验》一书。

罗伯特·得巴德：博林格林州立大学高等教育和学生事务系副教授。他拥有 20 多年的行政管理经验，包括当过大学行政管理人员、博林格林州立大学殖民地学院院长，以及奥多明尼昂大学普通教育学院院长。他拥有印第安纳大学高等教育博士学位。

豪斯顿·多尔蒂：学生工作处副处长，普及湾大学咨询、健康与福利中心主任。他获普及湾大学学士学位、西华盛顿大学硕士学位、加州大学圣芭芭拉分校硕士学位，现在是加州大学圣芭芭拉分校在读博士生。他曾担任过爱荷华州立大学学生工作处副处长。

凯特·布兰奇·道格拉斯：罗德岛大学人类发展和家庭研究系助理教授。她曾在女生服务中心、助学中心、宿管中心和多文化事务中心等部门任职，其研究兴趣涵盖大学生发展与学习、人与环境的相互作用、学生在册率（稳定性）、多元文化问题等领域。

约翰·唐尼：纽约州立大学阿尔巴尼分校学校推广服务中心副主任。他在公立大学与私立大学的学生事务部门工作多年之后，开始转向学术领域。他于 1994 年获得印第安纳大学博士学位，其博士研究方向是教育管理与政策研究。

迈克尔·埃尔莫尔：弗吉尼亚大学文学硕士和教育学硕士，在大学生事务研究领域有 18 年的经验，曾在三所不同的大学担任过领导职务，现正在攻读文化原理博士学位，并担任锡拉丘兹大学学生活动中心主任。

凯茜·麦克休·恩斯特龙：锡拉丘兹大学研究高等教育的助理教授，具有 14 年的大学学生事务管理工作经验，从事过学生住宿、学生活动、学生联谊会等管理工作，担任过学生工作处处长。其研究主要集中在协作、学生学习及其多样化。她正在从事一项关于学生事务女性高级管理者如何构建其经验的重要研究。

特里萨·豪尔：美国马里兰陶森大学学生活动中心主任，在住宿生活、新生指导、法律事务和领导发展等方面具有专业经验。在陶森大学任职之前，豪尔在印第安纳大学担任过学生活动中心副主任，以及高等教育与学生事务硕士项目的负责人。

弗罗伦斯·汉姆里克：爱荷华州立大学高等教育研究专业助理教授，开设高等教育和研究方法的课程，其研究方向是高等教育传统上未被充分代表的群体。她拥有印第安纳大学博士学位、俄亥俄州州立大学硕士学位和卡罗莱纳州大学教堂山分校学士学位。

戴维·哈代：私人企业的律师，擅长于商业、雇佣关系和家庭关系等领域的法律纠纷的庭外调解。他曾是堪萨斯大学组织和活动办公室副主任，现正在该大学做大学同性恋学生的身份认同发展的博士研究。

佩吉·杰明斯：宾夕法尼亚州狄金森学院卡莱尔分校教育服务中心副主任，从事住宿生活办公室管理、新生指导、学院司法系统管理等工作，担任大一新生的负责人。她还在一些文科小学院担任过各种职务，包括罗德岛新港沙尔瓦瑞金纳大学学生住宿生活中心主任、贝森尼学院咨询服务中心协调员及学生发展研究中心主任等。

阿德里安娜·凯泽尔：华盛顿大学助理教授，从事组织理论、领导力、高等教育史等方面的教学。凯泽尔还是美国教育资源信息中心的高等教育信息交流中心主任。她拥有密歇根州立大学高等教育管理博士学位、加利福尼亚大学洛杉矶分校硕士学位，其研究主要集中在高等教育领导力、多元化问题、组织理论、系统变化和管理等领域。

吉利安·金西：副研究员，正在印第安纳大学伯明顿分校攻读高等教育博士学位。此前，她在一所综合性住宿制大学担任系主任助理，分管学生事务工作。1986年获克利夫兰州立大学心理学硕士学位，1988年获中等教育后教育硕士学位。其研究方向主要是教学理论、女性数学和科学、女生教育和个别学生保留问题等。她与别人合著了《以学习为中心的课堂：学习理论不得不给出的建议》一书。

苏珊·库米夫斯：马里兰大学学生事务专业硕士研究生学位项目负责人。她曾是坦帕大学和斯蒂芬学院学生发展协会副会长，1982至1983年担任美国大学人事协会会长，兼该协会高级学者联合会主席。她和德·沃德合作编著了《学生服务：职业手册》(1996)，并且与南希·鲁卡斯和逖姆·迈克马宏合作编著了《开发领导力：为了那些想出类拔萃的大学生》。

简·兰伯特：印第安纳大学凯波利斯分校莱商学院本科生部主任、财务专家。目前在印第安纳大学教育学院攻读高等教育博士学位，其研究方向是市区大学的学术与社会的融合。

盖尔·伦德甘：自1980年起从事非营利性项目和服务管理工作，在图书馆自动化技术、数据库服务、市场营销、人力资源、发展和公共关系等部门工作过。在过去十年里，她在印第安纳大学伯明顿分校从事学业辅导工作。她拥有印第安纳大学信息科学博士学位，辅修了公共管理课程，其研究方向是创造性。

谢丽尔·洛弗尔：丹佛大学教育学助理教授，高等教育和成人研究硕士研究生项目协调员。其研究方向是中学后教育公共政策和大学生发展。在大学生发展领域，她将校园生活的参与度作为学生成长和学习的指标进行了研究，现任美国大学人事协会会长。

凯里·麦凯格：科罗拉多州利特尔顿阿拉巴霍社区学院学习资源中心主任，其研究方向是高等教育自我管理的学习过程与高危学生的学术成就。

格伦戴尔·多隆斯马·穆索巴：副研究员、印第安纳大学伯明顿分校博士生，其研究方向是高等教育的教育管理和政策研究。另外，她曾分别在爱荷华州苏福尔斯中心的道特学院，以及密歇根州大瀑布市的改革宗圣经学院的学生事务岗位上任过职。

朱莉·纳尔逊：爱荷华州立大学攻读教育领导和政策研究的研究生，致力于高等教育多样性形式的研究。她促成了同性恋和双性恋女生支助小组的建立；指导多样性表演团队——一个利用戏剧情景对学生、教师和普通职员进行大学中的多样性教育的教育型戏剧小组；与他人合作开展一项关于高等教育中女教授的研究课题。

苏西·纳尔逊：康奈尔大学分管男、女生联谊会事务工作的学生工作处副处长。从事学生事务工作 13 年多，其工作经验集中在学生活动、住宿生活、学生联谊会事务和学生领导发展等方面。她获得鲍灵格林州立大学大学生人事硕士学位，正在攻读锡拉丘兹大学高等教育博士学位。

贝基·洛珀斯·休尔曼：路易斯安那州立大学从事高等教育、女性和性别研究的助理教授，其研究方向是大学课程和教学中的种族、性别教育领导和定性研究。她在众多刊物上发表过文章，包括《全国妇女研究协会期刊》《定性研究教育国际杂志》和《高等教育：理论和研究手册》等。她还在师范大学出版社出版了一本题为《女权主义教学理论与实践》的专著。

布莱恩·洛珀斯·休尔曼：获威斯康星大学麦迪逊分校电子工程硕士学位，在过去六年中从事计算机配套行业工作，其研究兴趣包括高性能与研究计算、网络化数字教学与学习。目前是路易斯安那州立大学高性能计算团队的 UNIX 系统管理员。

维基·罗瑟：夏威夷大学马诺阿分校教育行政管理系博士生，研究助理。她与琳达·约翰鲁德合作的研究项目已检验了职业生涯问题和高等教育中层管理者的品行，其论文已在《高等教育评论》和《高校人事协会学刊》等刊物上发表。她的博士学位论文的研究课题是“另一中层管理群体——分管学术的院长及其有效领导”。

鲁思·拉塞尔：印第安纳大学伯明顿分校研究娱乐和场地管理

的教授，学术事务处处长。作为学术事务处处长，其职责包括监督大学各院系12000名在校本科生的学术工作。其研究方向是休闲作为社会或心理与文化现象。她已经出版了四本关于娱乐和场地管理的著作，在世界各地教授多门课程。

罗伯特·施瓦茨：佛罗里达州立大学副教授，主要研究少数民族女生在高等教育中的参与程度、高等教育历史和大学生。在瓦尔多斯塔州立大学、南卡罗来纳州立大学等校任过教，也曾在北达科他大学学生事务处工作过。

斯蒂文·托马斯：伊利诺伊州大学厄巴纳分校校董会项目经理，原来在伊利诺伊州大学厄巴纳分校学生事务处工作，负责来自不同国家、具有不同文化背景的学生的协调工作。曾在托莱多大学多元文化学生中心担任多样性教师，并在大学周边县城开办多样化教育工作坊和相关项目。

比尔·托宾：高等教育博士生，其研究方向包括学生在册率、机构研究和计划。他拥有印第安州大学历史学硕士学位和经济学学士学位。

帕特里夏·沃尔普：弗吉尼亚威廉玛丽学院学生处处长、乔治华盛顿大学高等教育博士项目兼职教师。沃尔普曾经是东南密苏里州立大学副教授及学生处处长、圣特蕾莎学院学生处处长，以及波尔州立大学学生志愿者服务中心主任。

哈里特·维尔金斯：印第安纳大学、普渡大学波利斯分校英语与技术交流领域副教授。她为印第安纳大学文学院英语系和普渡大学工程技术学院创造了一个很好的结合点，并担任技术交流项目协调员。她在大学校园学生事务委员会任过职，也曾在路易斯安纳州大学和梅哈里医科大学从事过英语作为第二语言的教学。

目 录

第一部分 理论、实践和案例研究

第二部分 案例分析

第一部分

理论、实践和案例研究

第一章　现实世界的理论

弗朗西斯·斯特奇，迈克尔·达内尔斯

近年来，关于大学生的理论，特别是大学生发展理论得到迅速发展，并且得到明确的界定（Evans，Forney & Guido-Dibrito，1998；Rodgers，1983，1989；Stage & Kuh，1996；Strange，1994；Terenzini，1994）。尽管如此，如何将理论与实践相结合仍然是众多学生事务专业人员面临的最大难题（Bloland，Stamatakos & Rogers，1994；Caple & Voss，1983；Parker，1977；Plato，1978；Stage，1994；Upcraft，1994，1998）。虽然有关学生发展、校园环境、组织机构、大学生个性等的理论如雨后春笋般涌现，但是如何将理论与实践相结合仍旧是一上棘手的问题。这些新的理论已经成为学生事务专业人员所需接受的教育内容的重要组成部分。同时，他们也需要实践，将所学的这些新理论应用到大学校园的现实环境中。

学生事务管理职业经历了由师傅带徒弟型职业向需要对从业人员进行系统、扎实的教育培养型职业的转变。过去，拥有不同教育背景的人，只要他们喜欢校园的氛围，或者喜欢和学生打成一片，就可以走上学生事务管理的岗位。通常，他们从事一些初级的工作，并通过这些工作与管理者密切合作，掌握工作中的诀窍。在受保护的环境下，为了避免严重的专业性错误的发生，毫无经验的管理者做任何事情总是处在其导师或上司的督导之下，当然偶尔还是会有一些小的失误出现。

如今，几乎没有几所大学的学生事务部门还能提供这样一种“奢侈”的对新手的督导制度。在新千年来临之际，仍然没有任何迹象表明这样一种督导制度将会重新恢复。恰恰相反，大家都期望新手们一来就能独立地开展工作，并具备解决复杂问题的渊博知识、技能和正直的品性。这样的期望的产生也是学生事务管理专业的毕业生正在逐年增加所造成的。

有人认为，将理论付诸于实践的困难事实上部分源于这些理论自身的抽象性，这不无道理。无论是在课堂教学还是在学术研讨中，这些理论固有的抽象性都会给人们带来困难。因此，学生事务管理工作人员的培训计划通常包括实践应用这一重要环节。实习、实践及研究生助教工作等都有助于新人不断熟练起来。不过，能获得以上实践经验的学生数量却是十分有限的。而且，这些岗前实践必然只能限于一两种。因此，谁也不能保证校园情景能够和新的工作情景毫厘不差地相吻合。而案例研究分析可以提供额外的、必要的方法，将学生事务工作理论基础与实践运用广泛地联系起来。

此外，在关于学生事务的课程里、专业协会会议上、专业人员的培训中，人们都侧重于学生发展理论、校园环境理论、组织理论以及学生特点理论，一般一次运用一个理论进行案例分析。通常，只有针对在一个具体的大学校园中的一名处于给定理论所定义的某一确切发展阶段的特定学生而展开的讨论互动才会被关注。极少数时候，那些抱负远大的专业人士们则会被给以机会从众多理论中选择各种理论进行案例分析。总体而言，这样他们能更好地从整体和真实的角度综合利用各种理论进行案例研究。

最后，大学校园里与学生相关的诉讼案件正在与日俱增。由于美国公民变得越来越消费者导向化，越来越倾向于诉讼维权，于是大学的“消费者”和他们的父母也发生了这样的变化。因此，随着新世纪的临近，学生事务工作专业人员将不断地需要为他们自己和其学校展开法律辩护。学生事务工作人员必须随时在决策时考虑他们自身及其学校的法律责任。案例研究将为大学管理者提供与法律密切相关的事务的决策模式。

案例研究还能提供一种研究校园内外各种因素相互作用的机制的方法。在学生事务工作专业的学生和学生事务工作人员把理论运用到工作情景中之前，案例分析的广阔视野将为他们提供一个实际运用理论的机会。除了考虑学生之外，案例分析还应该考虑到在一个拥有独特历史、传统、行为方式和价值观的大学中管理人员、社区成员之间的关系。当分析家进入了案例分析的校园时，关于课堂教学的理想主义将嘎然止步。

本章将案例研究作为一种有效的工具来介绍，它能有效地把学生在学生事务工作理论课堂中学习过的独立、零散的理论、话题同真实完整的大学校园结合起来。本书并非要在大学生成长与发展、大学生组织和校园环境等领域取代其他资料，而是希望成为其他资料的补充，为学生事务工作从业人员和将要从事学生事务工作的学生提供指导和帮助。本章的其他部分将探讨理论运用于实践的种种困难。而我们关于案例研究的一个论点是，案例研究将把课堂理论学习同变化多端的校园情景有效地联系起来。

理论应用于实践的困难

大学学生事务理论的作用已经遭到质疑（Stage Etal，1992），一些学者认为这些理论未必有用（Bloland，Stamatakos，&Rogers，1994；Plato，1978；Upcraft，1994，1998）。也有些学者认为理论对于实际的管理工作很有用处，然而他们也认识到，理论研究的焦点和实际运用的需要之间还存在着一定差异（Caple & Voss，1983）。还有一些学者认为，在运用理论解决实际问题时，要想在理论的指导下改变个人在实际工作中的行为模式会有一定困难（Parker，1977）。

帕克（1977）论述了一些将理论运用于实践的先天固有的问

题。他描述了一个关于理论创新的悖论问题。为了归纳概况，理论家必须剔除显著的个人特质，而这些个人特质恰恰正是实践工作者所不能忽视的。通过对个人特质的剔除，理论家和研究者们将人的特性从研究情景中去除掉了。而事实上我们都知道，大学学生事务工作者开展工作时是绝对不能忽视大学生们的个人特性的。

下面这个例子将说明理论创新及其所带动的研究是如何导致这种悖论的。霍斯和斯卡格斯教授想更多地了解大一学生对大学生活的满意度，以及他们的在册率（流失率）情况。于是，他们撰写了研究计划，争取到课题资金，在学生大一学年结束时展开定性研究。这项研究的成果是得出了一个关于大学生满意度的理论。

在研究过程中，他们与40个学生分别进行了长达两小时的访谈。访谈以提问的形式展开，这些问题为收集信息奠定了基础。问题包括，“这一年你在学校中感到最满意的是什么?”“哪些方面最令你失望?”“如果让你再做一次选择，你还会选择这所大学吗?”“你会把你的朋友介绍到本校来吗?”“如果你能改变校园，你将怎样改变它?”

最后，霍斯和斯卡格斯教授收集到学生的大量信息。让我们来看一下其中三位受访者的访谈信息。

比尔是他家里第一个大学生。学期初，他与室友相处出现了一些问题。现在他换了一个新室友，他们相处得很融洽。他认为，他家人不会真正明白大学生活是多么不容易，课后作业是多么耗费时间。他依赖朋友和宿舍助理管理员为他提供帮助。他擅长结交朋友，尤其喜欢课后与教师一起谈论自己感兴趣的事情。期末前，他已经花光了所有的钱，所以不得不找了一份工作以应付花销。工作占据了他大量的学习时间，因此学习成绩有所下降。

凯瑟琳是一名物理专业的篮球运动员。学年初，她有一段时间入不敷出，因此便开始在当地一家女子俱乐部打工。上学一个月后，她那只已10岁的爱猫死了，那时她几乎想辍学。有时，她会觉得自己在几乎全是男生的课堂中特别不合时宜，尤其在她穿着热身运动服去训练前不得不先到实验室做实验时。第一学期，她有一名实验导师，导师似乎很喜欢她，在她想辍学时鼓励她要“坚持到底”。尽管她喜欢篮球，在篮球队里有许多很亲密的朋友，但是体育运动占去她太多学习时间。在经历艰难的起步阶段后，第一学期她获得了比自己预期更高的成绩。

克里斯是一名少数民族学生。有时，尤其是在课堂或活动中只有他一个非洲裔美国人时，他会感到孤独。但是，很快他发现其他非裔美国人对他很友好，即使他们不认识他。渐渐地，每当进入一个新的环境中时，他总是习惯于去寻找非洲裔美国人。在开学的第一个月，他加入了服务俱乐部。从此，课余时间他常常会参加一些社区组织的活动，例如在社区中心照顾孩子们。在他需要找人倾诉而又不想让父母担心时，俱乐部顾问给了他许多帮助。他非常感谢父母为他的大学生活提供全部的费用。而他的一些朋友就没他那么幸运，他们不得不努力打工以支付开支。有时，遇到周末家庭聚会或教堂的特别活动时，父母期望他能回家。那样一来，他的学习进度就会受影响。可令他欣慰的是，他第一学期的平均成绩达到 B^+。

在理论形成过程中，霍斯和斯卡格斯教授综合研究了从这几个学生和其他 37 个学生中获得的信息。他们致力于探求这些发现的共性，以及学生描述的他们大一经历的相似性。因此毫不出人意料地，他们提出了一个以成绩、经费、朋友及与教师和学生事务工作人员的关系四大要素为中心的新理论。本研究项目的过程与大学生行为、体验、互动等理论的形成过程并没有什么不同。研究者或理论家向大量学生询问大学生活中那些对他们的满意度、知识增长或其他方面的成功至关重要的问题。在本项研究中，上述四大要素在学生的回答中一次又一次被提到，进而为一个能适用于所有大学生的理论奠定了基础。凡是读过这篇报告的人，都会认同霍斯和斯卡格斯教授的四要素对于大学生活的成功至关重要。然而，读者也不得不承认，那些对学生个体在大学中取得成功的重要的个人因素被忽略了。

理论家和某些研究者（像霍斯和斯卡格斯教授那样）的工作，是剔除学生生活的细枝末节。然而，学生事务工作者的工作却是要重视这些细节。这一差异是研究者、理论家与实践者之间鸿沟产生的主要原因所在。

除了以上所述的差异之外，学生事务工作者还必须熟悉一些相对独立的知识体系（如学生发展、环境、组织机构和大学生性格理论等），这些知识几乎都源自心理学和社会学两个学科。跨越这两个学科的学术假设的种种差异，也会使以理论为基础的实践变得难以履行。理论应用到实践困难重重，但这些困难并非不可逾越。案例研究分析将为克服这些困难提供方法。

作为案例研究的案例

尽管许多学生事务专业人员对某一特定理论的基本原理有某种程度的了解，但他们在解读和把这种理论应用到实践中时仍有困难（Parker，1977；Stage，1983；Strange，1983；Upcraft，1994）。由于前文提到的种种理论在不断发展，因此在学生事务专业人员中，关于哪一种理论最为有用以及怎样更有效地把这些理论应用到实践中去等问题，大家几乎从未达成一致的意见。

过程模型给出一种将特定的理论应用于实践的方法。布洛克（1987）定义了一种名为认知地图的过程模型。这种认知地图能够给予行动以直接且及时的指导。它使一个人在特定情况下应该做什么，应该怎样根据结果对其加以评价变得具体化。当实践让我们越来越多地认识到模型的实用价值时，这一模型也应该不断地被修改完善。

有许多过程模型是指导学生事务管理者如何运用理论的（Cooper，1972；Evans，1987；Stonewater，1988；Straub & Rodgers，1978）。比如，斯通瓦特（1988）论述过用派瑞（1970）的理论解决学生宿舍各种问题的过程模型。该理论还可用在公正决断、项目策划、学生矛盾和对学生的一般性辅导中。对将理论应用于某些特定情况而言，大多数过程模型都是很好的概念地图。

但是，派瑞理论（1970）的发展仅仅是基于对哈佛大学学生的访谈。其理论也主要是在主流大学的中、高年级学生中进行了验证。假设你是位于市中心的生理残疾学生宿舍的负责人，那么在派瑞或斯通瓦特的理论中，你能将哪些要素与你学生的情况联系起来？如上例所述，过程模型如果只基于某一特定理论，往往是不正确的。理论创造者早就制定了一个前提，即一种理论并不能适用于每个大学。现实中需要面对的学生很可能与构建模型时的目标对象不相符（他们可能年龄更大，是少数民族、家族第一代大学生等等）。甚至学校规模的大小、类型不同、文化差异也会影响过程模型的运用。同时，对于人们感兴趣的理论来说，提前存在的过程模型往往是不可能的。在这些以及其他案例中，学生事务工作者需要采用适合自身的工作进程。也就是说，学生事务工作者必须思考出自己的方法，以把理论应用到自己所面临的情景中去。

文献经常提到的一般过程模式是尼费尔坎普、高勒克和威尔斯的“实践—理论—实践”（PTP）模式（as cited in Evans，Forney，& Guido-Dibrito，1998；see also the reference to the Wells and Knefelkamp model in Upcraft，1994）。这一模式涉及将理论与学生事务相结合的 11 个步骤：

1. 确定需要解决的问题；

2. 设定想要达到的目标及结果；

3. 查阅能够有效认识问题、解决问题、达到相应目标的理论；

4. 根据理论分析相关学生的特点；

5. 根据理论分析与问题相关的环境特点；

6. 确定潜在的机遇与挑战，综合考虑学生和环境的特征，认清能够使各种因素平衡的因子；

7. 根据基于理论的分析再次审视目标与结果；

8. 根据目标设计实施方案；

9. 完善实施方案；

10. 评价实施方案的效果；

11. 如有必要，再次设计实施方案。

在这 11 个步骤的基础上，亚普卡拉福特（1994）提出第 12 个步骤（439—440）：基于其实际的效用，修改或确认该理论。

案例研究分析和练习过程模型，能为学生事务工作从业人员和预备人员提供考虑情景因素的决策经验。分析者需把学生性格的多样性、特殊情况下的学生个性特点及其不同的立场加以考虑才能做出决定。从课堂或办公室的抽象环境到现实的每个具体领域都必须考虑到。

案例研究分析的益处

案例研究分析能使学生事务工作者和学生事务工作专业的学生在四个方面受益。一是挑战管理思想和行为的传统习惯；二是促进多个角度、多方兼顾的决策因素考虑方式；三是促进对特殊的校园环境的考虑；四是帮助学生事务工作者在现实社会的法律、组织和政治等的约束下解决问题。

挑战管理思想和行为的习惯

管理者往往不会轻易改变他们的行为习惯，阿吉里斯（1976）把这种潜在影响他们职业行为的习惯称作“被采用的理论”。在本章的前面部分，我们讨论了把正式的理论和最新的知识转化并使用到实践去的困难（参见帕克，1977）。接下来，我们讨论另一种完全由习惯造成的困难。

对一些管理者而言，他们的行为习惯已经成为了其第二本能。在关键时刻，他们总是不假思索地采取那些在过去一直行之有效的策略来应对危机。这些管理者可能意识不到，他们的行为方式其实只是习惯性反应。此外，即使他们自身期望改变，要想改变他们基于习惯的行为模式可能也会困难重重（Argyris，1976）。案例研究分析则是一种挑战与完善现有行为理论，或抛开现有行为理论，创建一种积极的行为理论的理想方式。

个人在对案例进行思考时参考借鉴别人的想法，将揭示灵活性在处理问题中的重要性。通过训练，学生事务专业人员将获得一个负责任的管理者（善于倾听和解读外部环境）所必备的重要品质，而不是成为一个简单的回应者。

比如，假设在某次案例分析研究中，学生会的一位指导老师面临一个决策问题。反对堕胎的某组织成员为他们的团体申请资助，而他们的申请很有可能被学生会否决。学生处处长已经接到许多支持该组织的政客和社区成员的电话。一名学生家长甚至威胁说，如果该组织的资助申请遭到否决，他将对学校提出诉讼。

也许，案例研究分析者自身最常用的做法是采取“不干预政策”，即在对学生团体的指导过程中不干预学校既定的政策和流程。然而，分析者必须将自己的典型做法或习惯（不干预）同其他分析者合理的、对学校更负责任的做法进行比较。

下面这些问题可能有助于改变消极的习惯，帮助大家在面对问题时做出积极的反应：

对这个问题我的第一冲动是什么？

我的第一冲动有哪些积极影响？

我的第一冲动有哪些消极影响？

适用于当前情况的理论是否能够获得吗？

如何用理论知识改变我的第一冲动？

通过不同问题的案例分析练习，分析者可以得到学习控制、反思他们的冲动和习惯性行为的机会。如此，他们的习惯和冲动将逐渐变为其经过深思熟虑的众多管理方案中的备选之一。

综合考虑各种观点

当学生事务专业人员晋升到责任不断增大的职位时，他们将面临一个更广阔的领域，需要关注更多的问题。在学生事务工作最初级的管理岗位上，学生事务工作者主要是关注学生，及少部分的下属、同级和自己的上级。随着职务的提升，学生事务工作者面临的不仅仅是所负责的学生数量的增加，更重要的是各种越来越复杂的关系。

在学生事务管理的中级职位上，管理者将进一步减少与学生的直接联系，而更多地关注学生事务工作部门及其他学校学生事务工作部门的情况。作为学生事务工作中级管理人员，监管仍然是其重要的职责，然而，他还应意识到其关于学生工作事务的决策将在全校这个更广泛的范围内执行。学生事务工作部门的负责人在决策时除了考虑学生之外，还应该考虑到下属、学校学术与商业部门的领导（学院领导、其他与自己同级别的同事），而且还应该考虑到地区及全国学生事务工作部门的领导。最后，校长、校董事会和重要的政治家等都不能被忽略。

案例研究分析能为初级和中级学生事务工作者提供考虑决策因素的组成要素和不同要素有时相互对立的影响。当案例研究分析者最终发现自己处于要考虑多种矛盾冲突的境地时，这表明他将要做更加充分的工作准备。

除了行政职务提升带来的变化之外，基于当今大学校园多元文化的特性，一个重要的观点被提出，即学生事务工作者应该多角度地思考问题。案例研究分析能提供一种从少数民族学生、教职员工、重返校园（复学）学生、利益相关市民的角度考虑问题的练习。通过足够的练习，花时间多角度考虑问题将成为熟练的管理者的第二天性。

例如，在第三章案例分析中，分析者从种族冲突、处长的优先选择、学生的不同政治见解和校长对学校整体形象的考虑等角度对问题进行了全面考虑。此外，分析者必须决定如何同一个在公共场合与其上司唱反调的下属一起工作。

在面对一个案例时，研究者总会习惯于通过提以下几个关键性的问题来获得不同的认识问题的视角：

谁是事件的参与者或当事人？

这些参与者或当事人分别扮演什么角色？

这些参与者或当事人各自对事件持什么观点？

在这些参与者或当事人中，哪些人是决策者？

决策者各自的决策是什么？

案例中没有出现的其他当事人员是否会受到决策内容的影响？

他们的观点又是什么？

通过对案例中各种问题的处理，研究者将会养成一个学生事务工作者应有的良好习惯，听取他人的意见。案例研究者会不断地努力把自己从有限的视野中解放出来，更全面地听取他人的意见。研究者可能还要学会从寻找解决问题的最终答案到研究各种解决问题的思路的转变（Wassermann，1994）。最后，研究者将得到培养不仅能倾听关于一个事件的最强的声音，而且能倾听最弱的声音的能力的练习机会。

考虑更广泛的校园环境

每个学校的老师和学生本身就存在很大的差异，而校园环境也存在很大的差异（Brazell，1996）。无论是学生事务工作的课堂，还是制度培训会议中的课程都能反映出一所学校的校园环境。而在进行理论研究或选择应用案例时，教授们总是倾向于仅仅依赖自己关于校园环境的有限知识。如此偏狭的方式会限制视野，扼杀创造力。

直到 20 世纪最后二三十年，许多学生事务管理者都有点狭隘的思想。相对而言，那时的大学同质化程度比较高，通常学生事务管理者也没有在不同地区工作的经历。对一个学校的校园环境彻底了解就足以保证管理者能做出正确的决策。而现在，学生事务管理专业人员流动性更大。随着职业生涯的发展，管理者可能从寄宿制综合性大学到走读制大学或规模较小的文科类学院任职。

此外，大学的环境也不再像以前那样同质化了（Brazell，1996；Stage & Manning，1992）。很多文科类学院现在也开始招收诸如保育和教育专业的学生，以从自己的社区招收到更多的学生。在许多高校，国际学生的数量已有了相当的规模。一些院校正致力于与当地的企业联合办学。学生事务部门更是时常卷入筹集赞助资金的事务。案例研究分析能为学生事务管理者提供体验各种不同的校园环境的间接经验，使其能更灵活变通地观察自己的校园环境。实质上，案例分析研究者是将我们对他们提的问题及解决该问题的抽象概念和理论具体化到自己所处的校园环境中来进行思考（Miller & Kantrov，1998）。

假设你是一所规模较小的文科学院的管理者，此外，你还是一所文科学院的本科生。在一次关于案例研究分析方法优化的研讨会中，你被要求思考如何解决市区一所走读制学校正面临的生源减少的问题。作为分析的一个方面，除了全职工作的成年学生外，你还必须要考虑别的走读生的需要，尽管这类学生在你的学校里可能并不显眼，数量非常少。希望通过这次的案例研究，你将来所做出的决策会更多地考虑这类学生的需要。当然，这种改变只有在你愿意的情况下才能发生。个案研究的经历或许可能成为分析者专业技能提升的催化剂。

案例研究分析能迫使你、你的助手以及同学跳出你们自己熟悉的校园环境，进入一个全新的充满挑战的校园环境。作为案例研究分析者，你将在支持型的课堂氛围内不断受到挑战，而这些挑战将培养你日常决策中所需的灵活性和创造力。

下列校园环境方面的问题有助于拓宽你思考问题的视角：

这所学校的历史如何？

这所学校学生事务工作的历史情况如何？

学生事务管理者与上司是什么关系？与下属是什么关系？与全体教员是什么关系？与其他股东或利益相关者是什么关系？

学校与其所在地的社区是什么关系？

通过对不同案例所呈现的多种校园环境的研究，案例分析者将培养自身的灵活性。他们将获得丰富的间接经验，成为知识更加渊博的学生事务管理者。最终，在现有的校园环境中，实用的知识将帮助案例分析者成为更富有创造性的管理者。

考虑现有各种法律、制度及政治情况的约束

课堂教学或研讨会设定的环境往往很理想化。在理想化的环境中，当这些纸上谈兵的管理者们思索管理方法时，他们总是很轻易地就能列出一系列应该做和必须做的事情。但是，真实的大学校园环境却是另外一种完全不同的情况。

在解决校园实际问题时，分析者绝不能忘记考虑其行动的合法性。此外，其所做出的决策必须符合学校既定的制度及其相应的程序。最后，作为学生事务工作的新人，分析者可能遇到这样的难题：估计及协调其主管的与职业道德标准相违背的意图。

对案例研究的分析中，分析者必须注意加强对种种限制条件及案例相关因素的描述。这些额外的信息对灵活运用课堂知识提出更大的挑战。此外，这些在某案例中界定过的细节将帮助分析者们在处理自己学校的问题时寻找与之类似的信息。

例如，假设你是一位学校管理者，正遇到一起校园纠纷。部分学生打算在宿舍播放 X 级电影，以便募集资金来支持校内外学生社团活动。这些学生和法律专业的学生顾问坚持认为，这样做不触犯法律。他们还坚持认为，他们不是在公共场合播放 X 级电影，因为每个人必须收费才能观看。而一些学生则认为，大学的设备不

该用来播放色情影片。另外一些学生把这件事报告了县治安官员，县治安官员承诺要对此事进行调查核实。作为管理者，你在处理这件事时应该先咨询学校律师。当地对色情的定义标准会如何影响你的决定？同时，你的学校是否鼓励学生的创业精神？你向上级领导和大学校长汇报了这个问题吗，他们有什么反应？

在当今法律纠纷日益增多的社会中，在做出任何决定之前，你都要考虑所做决定可能产生的法律后果，这是十分重要的。你的管理不能与有关制度相冲突。同时，应该养成与其他高校相关负责人沟通的习惯。最后，管理策略要超越仅仅是理解他人观点的层面。

对以下问题的思考可以帮助我们识别一所大学所受到的约束：

大学的使命是什么？

可能的解决方法将产生怎样的法律后果？

有特殊的管理制度需要另加考虑吗？

校长（学校董事、重要的政治家）对这件事有什么特别的兴趣吗？

该问题的解决方式会给本大学带来负面影响吗？

当案例研究分析者审视了各种各样的的案例后，他们会明白，在决策过程中会有多种因素限制管理者的灵活性。分析者将有机会练习如何将课堂上的各种想法同当前复杂的大学校园环境有机地结合起来。这样，校园问题的解决方案就能得到灵活调整以满足不同需要。

结论

案例研究可以把学生发展、校园环境、组织理论以及学生本身的多样性等相对独立的元素融合起来，为大学决策提供新的方法。人们往往在课堂上或在研讨会中学习管理者应该做些什么和怎么做。但是如果仅仅局限于课堂的话，那就很可能几乎什么都学不到。通过对现实案例的分析，现有的管理者或未来的管理者都能体验到如何运用相关的理论工具来解决问题。尽管案例研究分析不能给分析者带来真正的威胁或紧迫感（没有人会因案例分析的失误而失去工作），它却为分析者们将来的行政决策提供了有益的实践机会。在教室中或在课堂上分享研究观点不仅是一种挑战，而且是一次更加深入和丰富的学习经历。

参考文献

Argyfis，C.（1976）. Theories of action that inhibit individual learning. American Psychologist，31，638－654.

Blocher，D. H.（1987，October）. On the uses and misuses of the term theory. Journal of College Student Development，66，67－68.

Bloland，P. A.，Stamatakos，L. C.，& Rogers，R. R.（1994）. Reform in student affairs：A critique of student development. Greensboro，NC：ERIC Counseling Student Services Clearinghouse. School of Education，University of North Carolina at Greensborn.

Brazell，J. C.（1996）. Diversification of postsecondary institutions. In S. R. Komives，D. B. Woodard. Jr. and Associates（Eds.），Student services：A handbook for the profession，（3rd ed.）（pp. 43－63）. San Francisco：Jossey-Bass.

Caple，R. B.，& Voss，C. H.（1983）. Communication between consumers and producers of student affairs research. Journal of College Student Pemonnel，24，38－42.

Cooper，A. C.（1972，July）. Student development services in higher education. Report from the Commission on Professional Development，Council of Student Personnel Associates.

Evans，N. J.（1987）. A framework for assisting student

affairs staff in fostering moral development. Journal of Counseling and Development，66，191—194.

Evans，N. J.，Forney，D. S.，Guido-Dibrito，F. (1998). Student development in college：Theory，research，and practice. San Francisco：Jossey-Bass.

Komives，S. R. (1998). Linking student affairs preparation and practice. In N. J. Evans & C. E. Phelps Tobin (Eds.)，State of the art preparation and practice in student affairs：Another look (pp. 177 - 200). Lanham，MD：University Press of America.

McEwen，M. K.，& Talbot，D. M. (1998). Designing the student affairs curriculum. In N. J. Evans & C. E. Phelps Tobin (Eds.)，State of the art preparation and practice in student affairs：Another look (pp. 125—156). Lanham，MD：University Press of America.

Miller，B.，& Kantrov，I. (1998). A guide to facilitating cases in education. Portsmouth，NH：Heinemann.

Miller，T. K. (Ed.) (1997). The CAS book of professional standards for higher education. Washington，DC：Council for the Advancement of Standards in Higher Education.

Parker，C. A. (1977). On modeling reality. Journal of College Student Personnel，18，419—425.

Perry，W. G. (1970). Forms of intellectual and ethical development in the college years. New York：Holtz，Rinehart，& Winston.

Plato，K. (1978). The shift to student development：An analysis of the patterns of change. NASPA Journal，15 (4)，32—36.

Rodgers，R. F. (1983). Using theory in practice. In T. K.

Miller, R. B. Winston, & W. R. Mendenhall (Eds.), Administration and leadership in student affairs. Muncie, IN: Accelerated Development.

Rodgers, R. F. (1989). Student development. In U. Delworth & G. Hanson (Eds.), Student services: A handbook for the profession. San Francisco: Jossey—Bass.

Stage, F. K. (1991). Common elements of theory. Journal of College Student Development, 32, 56—61.

Stage, F. K. (1994). Fine tuning the instrument: Using process models for work with student development theory. College Student Affairs Journal, 13 (2), 21—28.

Stage, F. K. & Kuh, G. D. (1996). Student development in the college years. In B. Clark & G. Neave (Eds.), The encyclopedia of higher education, CD Rom. Oxford: Pergammon Press.

Stage, F. K. & Manning, K. (1992). Enhancing multicultural campus environment: A cultural brokering approach. New Directions for Student Services, No. 60. San Francisco: Jossey—Bass.

Stage, F. K., Russell, R. V., Manning, K., Attinasi, L. C., Carnaghi, J. E., Nora, A., Schwartz, R. A. & Whitt, E. J. (1992). Diverse methods for research and assessment of college students. Alexandria, VA: ACPA.

Stonewater. B. B. (1988). Informal developmental assessment in the residence halls: A theory to practice model. NASPA Journal, 25, 267—273.

Strange. C. C. (1983). Human development theory and administrative practice in student affairs: Ships passing in the daylight? NASPA Journal, 21 (1), 2—8.

Strange. C. C. (1994). Student development: The evolution and development of an essential idea. Journal of College Student Personnel, 29, 430—436.

Straub, C., & Rodgers, R. F. (1978). The student personnel worker as teacher: Fostering moral development in college women. Journal D, College Student Personnel, 29, 430—436.

Terenzini, P. T. (1994). Good news and bad news: The implications for Strange's propositions for research. Journal D, College Student Development, 35, 422—427.

Upcraft, M. L. (1994). The dilemmas of translating theory to practice. Journal of College Student Development, 35, 438—443.

Upcraft, M. L. (1998). Do graduate preparation programs really prepare practitioners? In N. J. Evans & C. E. Phelps Tobin (Eds.), State of the art of preparation and practice in student affairs: Another look, (pp. 225—237). Lanham, MD: University Press of America.

Wassermann. S. (1994). Introduction to case method teaching: A guide to the galaxy. New York: Teachers College Press.

第二章　学生事务管理理论与实践

弗朗西斯·斯特奇，约翰·唐尼，迈克尔·达内尔斯

高等教育不断变化的发展动向和学生特征，已使得学生事务专业人员和学者开始采用一种更为全面的视角来看待他们所服务的大学和学生。在《学生人事工作宣言》（一部论述学生事务工作的专著）于 1937 年发表之前，几乎没有任何关于学生发展、大学环境、大学文化、校园科研成果、组织和行政实践、校园多样性事件等方面的正式的理论知识和研究。而今天，任何一本学生事务管理方面的书籍都会把这些领域的知识看作学生事务工作者必备的知识。

为了帮助读者理解本书案例和运用那些蕴含我们思想基础理论，我们已经总结出相关的理论与研究。学生发展理论、院校环境和校园文化、大学成果、组织及与行政管理理论、多样性与多元文化问题等将在此一一得到简要回顾。

如今，学生发展理论已经成为学生事务工作的基石（Caple，1987a，b；Parker，1977；Rodgers，1989，1991；Strange，1994）。只有证明了学生的成长是他们的经历、体验的直接结果，才能说明我们把关注的焦点集中在学生课外的种种经历上是合理的。学者们已经运用发展理论论证了学生的认知发展（Perry，1970）、道德发展（Gilligan，1982；Kohlberg，1981）和自我认同发展（Checkering，1969；Eriksson，1963）。最近《学生的学习是学生事务工作当务之急：学生事务的含义》［美国大学人事协会

(ACPA)，1994] 的发表，再次强调了促进学生的发展是学生事务工作的目标，并鼓励学生事务工作者加强同学术人员的联系。理解学生的大学经历是如何影响学生的学习和成长的，或许是我们的职业对高等教育的最大贡献。

当学生发展成为我们工作的基础时，这种发展总是在一个具体的环境中发生的。早期探讨学生所处环境的研究被称为环境理论。现在大多数学生发展理论被视作心理学，而环境理论在传统上被视为社会学。不过，最新的校园环境研究已经被归入人类学，因为这些研究关注学生所生活的文化环境。尽管这些与学生事务实践相关的名称和学科可能不尽相同，但是环境理论和校园文化研究都关注同样的现象——促进学生发展的种种环境条件。

尽管关于大学的作用或大学对学生影响的研究一定程度上类似于学生发展理论，但是它的独特性已足以让其成为一个单独的领域。近来的文献（Astin，1993；Pascarella & Terenzini，1991）已将研究重点放在由于大学经历而产生的认知与情感的成长和发展方面。这些建立在费尔德曼和纽昆伯（Feldman，k. & Newcomb，T. 1969）影响深远的研究成果之上的文献，包含了大量的非常重要的信息。这些信息揭示了学生就读特定的大学和参加特定类型的活动所带来的各种益处。

组织与管理理论或许是 20 世纪初学生事务最主要的研究领域。随着环境理论和学生发展理论的引入，加上高等教育前所未有的快速增长对管理者专业化程度要求的提高，这一知识体系逐渐变得和学生事务管理者的现状不相适应。然而，学生事务管理者已开始回到这类文献中寻找资料，因为他们发现资料很有限，但是他们却肩负着日益增加的行政责任，而且必须应对官司不断的情况。学生事务的先行者们再次想起，在纷繁复杂且动态变化的大学中，他们现在依然是管理者。

最后，学生事务目前面临的最重要的问题是多样性和多元文化。在过去的 30 多年中，学生群体的特征已经发生了令人难以置信的变化（Blake，1985；E1-Khawas，1996；Moore，1990；Stage & Manning，1992）。不幸的是，大多数学生发展理论并没有反映出这种多样性。许多学者已经开始创建一种新的研究体系，以确定这些群体的特点，帮助学生事务专业人员使多样性转变成为学生学习和发展的工具（Stage & Manning，1992）。若学生事务专业人员能掌握学生特点，并能挖掘多样性的教育潜力，那么他们将成为21世纪大学校园的宝贵财富。

本章简要概述了与高校学生事务管理相关的知识。当你对本书中的案例有所思考时，我们鼓励你回到本章中来，寻找在本章中所引用的文献资料。

学生发展理论

学生发展理论是一种基于20世纪20年代进步主义教育运动的思想（Strange，1994）。在许多方面，所有的学生发展理论都能用桑福德（Sanford，1962）最先提出的“挑战和支持”这两个简单的词语做出最好的概括。要是没有导致不和谐的挑战的存在，学习和成长的需求不可能产生；要是没有对个人应对这些挑战的支持，学习和成长都可能受阻。下面讨论的每种理论在某种程度上都包含了这一简单的思想。我们已把这些理论分为了三类：心理学、认知结构学和类型学。

心理学理论

心理学理论，顾名思义，涉及学生心理和学生社会化发展。因此，这一理论把我们的注意力转向关注个人的自我认同的发展，以及个人与社会之间的关系（Evans，Forney & Guido-DiBrito，1998；Pascarella & Terenzini，1991）。根据心理学理论，只要每个人圆满解决与不同阶段相关的问题，发展就会贯穿生命周期的各个阶段。每个阶段及其相关的任务都是随着年龄的增长循序渐进的。

研究学生事务的学者吸收了埃里克松（Eriksson，1963）大部分的心理学理论。契克林（Checkering，1969）的研究重点放在埃里克松理论的学生自我认同发展阶段理论上，并以之解释他在传统年龄（18~29岁）大学生身上所看到的发展。这一理论或许是学生事务工作领域最受推崇的理论，主要关注在学生发展方面被契克林称为“向量”的学生必须解决才能获得下一阶段发展的七个问题：能力培养、情绪控制、培养自制力、自我认同、人际交往、目标树立以及人格健全。

由于大学生丰富的多样性，契克林影响深远的研究工作仍因缺乏对特殊群体的关注而遭到批评。例如，虽然男生和女生都是其研究对象，但是最近的研究认为，男生和女生在一定程度上面对自我发展任务的时间有所不同（Straub，1987；Straub & Rodgers，1986）。同样，布兰奇－辛普森（Branch-Simpson，1984；cited Rodgers，1991）认为，对黑人学生和白人学生来说，自我管理的困难程度是不一样的。最近，契克林修订完善了其理论，以对以上及其他学者的意见作出反应。

克劳斯（Cross，1995）提出了非裔美国人的自我认同发展，并提出“黑人化进程”（Nigresence）的概念。这个概念描述了五个阶段的转化经历。这五个阶段分别是：遭遇前阶段，该阶段中的个体是通过一个没有种族因素的框架来看待自己的世界，并且认为种族并不重要；遭遇阶段，该阶段个人身份的自我认同遭到引发不平衡感和不公正感的种族主义事件的反复破坏；浸染与再现阶段，该阶段中个体抛弃旧的身份认同的残余，致力于个人的蜕变（Evans et al.，1998：75）；内化阶段，该阶段旧的自我身份认同与新的世界观之间的冲突得以解决；内化承诺阶段，该阶段的特点是个人投身各种活动，以解决非裔美国人和其他少数民族所面对的问题等。

菲尼（Phinney，1990）提出了一种族群认同发展的模型，该模型的中心思想是：少数民族青少年的自我概念受到从家庭和社区所感受到的“种族”在生活中的作用的影响。该模型包括三个阶段：弥散——早排他阶段，在这一阶段，人们尚未探索种族态度与种族感情，对种族少有或毫无兴趣；延期补偿阶段，在这一阶段，少数民族青少年因为意识到种族对于他们的真正意义，以及在主流文化中他们的种族是如何为人所轻视而痛苦万分，于是努力探寻与自己族群相关的信息，探索自己的族群身份；族群认同接受阶段，其特点是解决自我认同冲突，获得健康的双重文化的自我认同。

海勒姆（Helms，1993）的白人种族认同发展模型描述了一种非种族化的白人自我认同模型。该模型分为两个阶段，各阶段分别包含三种状态。

第一阶段：放弃种族主义。

状态一：接触。即白人个体首次接触黑人时，基于有限的接触和自身的成长经历而产生各种各样的思想和感情。

状态二：瓦解。即白人清醒地意识到自己的白人身份，并意识到由于白人身份而带来的道德上的两难问题（Evans et al.，1998）。

状态三：重新整合。即白人个体接受了自己作为白人的身份及社会关于白人的刻板印象，包括白色人种是优等人种，而黑色人种是劣等人种的印象。

第二阶段：定义非种族主义的白人身份认同。

状态四：伪独立或白人开明主义。这是一个理性主义时期，白人开始质疑黑人是劣等民族的假设，并开始认识白人让种族主义长久不衰的伎俩。该状态下白人的标准仍然是个体行事的主导标准，种族主义变得更加隐蔽和不易察觉。

状态五：沉入与浮出。包括用更准确的信息代替自己对黑人的刻板印象，有意识地质疑个人的种族身份，在情感和认知重建上寻求新的自我身份认同。

状态六：自治。其特点是内化、培育和运用新的白人身份；种族不再成为一种威胁；而个人则积极地探寻其他关于文化的新知识，并为消灭一切形式的压迫而努力。

乔塞尔森（Josselson，1987）关于女生身份认同的理论根据玛西亚（Marcia，1966）所提出的分类方法将女生的身份认同状态描述为四种类型：排他型、成就型、延缓型和弥散型。排他型认同状态的女生是指“从大学毕业时已具备身份认同承诺但未经身份认同危机的大学毕业生”（Evans et a1.，1998：57）。她们早在幼年时期就选好了生活的道路，对一定的价值观和信念做出了承诺，不会偏离自己所选的道路。她们的选择反映其父母的选择，她们极少经历身份变化，在人际关系中而不在工作中寻找安全感。成就型认同状态女生对家庭关系要求苛刻，她们重组自我概念以形成独特的自我认同，她们更注重自我评价而非获取他人的认同。她们更倾向于同时在人际关系和工作中寻求安全感。她们对自己的工作和选择显得更加灵活、更具弹性和更加自信。延缓型女生指的是正在经历令人不安的自我认同冲突以寻求新的自我认同的年轻女性（Evans et a1.，1998：60）。她们因接受与父母不同的价值观而感到矛盾甚至不知所措、无法行动，并因为自己的决策没有遵循以前从家庭中所获取的价值观而内疚。她们中的一些人于是重新回归原来的价值观，而另外一些人则继续坚持并实现了新的自我身份认同。最后一种类型是弥散型，弥散型的女生缺乏身份认同危机经历和探索，没有固定的身份认同承诺，其心理最不健康，在面对人际交往和一些复杂情况时往往趋于退缩。

在男同性恋、女同性恋和双性恋（GLB）的身份认同发展理论中，凯斯（Cass，1979）和多杰里（D'Augelli，1994）的理论最具现代性。凯斯的理论本质上是社会心理学理论，描述同性恋身份怎样通过自我意识的不断增加、接受、内化等六阶段发展。第一阶段是身份认同迷惑，以个人同性恋思想和感情的最先意识为标志。疑惑和焦虑可能伴随着这些意识，如果他们以一种积极的方式来解决这些疑惑和焦虑，他们的自我身份认同会进入下一阶段。而消极的解决方法将导致排他型身份认同。第二阶段是身份认同比较，个人承认成为同性恋者的可能性，然后可能会努力去发现其他男同性恋者或女同性恋者，以弄懂成为同性恋者意味着什么。他们可能因自己的与众不同而感到被人疏远，可能努力改变自我，可能在公众面前保持异性恋者的身份，也可能求助于专业人士。第三阶段是身份认同忍耐，其特点是他们对自己成为男同性恋者或女同性恋者可能性的接受度不断增加。通常，他们会去了解其他男同性恋或女同性恋的经历。如果这些经历是正面的，则他们的自我身份认同会进入下一个阶段，如果是消极的，则可能导致排他型身份认同。第四个阶段是接受身份认同，个人继续不断加强与其他同性恋者的接触，于是使得他们对自我的身份认同逐渐正面化，而不仅仅是痛苦地忍耐。他们可能选择“走出来”，也可能继续在某些或绝大部分情况下保持“潜伏”状况。第五阶段是认同自豪，其特点是对别的同性恋者给予更多的肯定，对个人的性取向感到自豪，为参加同性恋活动和倡导同性恋而自豪。他们原来压抑的对主流社会的愤怒可能逐渐表达出来。最后，第六阶段是身份认同整合，个人渐渐把他们的性取向融合在生活的其他方面，承认同性恋或者异性恋都各有好坏，能从自我的性身份认同中获取舒适感和安全感。

相对于凯斯社会心理学的身份认同与年龄相关的个体线性发展模型，多杰里（D'Augelli，1994）更强调身份认同的可塑性和三组影响个人性身份认同的变量之间的复杂的相互作用。这三组变量是：（1）个人主观能动性及行为（个人的意愿和行为模式）；（2）有互动的亲友（父母、家人、同龄人、伙伴关系）；（3）社会历史影响（社会习惯、政策、法律和文化观念）。多杰里从毕生发展观的视角出发，认为这三组变量相互作用的构建过程可分成影响自我身份认同的六个阶段（319）：

1. 退出异性恋身份认同；

2. 发展女同性恋、男同性恋、双性恋个人认同；

3. 发展具有女同性恋、男同性恋、双性恋社会认同；

4. 成为女同性恋、男同性恋、双性恋的后代；

5. 发展亲密的女同性恋、男同性恋、双性恋关系；

6. 进入女同性恋、男同性恋、双性恋的群体。

多杰里的模式提醒我们，人的女同性恋、男同性恋、双性恋身份的认同发展是在一个复杂的社会、个人及个人发展进程间动态交互的过程中进行的。其中个人发展进程是由个人生活环境所决定的（324）。

认知结构理论

认知结构理论从皮亚杰（Piaget，1952）的著作中吸收了大量的关于各种认知结构理论的内容，试图将大学生的智力发展解释为其大学经历的结果。这些理论同那些认为个人的发展是一个依次前进的过程，最佳数量的认知上的失调是智力发展的必要前提的社会心理学理论相似。然而，因为这些理论更关注智力发展，而非个人品质与社会技能，所以他们又有别于那些不认为个人发展与年龄阶段密切相关的社会心理学理论。

裴瑞（Perry，1970）的智力和伦理发展理论与柯尔伯格（Kohlberg，1981）的道德推理理论，是两种备受推崇的认知结构理论。不幸的是，这两位理论家在其理论发展中并未考虑到学生的多样性。因此，学者们以批评的态度检验其理论并将其继续发展，从而试图将他们两位在研究中没有考虑到的其他类型的学生群体在自己的理论中加以论述。下面，我们简要地总结裴瑞与柯尔伯格的理论，进而描述基于这一研究的学术成就。

裴瑞（Perry，1970）提出的理论认为，认知和伦理的发展总共经历九个阶段，或他本人更喜欢称之为的“九种情形”。通过描述其中最有代表性的四种情形，该理论得以充分概括：二元（分）阶段、多元阶段、相对主义阶段和信守阶段。二元阶段的特点是非对即错、非好即坏的简单的二分法世界观。处于二元阶段的学生总是希望从权威那儿得到答案，而对那种模棱两可的答案感到不适。当认知出现不和谐时，例如，当两位专家对同一件事意见不一时，学生开始由二元阶段向多元阶段转化（Evans et al.，1998）。所谓多元化，是指接受对于任何事情都有多种观点的存在。多元化因为不为某一具体的观点进行辩护而与相对主义不同。相对主义将这个世界看作是语境的。然而，尽管如此，相对论者同时认为他们有必要支持一种看法。

在裴瑞的理论体系规划的所有情形中，信守阶段也许是最有趣也最有争议的。在这一情形中，其理论从关注智力发展转到关注伦理发展。学生现在开始对人、观点和价值观做出承诺，并且已经具备做出成熟判断的能力。基奇纳和金（1994）对这一情形提出过质疑，因为该情形中裴瑞的理论从强调认识发展转向强调伦理发展，或转向了他们认为的一种社会心理学领域的身份认同发展。不过，裴瑞的理论已经得到教师、指导老师、咨询师和其他从事大学生事务工作的专业人士的广泛应用（Stage，1988）。

基奇纳和金（Kitchener and King，1981，1990）在裴瑞的理论基础上建立反省的判断理论，总共包括七个阶段，可划分为三种水平类型。该理论由于与裴瑞的理论体系相似而遭到人们的批判（Rodgers，1989）。这种相似性在他们对反省判断的三种水平类型的描述中得以体现。前反省思维阶段时（阶段1～3），人们没有认识到知识的不确定性；准反省思维阶段时（阶段4～5），人们意识到知识的不确定性，但是很难得出自己的结论；反省思维阶段时（阶段6～7），人们意识到，知识的获取必须经历严格评价与理性质疑的程序。

贝伦基、克林奇、高尔伯格和特劳尔（Belenky，Clinchy，Goldberger，& Tarule，1986）也以裴瑞的理论为基础，同时也认可卡罗尔·吉里根的著作（Carol Gilligan，1982），尽管他们认为女性与男性有不同的认知推理过程并试图捕捉女性的推理过程。女性的知识认知发展被分为五种主要的类型：沉默，完全听从于专家、权威；接受的知识，从专家那里接受并再造知识，知道知识有对错之分；主观的知识，孕育个人的主观的知识，拥有自己的观点；程序性的知识，通过学习运用客观的程序所获得的知识；建构的知识，运用主观和客观知识的同时运用创造、建构的知识。

巴克斯特·马戈尔达（Baxter Magolda，1992）的认识论反思模型提供了一种四阶段的智力发展模型。她的研究设计以性别为研究焦点，其双性别模式的研究方式在最初三个阶段提供了最为有趣的研究成果。这四阶段及其相应的模式包括：绝对的认知，接受知识和掌握知识①；过渡期的认知，人际互动学习和客观学习②；独立的认知，交互认知和个人认知③；情景化的认识④。尽管巴克斯特·马戈尔达（Baxter Magolda，1992）表示，她发现男女在认知方面有更多的相似性而非差异性，但是女性更趋向于对自己接受知识的模式、人际了解以及个人之间了解的模式进行反思。

柯尔伯格（Kohlberg，1981）提出了另一种认知结构理论，其重点放在研究人怎样做出道德判断上。柯尔伯格描述了一种三水平六阶段的道德发展模型，其中每一水平又分两个阶段：

第一水平：前习俗水平。

第 1 阶段：惩罚和服从的取向。

第 2 阶段：工具性的相对注意取向。

第二水平：习俗水平。

第 3 阶段：好孩子的取向。

第 4 阶段：法律和秩序取向。

---

① 译者注：将知识看作是确定的，相信权威知道所有的答案。

② 译者注：发现权威并不能知道所有问题的答案，开始接受知识的不确定性。

③ 译者注：开始质疑权威是知识的唯一来源，认为自己拥有的观点同样有效。

④ 译者注：通过对情境证据的判断来建构个人的观点，认为专家也应该得到评价，知识是发展的，知识根据新的证据和新的情境而不断重构。情境认知者在研究中并不多见，只有很少的人能达到这一水平。

第三水平：后习俗水平。

第 5 阶段：社会契约的取向。

第 6 阶段：普遍的道德原则的取向。

然而，柯尔伯格也指出，他没有经验性实例证明第六阶段的存在（Kohlberg，Levine & Hewer，1983）。

由于在研究柯尔伯格的理论时发现女性在其中始终处于道德水平的低水平阶段，于是卡罗尔·吉利根（Gilligan，1982）开始以另一种视角来主要针对女性的道德发展进行研究。鉴于柯尔伯格的道德发展理论所反映出的对自治和正义的偏爱，吉利根提出，女性会从关爱及人际关系的角度看待道德。她提出一种包含三个等级的理论：第一等级为个人生存取向，为确保生存而关怀自我的需要；第二等级为自我牺牲的美德——个人愿意牺牲自身的利益，以换取别人的接受；第三等级为非暴力的道德观念，实质上就是相信不做任何伤害别人的事，同时积极地既关注他人的利益也关注自己的利益。

认知结构理论适用于各种各样的环境，包括司法委员会、名誉委员会和所有关注道德困境的学生组织。此外，由于理论家们将重点放在认知发展上，所以认知结构理论对感兴趣于学生如何通过道德困境学习和推理的全体教员都有重要的意义。

类型学理论

类型学理论是描述性和解释性的理论，它试图描述人格类型，解释为什么一个人对同一情形的反应可能与他人不同。尽管一个人不可能断然放弃一种人格类型而获得另一种人格类型，但是在人的一生中人是可以逐渐由一种人格类型向另一种人格类型转化的。不过，人格类型的发展并不会遵循任何发展理论所描述的发展进程。

麦尔斯布里格斯（Myers，1980）的人格理论，是应用最为广泛的类型学理论之一。这一理论以荣格（Jung，1960）关于人格的理论为基础，认为人格在四个维度上有八种偏好：外倾（E）－内倾（I）、感觉（S）－直觉（N）、思维（T）－情感（F）、判断（J）－知觉（P）。这八种偏好组合形成十六种不同的性格。通常在每一个维度上都会出现占优势的偏好，这一偏好便定义了一个人的人格类型。这一理论得以广泛应用的原因之一是，它发展了极易实施的人格类型量表。麦尔斯－布里格斯人格类型量表已应用于室友分配、冲突调停，以及帮助学生组织成员更好地相互理解等方面。

尽管霍兰德（Holland，1985）的职业性向和环境理论最初只是为职业指导人员所应用，但是这种理论同样适用于所有学生事务工作。霍兰德的理论聚焦职业性向和环境之间的关系。他的理论是人们总是寻找与其职业性向极为相似且容许其表达自我的环境（这就是所谓的“人与环境匹配”）。他提出六种人格类型：现实型、研究型、艺术型、社会型、企业型和常规型。每个人的人格类型都由一种主导类型和两种从属类型构成。这一类型理论对于从事学生组织工作的人十分有益，且正如我们所提到的那样，对于涉及学生职业生涯选择的工作十分有益。

随着《学生的学习是学生事务工作当务之急：学生事务的含义》[美国大学人事协会（ACPA），1994] 的发表，描述学习风格的种种类型学理论已显得日益重要。任何帮助教学人员理解学生是如何学习的举措，都将对增强学术事务与学生事务之间的相互沟通了解大有裨益。柯尔伯（Kolb，1985）发展了应用最为普遍的学习风格理论，描述并归类了学生课内外学习的偏好方式：聚敛型学习、发散型学习、同化型学习和顺应型学习。最后，克拉克和特罗的类型学（Clark & Trow，1966）根据学生对学校观念的认同程度和学生对学校的归属感强度两个指标的综合考量，将学生描绘为四种类型：学业型、社交型、非顺应型、职业型。这种分类有助于我们理解不同的学生对校园问题反应的不同，也有助于全体教员思考学生在学习中表现出的种种差异。

加德纳（Gardner，1983）提出了如今对大学生学习越来越重要的多元智能理论。他的理论及其随后的研究向把智能简单地分为语言智能和数学智能两类的传统理论提出了挑战。该著作的主体部分对正规教育环境中其实被忽视且低估的多元智能做了描述，并为其提供了证据。加德纳在语言智能和数学逻辑智能的基础上增加了音乐智能、空间智能、身体动觉智能、人际智能和自我认知智能。要更好地总结关于学生学习的种种理论，请参见斯特奇、穆勒、金梓和希门斯（Muller，Kinzie，& Simmons，1998）的相关理论。

大学环境理论

大学环境和校园文化理论试图解释大学生发展所处的环境，环境指的是物质与人文的总特征。重要的是，这一研究领域关注人与环境之间的相互作用。

斯特朗（Strange，1994）提出关于校园环境对学生影响的四点主张。一是教育环境的自然和人为的物理特征的形式与功能都将限制或增强学生的能力。因此，地形、气候、建筑设计和校园布局皆能限制或增强学生的能力。二是教育环境以其居住者的主要集体特征对学生产生一致的影响。这表现出"人与环境匹配"的思想，与上文讨论的霍兰德（Holland，1985）理论颇为相似。在这类理论里，学生总是追求那种以积极促进的态度鼓励其自我表达的环境。三是教育环境，作为有意图有目标的导向型环境，其组织方式将限制或增强学生的能力。校园环境可分为静态的或动态的，集中的或不集中的，正式的或非正式的。动态的、不集中的、非正式的校园可鼓励学生更积极地参与各项校园活动。因此，它可促进学生的发展（Astin，1986；Strange，1981，1983）。四是教育环境的影响其实是学生如何理解和评价环境的问题。斯特朗（Strange，1994）表达了一个观点，校园环境所赋予的影响其实是由其居住者社会化地建构的。所以，现在的重心从外在的物质环境转移到内在感知到的环境——也就是莫斯（Moos，1979）所指的社会风气。在坤胡、斯库、怀特及其同事（Kuh，Schuh，Whitt，&Associates，1991）的研究中，他们总结道，某些校园文化能够促进学生投身课内外活动，推动其发展。但是，一个人如果不身处其中，就无法理解校园文化。学生与校园文化密切接触，了解其历史、故事、仪式、杰出人物，这对理解大学环境至关重要（Manning，1994）。

大学环境和校园文化理论及其研究，能有助于学生事务管理者正确地解决问题。了解与问题相关的校园环境或文化背景，有助于学生事务管理者扩大视野，甚至可能使其对所出现的问题进行重新定义。同时，环境和文化理论有助于学生事务管理者明白，学生在文化的、社会的、物质的环境中发展，这种环境既能促进学生成长，也能阻碍学生成长。

大学成就及其影响研究

费尔德曼和纽昆伯（Feldman & Newcomb，1969）总结了大量的研究数据来描述大学对学生的影响。从那时起，已有成千上万的研究致力于大学经历是如何改变学生和使学生受益的。这类研究和学生发展理论之间的不同主要在于，前者包含了大学经历在认知和社会心理发展的层面对学生产生的影响，例如收入水平、工作满意度、参与社会服务情况、结婚率和离婚率、酒精消费量、参加文化活动情况以及投票习惯等等，举不胜举。

帕斯卡尔拉和特伦兹尼（Pascarella & Terenzini，1991）将这种开创性的工作进行到底，并对研究大学生的相关文献采用了元分析，所得出的结论与费尔德曼、纽昆伯（Feldman & Newcomb，1969）以及博文（Bowen，1977）的十分相似。由于有过大学学习生活的经验，大学生养成的思维方式更加抽象、更为复杂、更具批判性，也更倾向于反思自己的思维方法；他们的价值观和处世态度变得更民主、更包容；他们对文化艺术活动更感兴趣，养成更积极的自尊，培养更广泛的知识面；他们的心理日趋成熟；他们在判断道德问题时，表现出更有原则的推理技巧；他们拥有更高的收入、更高的职位、更高的职业流动性和就业率（Pascarella & Terenzini，1991）。我们并不会感到惊讶的是，帕斯卡尔拉和特伦兹尼发现，居住在校园里会最大化学生参与校园活动的机会，参与校园活动使学生发展的机会最大化，并且对学生的在册率有着重要的影响。

阿斯丁（Astin，1993）编辑了在大学对学生的影响方面最卓越的一些研究成果，包括纵向和横向的多院校的研究数据。他以一种包括三个维度的分类方法把学生成果分为三种类型：成果类型（认知的和情感的）、数据类型（心理的和行为的）和时间类型（在校期间的和毕业后的）。阿斯丁的研究结果大多，无法在此一一讨论，但是，一些具有普遍意义的发现值得在此一提。师生课外互动可增加学生对教学质量和个性化服务的满意度；这种互动与学生的所有学术成就的获取，以及学生自我报告的任何关于智力与个人的发展呈显著的正相关关系。此外，阿斯丁的研究数据已证明：朋辈是影响学生在本科阶段的成长和发展的唯一的最强有力的因素（1993：398）。随着这些研究发现的取得，学生事务专业人士被强烈建议应该致力于促进学生与教师的互动，同时发挥朋辈教育的影响力。

当大学影响研究在其广泛的研究领域取得众多成果后，大学影响研究为学生事务工作者们证明在学生活动项目和学生服务上的经费开销及精力投入的合理性提供了极大的帮助。因为，学生的学习和成长已经被清清楚楚地证明了是学生在学校里课堂内、课堂外所有经历体验的结果。这些研究同时也提醒我们，学生的学习和成长具有延时性，其效果具有叠加效应并且相互关联。学生发展理论解释学习和成长如何进行，而大学影响研究则证明学习和成长的确发生了。

组织管理理论

高等教育机构一直在复杂的环境中发展，那些解释高等教育机构组织和行政管理架构的理论，同样地，也是在这样复杂的环境中发展而来的。所以那些组织理论的科层特性确实无法解释高等教育机构独特的组织架构。鲍德里奇、柯蒂斯、埃克和赖利（Baldridge，Curtis，Ecker，& Riley，1997）描述了学术组织的五种突出的特点：目标模糊性，几乎所有的目标都可能被认为是合理的，同时也可能会受到质疑；服务性，学生总是希望能够参与决策；技术的不确定性，无法仅靠任何一种单一的技术来解决人们在思想、生理和精神上的问题；员工的专业性，高等教育机构员工都是要求自治、同行评价和具有矛盾的忠诚观的专业人士；环境脆弱性，易受外部关键人物的各种意见的影响。

通过这些特点，人们可以理解为什么柯恩和马奇（Cohen & March，1974）将高等教育决策称为有组织的无政府主义。他们描述出这样一种情形：大学中的每个人都被视为自主决策者。教师可以决定何时教以及教什么。学生可以决定何时学以及学什么。立法者和捐赠者可以决定什么时候投资和捐赠以及投资和捐赠什么（Cohen & March，1974：33）。于是，学校需要通过协商来实现决策，决策过程也就必然伴随着不同的问题和选择，牵涉众多的决策者。

维克（Weick，1976）把教育机构各种要素间的关系描述为松散的联合体。这种观点与认为教育机构中各要素是通过统一的目标、有计划的行动和理性的决策过程紧密结合在一起的假设形成了鲜明的对比。只要考虑到学术部门极少依赖行政办公室完成其目标的情况，人们就容易理解这一概念。这并非意味着各部门是完全自治的，但至少和同一条流水线上的两组工人相比，他们之间是较少相互依赖的。

目前，虽然没有理论可以描述学生事务工作所处法律环境日益增加的重要性，但是已经出现了一种不断成熟的研究体系来帮助学生事务工作者应对法律问题。格林（Gehring，1993）提出，在学生和学校之间有四种主要的法律关系：宪法关系（特别是在第一、第四、第十四修正法案所涉及领域），民法关系（民权法案、家庭教育权利和隐私权法或巴克利修正法案、无毒品学校、学生知情权和校园安全法），侵权关系（过失侵权、诽谤、与酗酒和暴力相关的各州法律）和合同关系（明确的或隐含的、书面的或口头的）。最后，卡帕林和李（Kaplin & Lee，1997）最近出版了一本学生事务专业人员的法律指南，该指南几乎提供了从业者们在处理日常工作中的法律问题时所需的所有必要信息。

差异和多元文化问题

最近，没有什么比不断变化的美国人口特征对高等教育更具挑战性了。《高等教育纪事》每周至少刊登一篇与多元化相关的文章。平权法案、歧视性言论与犯罪、政治正确性[①]、正面行动、仇恨言论与犯罪和所谓学术准则的“文化战争”等，这些统统都可以归结为差异问题（Chang，Witt-Sandis，Jones，& Hakuta，1999）。学生事务管理者和学者们往往试图帮助校园了解此类问题的复杂性（Blake，1985；Manning，1988；Moore，1990；Taylor，1986）。21 世纪的管理者能帮助校园开展此类项目、服务，制定政策，以充分发挥多样性的积极影响。多元文化对教育机构的成功至关重要。

斯塔奇和哈姆里克（Stage & Hamrick，1994）提出一种全校

① 译者注：“政治正确”（political correctness）简称 PC，即一个公民有义务按照宪法规定，保持一国所奉行的政治原则和立场。“政治正确性”此处指坚持平等原则，致力于平等问题。换言之，不论何种种族、肤色、生活方式或性别，都应受到公平对待。

范围的校园多元化发展模型。该模型在基于伊万斯（Evans，1987）的道德培养模式的基础上建议管理者采取一种多维度的方法来促进校园的多样化。该模式还提出，调解有两种可能的目标：机构目标（即整个校园或部门）以及个人目标（个人或特定人群）。管理者所采取的行为可见是含蓄的或明确的，计划的或应对的。因此，关于性骚扰的政策被视为以明确有计划的方式针对整个校园。管理者对一个具体的性骚扰事件做出的视之为讨论言论自由和公民权利的机会的回应，则被视为以含蓄的、应对的方式针对个人。根据这一模式，发展多元化校园的最有效方式，是将校园管理者的调解目标和所做的回应尽可能结合起来。

乔克比（Jacoby，1993）将一种模式描述为 SPAR（即服务、项目、主张和研究），该模式有助于管理者用一种综合性方法丰富不同学生的经历。我们鼓励管理者思考 SPAR 模式：服务——应该既针对全体学生又针对特殊的学生群体；项目——既应该提供面向全体学生的普适性的项目，也应该提供针对特殊群体的特别项目；主张——学生事务工作者必须熟悉学生的需求，主张他们的利益，做他们的拥护者；研究——所有的服务项目、计划以及主张必须基于研究数据。该模式的核心是这样一种假设：大学愿意就其为学生提供的服务的合适度做批判性的自我评估。

结论

这五类文献形成了学生事务管理工作的知识基础。我们以上所做的概括和以下所提供的书目，目的在于帮助读者理解本书中的案例。我们希望读者在刚开始着手案例处理工作时，能回头参考一下本章节。本章所描述的理论和研究如若能在实践中加以应用，将有助于读者培养在面对“实际”情况时将理论应用于实践的技巧。

注释书目

精选本注释书目的目的是为读者进一步阅读与本章相关的理论与研究做准备。

Anderson, J. (1988). Cognitive styles and multicultural populations. Journal of Teacher Education, 39 (1), 2-9.

本文描述多元文化人口之间认知风格的差异。文中为教育观点与教育实践提出了建议，在诸如世界观、写作风格、认知风格以及符号形象等方面比较了西方与非西方文化群体。对于有兴趣进一步了解多元文化学习观的教师来说，本文十分重要。

Astin, A. (1985). Achieving academic excellence: A critical assessment of priorities and practices in higher education. San Francisco: Jossey-Bass.

在本书中，阿斯丁应用合作性机构研究项目（CIRP）数据集合，将其多年的研究结果做了编辑，本书涉及一千多所教育机构和五十多万学生。他描述了一些大学影响——包括纵向影响和多所大学的数据——的最重要研究。他应用学生成果分类学将其分为三类：成果类（认知的和情感的）、数据类（心理的和行为的）和时间类（在学期间的和毕业之后的）。他的著作延伸并扩展了其他专家关于大学生的研究；同时，他的著作也为那些极少被人涉及的研究领域提供了背景。

Baldridge, J. V., Curtis, D. V., Ecker, G. E, & Riley, G. L. (1977). Alternative models of governance in higher education. In L. V. Baldridge & T. E. Deal (Eds.), Governing academic organizations (pp. 2-25). Berkeley, CA: McCutchan Publishing.

以上文献探讨学术组织的突出特点，包括目标模糊性、客户服务导向、技术不确定性、专业化主义和环境脆弱性。根据作者的观点，这些特点将学术组织与其他组织（如政府、企业等）区别开来。学术管理的模式可以描述为三种：学术机构、大学管理委员会和行政化的大学。此外，该节探讨了每个模式内的领导问题。对于每位有兴趣把大学组织理论和学术管理研究结合起来的人来说，本文十分有用。

Barr，M. A. & Associates. （1993）. The handbook of student affairs administration. San Francisco：Jossey-Bass.

在组织和管理实践方面，本书也许是对学生事务工作者而言最为有用的书籍，它为读者提供了学生事务管理组织方面最全面的研究。全书分为五部分：学生事务管理环境、组织和管理问题、学生事务管理者的基本技能和能力、要求和发展管理技能以及未来管理的挑战。

Baxter Magolda，M. & Porterfield，W. D. (1985). A new approach to assess intellectual development on the Perry scheme. Journal of College Student Personnel，26，343-351.

本文描述了一本全新的用于提高对裴瑞的认知结构测量的准确性的综合测量手册，并对裴瑞的二元认知结构理论进行了简要回顾，讨论了现有关于裴瑞二元认知结构的测量工具的局限性。此外，还描述了关于认知论的反思模式的初测及后续研究。

Belenky，M.，Clinchy，B.，Goldberger，N.，& Tarule，J. (1986). Women's ways of knowing：The development of self. voice and mind. New York：Basic Books.

本书以威廉·裴瑞的智力和道德发展理论为基础，描述了女性五种主要的认知类型，这些类型描述了女性了解世界的方式。Belenky 等人（1986）对女性思维的研究指出，女性的认知有以下类型——沉默（silence，完全听从专家）、接受的知识（received knowledge，知识有对错之分）、主观的知识（subjective knowledge，以自我为单位，每个人都有自己的看法）、程序性的知识（procedural knowledge，知识的形成是经由分析、反思不同主张或信息而来）、建构的知识（constructed knowledge，所有知识是建构得来的）。这项研究是基于对135个人（其中90名学生）访谈的大量文本而展开的。

Caple，R. B.，& Newton，F. B.（1991）. Leadership in student affairs. In T. K. Miller & R. B. Winston. Jr.（Eds.），Administration and leadership in student affairs：Actualizing student development in higher education，2nd ed. （pp. 111－133）Muncie，IN：Accelerated Development.

以上文献探讨了学生事务的领导、目前提出的观点和当前的态势。作者特别期望探讨的重点集中在行政管理不断变化的本质上。该文描述了理论对管理者的用处，并就当今迅速变化的校园环境向管理者提出了建议。

Chickering，A. W. & Reisser，L.（1993）. Education and identity，2nd ed. San Francisco：Jossey-Bass.

本书对契克林的同名书籍的第一版做了更新和修订，以期让其理论更为现代，也更加适合各类人群。契克林的理论重点在对传统年龄的大学生群体的研究上得到发展。该理论描述了大学生发展的七个方面（称为“向量”），包括发展能力（Achieving competence）、控制情绪（Managing emotions）、培养独立(Becoming autonomous)、认清自我（Establishing identity）、建立关系（Freeing interpersonal relationships）、确立目标(Clarifying purposes)、整合人格（Developing integrity）。也就是说，通过这七个向量的学习，一个人才能发展成为一个完整的个体。本书不仅描述了校园环境及布局对学生认知发展起到的促进或妨碍作用，而且描述了影响校园的六大主要因素。

Clark，D. L.（1985）. Emerging paradigms in organizational theory and research In Y. Lincoln（Ed.），Organizational theory and inquiry：The paradigm revolution（pp. 43－78）. Beverly Hills，CA：Sage.

作者描述并分析了斯瓦兹和奥吉维（1979）最初阐述的组织理论和研究中所出现的范例。传统的组织范例以简单制度、等级次序和线性因果关系为特点，而现有的组织范例却以复杂制度、等级制度和互为因果为特征。这两种范例形成鲜明的对照。本文做了综合性的总结，分析了在组织理论中似乎正在发生的范例变化。应该可以得到证明的是，对于每个渴望挑战自己组织运作的设想的人而言，本书都将对其有所启发。

Conyne，R. K. （1991）. Organization development：A broad new intervention for student affairs. In T. K. Miller & R. B. Winston，Jr.（Eds.），Administration and leadership in student affairs：Actualizing student development in higher education，2nd ed.（pp. 73－109）. Muncie，IN：Accelerated Development.

本文主要探讨组织发展对学生事务管理者的有效性。组织理论和环境理论为我们的指导方针提供了一个背景，对校园管理者来说，这将被证明是有非常有用的。它还探讨了组织发展对高等教育管理者的潜在应用价值。

Conyne，R. K.，& Clack，R. J.（1981）. Environmental assessment and design. New York：Praeger.

本书为管理者提供了一个概念化、分类、测量和执行环境设计的模式。作者建议为环境设计提供一个历史背景，并对进行环境设计方面的严格训练、足够的符合伦理的实践提出了建议。该书为那些愿意进一步探索环境设计的学生或管理者提供了详尽的参考书目，它可以帮助人们解答其感兴趣的种种问题，比如什么是环境？从业者怎样评估环境？环境怎样可以转换或改变？什么是环境设计的含义？

Creamer，D. G.，& Frederick，P. M.，（1991）. Administrative and management theories：Tools for change. In T. K. Miller & R. B. Winston，Jr.（Eds.），Administration and leadership in student affairs：Actualizing student development in higher education，2nd ed. (pp. 135—157). Muncie. IN: Accelerated Development.

本文对行政管理的各种主要理论做了简单明了的总结。其中一个呈现了 15 种基本观点的表格非常有用。通过这张表格，行政管理的意义得以充分探讨。本章为把这些理论应用于学生事务实践提供了颇有用处的解读。

Dannells, M. (1997). From disciplined to development: Rethinking student conduct in higher education. ASHE-ERIC Higher Equation Report, Vol. 25, No 2. Washington, DC: George Washington University, Graduate School of Education and Human Development.

本专著调查了众多与学生纪律相关的事件，如校园行为准则、学生发展理论在学生纪律事务中的应用等。丹尼尔斯建议学生事务工作者应该与教学人员合作，通过制定课程或辅助课程的策略使校园行为准则成为大学社区的一个密不可分的部分。

Evans, N. J, Forney, D. S., & Guido-DiBrito, F. (1998). Student development in college: The theory, research, and practice. San Francisco: Jossey-Bass.

本书可作为大学生发展理论专业研究生课程的主要教材。事实上，由于强调学生发展理论的应用，本书将成为被书中类似案例所困扰的大学生们的得力伙伴。作者把书分成五个部分：了解和运用学生发展理论、社会心理发展和身份认同发展理论、认知结构理论、类型学理论以及实践中的反思理论。

Gehring, D. (1991). Legal issues in the administration of student affairs. In T. K: Miller & R. B. Winston, Jr. (Eds.), Administration and leadership in student affairs: Actualizing student development in higher education, 2nd ed. (pp. 379—413) Muncie, IN: Accelerated Development.

本文提醒我们学生事务管理与法律之间日益增强的关联度，对与学生事务管理者密切相关的法律责任做了非常有用的总结，引用了众多可以为学生事务中具体的法律纠纷提供判例的案例。最后，还提供了一份需要进一步阅读的书目清单。

Gilligan，C.（1982）. In a different voice：Psychological theory and women's development. Cambridge，MA：Harvard University Press.

本书为学者和学生事务从业人员提供了洞悉女性发展与思维模式与男性的不同之处的机会。作者卡罗尔·吉利根通过大学生研究、堕胎决定研究和权利与责任的研究等三项独立的研究，记录了她所听到的女性在众多道德两难问题中所发出的与男性截然不同的声音。吉利根证实并深入阐述了女性在涉及道德事务或陷入道德两难问题时，如何构建和实践一种以关怀和责任为特质的道德。吉利根在本书中提出了一种关于道德发展的三阶段理论以替代科尔伯格的六阶段理论。

Hollander，P. A. & Young，D. E.（1991）. Legal issues and employment practices in student affairs. In T. K. Miller & R. B. Winston，Jr.（Eds.），Administration and leadership in student affairs：Actualizing student development in higher education，2nd ed.（pp. 415－445）. Muncie，IN：Accelerated Development.

本文为学生事务管理者提供了有关学生就业、学生事务工作的非常有用的指导。特别有用的是列举了那些用人单位非常在意而又没有明确指出的一些错误言行。该文还为学生事务管理者提供了工作的一般准则。

Huebner，L. A.（1979）. New directions for student services：Redesigning campus environments. San Francisco：Jossey-Bass.

本书将重点集中在学生和学校之间的互动，以及这种互动对于学生事务专业人士的意义上。本书对所谓的“生态系统观”在历史背景中给予了定义，描述了生态系统观在各种情景中的应用方法，如在学生公寓、心理咨询和学生处处长的工作中。同时，该书还对生态系统观做了批判性的检验与反思。

Kaplin, W. A. & Lee, B. A. (1997). A legal guide for student affairs professionals. San Francisco: Jossey-Bass.

本书是极受欢迎的对卡普兰和李的著作《高等教育法》的改编版，总结了学生事务管理者所面临的法律问题。全书共分为 12 章节，其宏大的结构使其成为学生事务管理者的快速指南。即，当法律问题出现时，学生事务管理专业人士可将其当做一本十分有用的参考书。书中 12 个章节的题目反映了本书的综合性，具体题目如下：高等教育法律综述，大学和托管人、管理者和教员，大学生的法律地位，招生和资助，校园社区，学术政策和相关事务，纪律处理程序，学生的言论自由，学生组织，校内俱乐部和校际体育赛事，大学和地方政府、大学与州政府、大学和联邦政府。本书还提供了经认真挑选的参考文献以供进一步阅读。

Knefelkamp, L., Widick, C. & Parker, C. A. (1978). Appling new developmental findings: New direction for student services, No. 4. San Francisco: Jossey-Bass.

本专著描述并分析了几种学生发展理论和人类发展模式。其中包括以下内容：埃里克森的心理发展理论、亚瑟·契克林的学生发展理论、威廉·裴瑞的智力与伦理发展理论、劳伦斯·柯尔伯格的道德判断发展认知理论、简·洛文杰的自我发展理论、道格拉斯的成熟模式理论以及罗伊·西思的人格分类理论等。除了这些学生发展理论和发展模式之外，作者还介绍并讨论了理论的应用及价值。该书的一个章节还专门探讨了学生事务工作者如何面对新生所提出的挑战，并罗列了一份附简明注释的参考书目。

Kohlberg, L. (1981). Essays on moral development. The philosophy of moral development: Moral stages and the idea of justice. New York: Harper and Row.

本书系三卷本中的第一卷，主要讨论道德的发展和正义的哲学（第二卷主要探讨道德发展心理，第三卷主要探讨教育和道德的发展）。本卷收录了众多文章，包括对柯尔伯格道德发展理论的描述和辩护。本书由四部分组成，它们分别论述了教育目的、正义理念、法律和政治问题、正义之外的问题。本书也将柯尔伯格道德发展理论详尽地呈现给读者。总而言之，柯尔伯格介绍了六段论，而该理论告诉我们，每个人的道德发展都从受罚和服从倾向（前习俗水平）转向追求人际和谐（习俗水平），并且最终转向遵循普遍的道德标准（后习俗水平）。

Kuh，G. D.，Schuh，J. H.，Whitt，E. J.，Andreas，R. E.，Lyons，J. W.，Suange，C. C.，Krehbiel，L. E.，& Mackey，K. A.（1991）. Involving colleges：Successful approaches to fostering student learning and development outside the classroom. San Francisco：Jossey-Bass.

本书描述了许多被称为“参与型大学”的大学校园文化，同时深入分析了这些大学是如何促进学生发展的。参与型大学指的是能够成功地将学生吸引到各种有组织的课外活动中的大学。全书由三个部分构成。第一个部分论证了研究的合理性，并描述了参与型大学的主要特征。第二部分是全书最复杂的部分，具体描述了参与型大学是如何促进学生的学习和发展的。作者在本部分中为那些无论是对规模大还是小的大学、位于城市还是郊区的大学感兴趣的读者，均提供了相应类型大学相关情况的详尽描述。第三部分描述了大学机构是怎样为学生提供参与学校活动的机会的。对于任何想要改善和增加大学生课外体验经历的人来讲，这是一本必读之书。

Masland，A. T.（1985）. Organizational culture in the study of higher education. Review of Higher Education，8，157－168.

本文描述了组织研究中关于组织文化影响的最新研究成果。作者定义了组织文化，检验了组织文化怎样应用于高等教育，描述了组织文化的影响怎样能够得以揭示，讨论了研究者和从业者在组织文化研究中的相关性。文章通过对组织传统、组织关键人物、组织标志和组织仪式等的重要性的简要分析，揭示了组织文化的展现形式。对那些想探究组织文化的理论与实践价值的人来说，本文十分有用。

Miller, T. K., & Winston, R. B. (1991). Human development and higher education. In T. K. Miller & R. B. Winston, Jr. (Eds.), Administration and leadership in student affairs: Actualizing student development in higher education, 2nd ed. (pp. 3-35). Muncie, IN: Accelerated Development.

本章简明扼要地探讨了高等教育的发展以及高等教育与人的发展理论之间日益增强的相关性。文章讨论了众多发展理论对促进学生事务工作开展的益处。

MOOS, R. H. (1979). Evaluating educational environments. San Francisco: Jossey-Bass.

本书为环境评估提供了一个框架，主要集中探讨两个显著不同的环境：大学生公寓和初高中课堂环境；为理论应用到持续变化的教育环境提出了建议，并揭示了变化背后隐藏的含义；试图描述、测量和评估教育环境，说明人们如何创造环境以及如何受环境影响；介绍并探讨了大学住宿环境评估量表（URES）和课堂环境评估量表（CES）这两种大学环境测量工具。对于致力于改善学生住宿环境、男生联谊会环境、女生联谊会环境以及课堂环境的教育者来说，本书是一本十分重要的读物。

Morgan, G. (1986). Images of organization. Beverly Hills, CA: Sage.

本书运用大量的比喻对组织分析艺术进行深入的考察。作者认为，组织是机器（machine）；组织是有机体（organism）；组织是大脑（brain）；组织是变迁和转换（flux and transformation）；组织是文化（civilization）；组织是政治系统（political system）；组织是统治工具（instrument of domination）；组织是心灵监狱（psychic prisons）；组织是狂欢节（Carnivals）。其中一整章专门针对组织分析艺术展开，并就如何运用比喻的方法解读、理解、管理和设计组织提出建议。该书还列出一系列参考书目，以满足读者进一步探索具体的比喻方法的需要。对有志于更多地了解组织分析及其比喻在组织建设中的应用的教育者来说，本书十分有用。

Pascarella，E. T. & Terenzini，P. T.（1991）. How college affects students. San Francisco：Jossey-Bass.

本书总结了近20年来关于大学对学生产生的影响的2600多项研究。该书根据大学对学生的教育成果（影响）的不同而划分章节，在每一章中就某一具体的大学教育成果进行了大学内部视角的研究和不同大学间的比较研究。该书为那些想要自己开展关于大学生的研究的人士提供了非常有用的研究方法方面的参考书目。

Perry，W. G.（1970）. Forms of intellectual and ethical development in the college years. New York：Holt，Rinehart & Winston.

本书是裴瑞关于智力和伦理发展理论的里程碑式的著作。裴瑞理论从基本的二元化阶段开始，阐述了大学生成长经历的9个阶段或步骤。在裴瑞的理论中，二元化阶段的特点是认为世界非黑即白，权威永远正确；多元化阶段的特点是认为多种观点和不同意见是合乎情理的；相对主义阶段被认为是一种更为复杂的多元认知，观点和判断都应该基于证据和逻辑而做出；信守阶段，学生由于意识到事物的相对性而做出选择和决策。该书除了第一次阐述裴瑞的理论之外，不仅介绍了裴瑞自身对研究的评价，而且也就研究问题为读者做了分析和描述。

Rodgers，R. F.（1991）. Using theory in practice in student affairs. In T. K. Miller & R. B. Winston. （Eds.），Administration and leadership in student affairs：Actualizing student development in higher education，2nd ed.（pp. 203－251）. Muncie，IN：Accelerated Development.

本文重点论述了大学生成长的一些重要理论。作者简要描述了大学生事务工作理论范式的发展历史，大学生发展理论范式在其中只是最新的但并非占主导地位（罗杰斯坚持认为学生服务模式应占主导地位)。文章回顾了四种大学生发展理论中的三种：社会心理学理论，包括埃里克松和契克林的；认知结构理论，包括柯尔伯格、吉利根、裴瑞、金和基奇纳的；以及卡尔·荣格和麦尔斯·布利格的类型学理论和模式（个人环境互为影响理论单独成章）。该章节为想要广泛了解时下最流行的大学生发展理论的读者做了简明而有条理的概述。

Schuh, J. H. (ed.) (1990). Financial management for student affairs administrators. Alexandria, VA: American College Personnel Association.

本书分析了当前财政状况，详尽地提供了众多富有实践经验的作者所提出的观点，试图帮助年轻的专业人士理解和重视财政支持与学生事务工作、项目之间的关系，从而提高他们的财政管理能力。因为案例研究中所呈现的案例往往与财务有关，所以在此提及本书。

Stage, F. K., Anaya, G. L., Bean, R. E., Hossler, D., &Kuh, G. D. (Eds.). (1966). College students? The evolving nature of research. ASHE Reader Series. Needham Heights, MS: Simon & Schuster Custom Publishing.

本书汇编了论及目前我们对大学生的认知和我们如何获得这些认知的论文和书籍中的相关章节。高度强调了关于大学生的最新研究，评价了其所使用的研究方法。本书从转化的视角来审视研究，这一视角具有三个特点：1）将所有学生的经历看作相关的事实、优先考虑和研究的问题的来源及主题；2）其引发的研究将对这些问题的解释十分有益；3）该研究的方法既非客观的，也非远离研究对象的，而是处于二者的临界点。

Stage, F. K., & Manning, K. (1992). Enhancing the multicultural campus environment: A cultural brokering approach. New Directions for Student Services, No. 60. San Francisco: Jossey-Bass.

本专著回顾了关注学生的多元化和大学校园紧张的种族关系的最新文献，介绍了一种将“文化掮客”观融入学生事务实践的模式，描述了该模式在学生事务管理众多领域的应用。

Stage, F. K., Muller, P, Kinzie, J. & Simmons, A. (1998). Creating learning centered classrooms: what does learning theory have to say? ASHE-ERIC Higher Education Report. Vol. 26. No. 4. Washington, DC: The George Washington University.

本专著回顾了与大学校园学术学习相关的学习理论。该书侧重于对大学的研究，以案例研究证明所探讨的理论。最后一章评论了用特别理论进行研究的必要，并将目前流行的教学法与相关教学理论加以列举。

Straub, C., & Rodgers, R. (1986). An exploration of Chickering's theory and women's development. Journal of College Student Personnel, 27, 216—224.

本文阐述了作者们所进行的研究，以验证亚瑟·契克林的(1969)心理学理论。亚瑟认为，17 至 25 周岁的男性和女性有着相同的发展任务。作者对 241 名大学生和成年学生进行了一次横向研究，其目的是测定受试者的心理发展。作者假设契克林的发展自治向量在某些女生心理发展中可能会较晚出现，而成熟的人际关系在其发展中可能会较早出现。这一假设在研究中被加以检验。结果本文作者找到了证明女性有着与契克林的理论不同的发展任务顺序的证据。

Walsh, W. B. (1973). Theories of person-environment interaction: Implications for the college student. Iowa City, IA: The American College Testing Program.

本专著共分七章，提出五种不同的人与环境相互作用的观点。包括巴克尔的行为情景理论、亚文化理论、霍兰德的类型论、斯特恩的“需求×压力=文化”理论和珀文的文化交互理论。每章都分为六个基本部分：介绍、背景、发展、理论、研究、评估和影响等。另外，该专著的引言讨论了相关的问题、个人与环境的关系和理论的本质。最后，作者对不同的理论做了一番对比。

Weick，K.（1976）. Educational organizations as loosely coupled systems. Administrative Science Quarterly，21，1－19.

本文针对组织要素是通过其共同目标、有计划的行动和理性的决策程序紧密地联系在一起的假设提出了截然相反的观点。作者认为：组织实际上是一个松散的联合体；在该体系中，组织要素有着松散的联系，时常表现出彼此的相对独立性。作为范例的教育组织，应该能为研究者和实践者提供另外一种视角来认识教育机构是如何构成的。本文为那些愿意进一步以这种不同的视角来研究高校组织特征的研究者们提供了关于研究重点的建议。

参考文献

American College Personnel Association.（1994）. The student learning imperative：Implications for student affairs. Washington，DC.：Author.

Astin，A.（1985）. Achieving academic excellence：A critical assessment of priorities and practice in higher education. San Francisco：Jossey-Bass.

Astin，A.（1993）. What matters in college：Four critical years revisited. San Francisco：Jossey-Bass.

Baldridge，J. V.，Curtis，D. V.，Ecker，G. P.，& Riley，G. L.（1977）. Alternative models of governance in higher education. In J. U. Baldridge & T. E. Deal（Eds.），Governing academic organizations（pp. 2－25）Berkeley：McCutchan.

Baxter Magolda，M.（1992）. Knowing and reasoning in college. Gender-related patterns in students' intellectual development. San Francisco：Jossey-Bass.

Belenky，M.，Clinchy，B.，Goldberger，N，& Tarule，J. (1986). Women's ways of knowing：The development of self, voice，and mind. New York：Basic Books.

Blake，J. H. (1985). Approaching minority students as assets. Academe. 71 (6)：19—21.

Bowen，H. (1977). Investment in learning：The individual and social value of American higher education. San Francisco：Jossey-Bass.

Caple，R. B. (1987a). The change process in developmental theory Part 1. Journal of College Student Personnel，28，4—11.

Caple，R. B. (1987b). The change process in developmental theory Part 2. Journal of College Student Personnel，28，100—104. A self-organization paradigm.

Cass，V. C. (1979). Homosexual identity formation：A theoretical model. Journal of Homosexuality，4，219—235.

Chang，M.，Witt-Sandis，D.，Jones，J.，& Hakuta，K. (1999). The dynamics of race in higher education：An examination of the evidence. Washington，DC：The American Educational Research Association.

Chickering，A. W. (1969). Education and identity. San Francisco：Jossey-Bass.

Chickering，A. W. & Reisser，L. (1993). Education and identity (2nd ed.). San Francisco：Jossey-Bass.

Clark，B. R. & Trow，M. A. (1966). The organizational context. In T. M. Newcomb & E. K. Wilson (Eds.)，College peer groups：Problems and prospects for research (pp. 17—70). Chicago：Aldine.

Cohen，M，& March，J. G. (1974). Leadership and

ambiguity: The American college presidency. New York: McGraw-Hill.

Conyne, R. K. (1991). Organization development: A broad new intervention for student affairs in T. K. Miller & R. B. Winston, Jr. (Eds.), Administration and leadership in students affairs: Actualizing student development in higher education, (2nd ed). (pp. 73—109) Muncie, IN: Accelerated Development.

Conyne, R. K. & Clark, R. J. (1981). Environmental assessment and design. New York: Praeger.

Creamer, D. G., & Frederick, R. M. (1991). Administrative and management theories: Too1s for change. In T. K. Miller & R. B. Winston, Jr. (Eds.), Administration and leadership in student affairs: Actualizing student development in higher education, (2nd ed.) (pp. 135 — 157) Muncie, IN: Accelerated Development.

Cross, W. E., Jr. (1995). The psychology of Nigrescense: Revising the Cross model. In J. G. Ponterotto, J. M. Casas, L. A. Suzuki, & C. M. Alexander (Eds.), Handbook of multicultural counseling (pp. 93—122). Thousand Oaks, CA: Sage

D'Augelli, A. R. (1994). Identity development and sexual orientation: Toward a model of lesbian, gay, and bisexual development. In E. J. Trickett, R. J. Watts, & D. Birman (Eds.), Human diversity: Perspectives on people in context (pp. 312—333). San Francisco: Jossey-Bass.

El-Khawas, E. (1966). Student diversity on today's campuses. In S. R. Komives, D. B. Woodard, Jr. and Associates (Eds.), Student services: A handbook for the profession, 3rd ed. (pp. 64—801). San Francisco: Jossey-Bass.

Erikson, E. H. (1963). Childhood and society, 2nd ed. New

York：Norton.

Evans，N. J.（1987）. A framework for assisting student affairs staff in fostering moral development. Journal of Counseling and Development，66，191—194.

Evans，N. J.，Forney，D. S.，& Guido-DiBrito，F. (1998). Student development in college：Theory，research，and practice. San Francisco：Jossey-Bass.

Feldman，K. & Newcomb，T. (1969). The impact of college on students. San Francisco：Jossey-Bass.

Gardner，H. (1983). Frames of mind. New York：Basic Books.

Gehring. D. D. (1993). Understanding legal constraints on practice. In M. J. Barr&Associates，The handbook of student affairs administration (pp. 274—299). San Francisco：Jossey-Bass.

Gilligan，C. (1982). In a different voice. Psychological theory and women's development. Cambridge，MA：Harvard University Press.

Helms. J. E. (1993). Toward a model of white racial identity development. In. J. E. Helms (Ed.)，Black and white racial identity：Theory，research and practice (pp. 49—66). Westport，CT：Praeger.

Holland，J. L. (1985). Manual for the vocational preference inventory. Odessa，FL：Psychological Assessment Resources.

Jacoby，B. (1993). Service delivery for a changing student constituency. In M. J. Barr (Ed.)，The handbook of student affairs administration (pp. 468—480). San Francisco：Jossey-Bass.

Josselson，R. (1987). Finding herself：Pathways to identity development in women. San Francisco：Jossey-Bass.

Jung, C. G. (1960). The structure and dynamics of the psyche. New York: Bollingen Foundation.

Kaplin, W. A. & Lee, B. A. (1997). A legal guide for student affairs professionals. San Francisco: Jossey-Bass.

Kitchener, K. S., & King, E. M. (1981). Reflective judgment: Concepts of justification and their relationship to age and education. Journal of Applied Developmental Psychology, 2 (2), 89-116.

Kitchener, K. S. & King, P. M. (1990). The reflective judgment model: Ten years of research. In M. L. Commons, et al. (eds.), Adult development. Vol. 2., Models and methods in the study of adolescent and adult thought (pp. 63-78). New York: Praeger.

Kitchener, K. S., & King, P. M. (1994). Developing reflective judgment: Understanding and promoting intellectual growth and critical thinking in adolescents and adults. San Francisco: Jossey-Bass.

Kohlberg, L. (1981). Essays on moral development. Vol. 1. Philosophy of moral development: Moral stages and the idea of justice. New York: Harper & Row.

Kohlberg, L., Levine, C., & Hewer, A. (1983). Moral stages: A current formulation and a response to critics. (Contributions to Human Development Series, Vol. 10). New York: Praeger.

Kolb, D. A. (1985). Learning style inventory: Self-scoring inventory and interpretation booklet. Boston: McBer.

Kuh, G. D. (1996). Organizational theory. In S. R. Komives, D. B. Woodard, Jr., & Associates, Student services: A handbook for the profession. (3rd ed.) (pp. 269-294). San

Francisco：Jossey-Bass.

Kuh，G. D.，Schuh，J.，Whitt，E. J.，Andreas，R. E.，Lyons，J. W.，Strange，C. C.，Krehbiel，L. E.，& Mackey，K. A.（1991）. Involving colleges：Successful approaches to fostering student learning and development outside the classroom. San Francisco：Jossey-Bass.

Manning，K.（1994）. Metaphorical analysis in a constructivist study of college rituals. Review of Higher Education，18（1），45－60.

Manning，K.（1988，September）. The multi-cultural challenge of the 1990s：Campus Activities Programming，52－56.

Marcia，J. E.（1966）. Development and validation of ego-identity status. Journal of Personality and Social Psychology，3，551－558.

Moos，R. H.（1979）. Evaluating educational environments. San Francisco：Jossey-Bass.

Moore，L. M.（1990）. Evolving theoretical perspectives on students. New Directions for Student Services. No. 51. San Francisco：Jossey-Bass.

Myers，I. B.（1980）. Gifts differing. Palo Alto，CA：Consulting Psychologists Press.

Parker，C. A.（1977）. On modeling reality. Journal of College Student Personnel，18，419－425.

Pascarella，E. T. & Terenzini，P. T.（1991）. How college affects students. San Francisco：Jossey-Bass.

Perry，W. G. Jr.（1970）. Forms of intellectual and ethical development in the college years. New York：Holt，Rinehart，& Winston.

Phinney，J. S.（1990）. Ethnic identity in adolescents and

adults：Review of research. Psychological Bulletin，108，499－514.

Piaget，J.（1952）. The origins of intelligence in children. New York：International Universities Press.

Rodgers，R. F.（1989）. Student development. In U. Delworth，G. Hanson，& Associates（Eds.）. Student services：A handbook for the profession，（2nd ed.）（pp. 117－164）. San Francisco：Jossey-Bass.

Rodgers，R. F.（1991）. Using theory in practice in student affairs. In T. K. Miller& R. B. Winston，（Eds.），Administration and leadership in student affairs：Actualizing student development higher education，（2nd ed.）（pp. 203－251）. Muncie，IN：Accelerated Development.

Sanford，N.（Ed.）（1962）. Developmental status of the entering freshman. In N. Sanford（Ed.）（1962）. The American college. New York：Wiley.

Stage，F. K.（1988），Student typologies and the study of college outcomes. Review of Higher Education，11，247－257.

Stage，F. K.，Anaya，G. L.，Bean，R. P.，Hossler，D.，&Kuh，G. D.（Eds.）（1996）. College students：The evolving nature of research. ASHE Reader Series. Needham Heights，MS：Simon & Schuster Custom Publishing.

Stage，F. K.，& Hamrick，F. A.（1994）. Diversity issues：Fostering campuswide development of multiculturalism. Journal of College Student Development，35，331－336.

Stage，F. K. & Manning，K.（1992）. Enhancing the multicultural campus environment：A cultural brokering approach. New Directions for Student Services，60. San Francisco：Jossey-Bass.

Stage, F. K., Muller, P., Kinzie, J., & Simmons, A. (1998). Creating learning centered classroom: What does learning theory have to say? ASHE-ERIC Higher Education Report, 26 (4). Washington, DC: The George Washington University.

Strange, C. C. (1981). Organizational barriers to student development. National Association of Student Personnel Administrators Journal, 19 (1), 12-20.

Strange, C. C. (1983). Human development theory and administrative practice in student affairs: Ships passing in the daylight? National Association of Student Personnel Administrators Journal, 21 (1), 2-8.

Strange, C. C. (1994). Student development: The evolution and status of an essential idea. Journal of College Student Development, 35, 394-412.

Straub, C. (1987). Women's development of autonomy and Chickering's theory. Journal of College Student Personnel, 28, 198-205.

Straub, C. & Rodgers, R. F. (1986). An exploration of Chickering's theory and women's development. Journal of College Student personnel, 27, 216-224.

Taylor, C. A. (1986). Black students on predominantly white college campuses in the 1980s. Journal of College Student Personnel, 27, 196-201.

Weick, K. (1976). Educational organizations as loosely coupled systems. Administrative Science Quarterly, 21, 1-19.

第三章　行动案例分析

迈克尔·达内尔斯　弗朗西斯·斯特奇

虽然管理者做出的许多日常决策包含数量要素（支出的现金量、服务的学生数、聘用的职员数），但案例研究分析中所评估的解决办法却趋于定性。案例中所涉及的大量校园事务通常都会包含参与者的情感以及他们的价值观冲突。这些都是解决方案中必须考虑的因素。就一个案例的一系列可选解决方案而言，一些方案可能比另一些更现实，可操作性更强。解决方案的现实性可以通过对定量因素的考虑来判断，它包括涉及的成本、执行的难度、资源的可得性、主要参与者的性格特征、与大学目标的适合度等因素。尽管管理者们在日常所做的衡量中更多地考虑的是量化因素（如经济开支、学生数量、员工人数等），但是案例分析研究中所评估的解决方案更倾向于定性的特征。判断一个解决方案的可行性所需考虑的很多因素是无法通过量化进行评估的，因为它们没有固定的量化值。但是我们仍然可以通过将其与同一案例中的其他备选解决方案中的相同因素进行对比产生优势。

为了获得最大的收获，分析者在对众多的定性要素和定量要素进行筛选时必须有自己明确的方向。本章旨在提供案例分析研究时所需的总体上的指导、一种相关因素的分类和筛选方法。尽管这里所提供的案例研究分析并非完美无缺，所提出的问题并非十分全面，也并非十分确定，但是这些分析仍然提供了一种结构化的方法，以用来筛选各种各样所需考虑的因素。本章最后介绍了案例研究以及范例分析，以期给予那些初涉案例研究分析领域的人以指导。

分析步骤

每个案例研究就像每个校园的主要问题一样，都有许多可能的解决方案。每当分析一个案例时，我们必须回答一系列具有普遍性的问题：

1. 案例中所出现的决定性问题是什么？
2. 哪些因素对理解和处理这些问题十分重要？
3. 必须收集哪些额外的辅助信息？
4. 谁是主要决策者，其扮演的角色是什么？
5. 是否有任何理论可能与决定性问题相关？
6. 主要决策者是否有别的变通办法？
7. 每一备选办法的优缺点是什么？
8. 将要采取什么样的行动方案（长期的和短期的）？

以上八个问题构成了本书案例研究的基础。

分析问题

分析任何校园问题，首要问题是在案例中参与者需要决策的问题是什么。一般而言，重大的问题往往显而易见，而短期问题通常可能造成潜在的长期问题，例如校园制度和校园办事程序的缺失。在实践中识别需要决策的问题有助于案例分析者避免在解决校园难题时目光短浅或视野狭窄。

必要因素

第二步就应该寻找解决以上问题所必须的信息，同时必须对信息进行去伪存真。在此阶段需要练习识别因素的能力，练习将重要因素同那些花哨的、仅仅是增强故事性的因素区别开来。

其他信息

这一步紧接第二步。是否还需要其他信息？设想自己是案例中的专业人员，有什么是你需要了解的？还有什么与问题相关并通常能在大学校园中收集却未准备好的资料或事实？当前可采取的行动有哪些合法案例？目前与此相关的法律先例是什么？你需要与谁交谈才能得到更多的信息？请记住：决策者很少拥有他们想要或需要的所有信息，而通常他们必须对一些重要的因素作出合理的推测或假设。这一步提醒分析者要明确自己的种种假设。

案例中的主要人物

接下来的一步是确定案例中的主要角色。当然，也应包括管理者和专业人员。另外，如果从对结果的评价和裁决来看，主要角色通常也包括一个或多个主管。在所陈述的一些案例中，主要决策者必须从案例相关人员内部产生，包括案例中参与解决方案相关行动的人和对你所采取的措施作出反应的人。其他主要角色（有时称作利益相关人）可能包括权威人士，可能他们不直接参与，却对解决问题的方法有着相当的影响力。确定决策者和利益相关人，以及描述其扮演的角色，在多角度地考虑决策问题方面将给予分析者以实践的机会。

相关理论

第五步是确定相关理论，这一步是案例研究分析中最为独特的一步。任何熟悉第二章所讨论的大量理论的分析者对这些理论都各有偏好。在此阶段，案例研究分析者试图将某种理论（或多种理论）与特定案例结合起来。有时多种理论比单一理论更适合。无论如何，没有一种理论是必须要使用的。理论的应用是非常主观的。适合某个人的理论可能并不适合他人。本章后面介绍的案例解决方案将讨论许多与案例相关的理论。在任何课堂或专题讨论会中，关于哪种理论最有益以及哪些理论与案例最相关的分歧永远都会存在。

备选解决方案

案例研究分析中最具创造性的一步便是第六步，即备选方案的提出。分析者进入这一步骤后产生了灵感，从而有了第一步所描述的所有问题的备选解决办法。在此阶段，分析者可以发挥其想象力。在接下来的第七步中，这一步骤的局限性将得到解决。

备选方案的优缺点

在回答第七个问题“备选方案的优缺点是什么?”时，分析者必须谨慎地考虑到所有的影响因素。对每个主要参与者可能对这些备选办法产生的反应都必须进行估计。校内外主要机构的支持必须加以考虑。大学的法定责任不容忽视。大学的宗旨或发展前景可能成为重要因素。当然，资源的可得性也必须从现实的角度加以衡量。

行动进程

最后，合理的行动进程必须同时包括对长期和短期问题的解决方案，必须根据前面七步的结果加以选择。

分析案例

以下案例的介绍将为读者提供融入一个陌生的大学校园的相关信息。案例尽可能以真实详尽的方式加以描述。首先，作为分析者的读者将置身于案例的背景、人物及事实中。通过这些信息，读者可以身临其境地融入问题的真实场景中。接下来需要解决的问题或需要达到的目标将按时间先后顺序展现。阅读以下案例时，最好暂时忘记现实中的自己，以设身处境地将自己放在事件中。然后试着像案例中的管理者那样，去感觉事件的急迫性以及可能产生的情绪。

在本章余下的部分中所列举的案例将按上述介绍的步骤展示并加以分析。这种分析应该会给予本书的读者以有益的指导。

高原大学披萨攻击事件

玛丽莲·艾米
密歇根州立大学
律师：戴维·哈代

背景

高原大学是一所综合性大学，位于美国中西部偏远地区的宁静小镇。这所大学创建于 19 世纪，由于其卓越的学术课程和风景如画的校园而深受当地居民的喜爱。尽管大多数学生来自州内，然而经过这些年的发展，招生范围已经扩大到周边地区，学生人数已达到2万。该校学生文化有着特别深厚的底蕴，一部分原因是有体育竞技的传统，另一部分原因是生源的同质性——大多数学生都来自小城市和乡镇，特别是一些农场区。过去十年，学校招生部门开始招收部分少数民族学生。这是校长杰克逊所制定的重要政策之一。少数民族学生人数尚未进行完整统计，他们大约占学生总数的8%(其中约3%为非裔美国学生，3%为亚洲裔学生，2%为拉美裔美国学生)。对在高原大学长期工作的教职工来说，该校现在可以称之为多民族大学。随着大学学生的多民族化，不同族群学生间的关系日趋紧张，如学生活动项目资助不公平、教职员工中缺乏少数民族代表、所提供的课程和专业有限、鲜有给予优秀少数民族学生奖学金的记录等。

值得一提的是，在此案发生前一年，黑人学生会邀请了一位声名显赫的美国黑人活动家到校演讲，以此作为黑人历史月活动的一个环节。而保守派学生会领导则邀请了三K党人举行一系列演讲，以反对黑人学生的活动，并声称大学学生言论自由是大学学生手册的核心。结果，尽管黑人历史月活动的演讲只受到少数人的抵制，但是学校气氛立刻紧张起来。学生事务工作者至今没能从此事件带来的伤害中完全恢复过来。他们甚至怀疑自己在现有的校园政策及执行条件下促进大学接受多样化的能力。学生生活部主任艾丽丝·梅尔曾多次建议修改学生手册，让学术委员会的主要成员深入到多样化问题中来，但是许多领导却告诉她：“现在还不是最佳的时候。”

人物

卡洛尔·里德：大学生，在当地披萨专卖店工作，“披萨攻击”事件中的受害者。

里奇·肯尼迪：学生生活部副主任、负责管理学生联谊会

（Greek Life[①]）和纪律，直接向学生生活部主任汇报，已在该校工作两年。他曾就职于附近另一所以白人学生为主的中西部州立大学。

布莱恩·斯迪瓦特：大学生，兄弟会会员，身陷“披萨攻击”事件中。

赖斯·温特：兄弟会会长，保守派学生会前主席，是他去年把三K党带入大学校园。

雷·马塞尔：大学生，黑人学生会主席。他有时倾向于用激进的方法解决问题。

温妮莎·杜宾：少数民族学生顾问、学生事务工作人员，两年前毕业于高原大学。当应聘现在的工作时，很多人都感到惊奇。她常对这所大学及其黑人学生政策表示不满。

艾丽丝·梅尔：学生生活部主任，已在该校这一岗位上工作15年，职位的晋升使她常被高原大学当作其录用女性进入高层的典范。她是同级职位中唯一的两名女性工作人员之一，直接向负责学生事务和校友工作的副校长汇报工作。

维特·杰克逊：校长。这是他在高原大学任职的第十一个年头。在他任职期间，学校在许多方面有了积极的变化，其中包括扩大招生规模、提升专业质量、创办博士项目、增加校友捐助等。他希望他留给高原大学的是一种倡导多元校园文化的观念，而他在每次毕业典礼的致辞中都会强调高原大学处在危险的边缘。

假使你是里奇·肯尼迪（学生生活部副主任，负责学生联谊会与纪律）。这是你工作的第二年，漫长且时而发生骚乱的一年。你非常期待春季学期期末的到来，因为本学期只剩六周，许多学生开

---

① 译者注：Greek Life，参加兄弟会和姐妹会在美国校园也被称作“希腊生活”（Greek life），美国几乎每个大学都有兄弟会，译作男生联谊会（fraternity）和姐妹会，或译作女生联谊会（sorority），也有全国性组织。兄弟会、姐妹会是美国大学校园最有特色的学生组织，有的联谊会甚至有单独的由自己管理的宿舍楼。（http//en.wikipedia. org/wiki/Fraternities _ and _ sororities）

始把精力放在功课上，全力以赴为期末考试做准备。

案例

周五晚上 11 点 30 分。卡洛尔·里德，高原大学大二学生，在当地一家披萨店兼职，负责送外卖。当天，兄弟会公寓的一名男生点了一份披萨，卡洛尔·里德去送披萨。一进屋，她就发现从傍晚开始这里就在举行聚会。客厅里啤酒瓶扔得到处都是，房子周围都能听到音响声。这时，布莱恩·斯迪瓦特（兄弟会会员，是他点的披萨）从主卧楼梯下来拿披萨。他抱怨披萨送得太晚，不愿付款。卡洛尔注意到布莱恩已经喝醉，看起来很气愤。因此，她赶紧向他解释，即使披萨晚送几分钟，她也必须收取披萨的钱。布莱恩不但没有冷静下来，而且更大声地抱怨起来。开始卡洛尔还坚持要求他付款，但是，当布莱恩不断地骂她是“黑人妓女”时，她决定放弃收取披萨的钱，并尽快离开。将披萨放在桌上后，卡洛尔向门口走去。这时布莱恩骂骂咧咧地抓起披萨，砸在她的后脑勺上。卡洛尔觉得有点轻微的晕眩，心里非常难过，这种难过远远超过了身体上的疼痛。她迅速离开了布莱恩的住处。

回到工作的地方，卡洛尔向同事诉说了这一经历，同事鼓励她去报警。经过一番犹豫后，卡洛尔同时向当地警局和学校警务室报了警。天还没亮，卡洛尔便向两处警方控告布莱恩·斯迪瓦特暴力伤人。

周六。你周六上午的第一件事便是被大学警方告知披萨攻击事件，以及警方对布莱恩·斯迪瓦特的正式指控。为了严肃纪律，按惯例，你分别把当事双方叫到办公室。卡洛尔还在为昨天的事难受。你对她说她做得对，并且向她保证会采取适当的措施责罚布莱恩。在与布莱恩见面之前，因为觉得这个名字很眼熟，便从文件中搜寻了布莱恩的信息。可以肯定的是，布莱恩去年曾因兄弟会招募活动中的“严重欺凌”事件而受到留校察看的处分。这时，你突然有种不好的感觉，已准备好的“学生事务”处理办法可能对这家伙不适用。但是你仍然得继续开展工作。布莱恩好像一点也没受到此事的影响，并且还不承认事情的严重性。他声称“里德女士”夸大其词，要是确有其事，那么砸她也只是一起意外事故。他还说，他不想要那份披萨，就把它扔在地上，并没砸到卡洛尔。尽管你不相信他所说的话，你仍然记录下他的陈述，并告知他接下来将按照合理的程序处理此事。目前为止，你感觉事情还在你的掌控之中，你便把事件做了备忘录，好让梅尔主任周一来办公室时能看到。

周六晚上 10 点钟左右，你接到学校警务室值班警察的电话。他告诉你，在兄弟会公寓前的草坪上，兄弟会主席赖斯·温特正在进行示威集会。这名警察还说，“温特这家伙不是去年策划了三 K 党成员活动来制造麻烦吗?”警察的记性真好。你等不及再往下听，便直奔兄弟会大厅。为了安全起见，你通知了学校很多负责人去那里汇合。当你赶到时，已有 20 到 25 名学生在草地前集合。你认出这些人中有的来自大学黑人学生会，也有的来自当地美国黑人联盟。他们情绪非常激动，呼吁从开除布莱恩·斯迪瓦特做起，以推进激进的改革。幸运的是，兄弟会会员还在公寓里，绝大多数人尚未采取敌对的行动。你走进大厅，用简单明了的话语与赖斯交谈，告诉他不要激怒示威人群，并告诉布莱恩周一之前不可再生事端。于是，你走出大厅，驱散人群，建议他们以中立的态度组织一场讨论会代替示威。你通知示威学生的领袖周一同你、学生生活部主任及兄弟会的成员见面。他们同意见面，但同时声明，这件事如果得不到合理的解决，他们将以自己的方式处理。

晚上回到家已快 11 点半了，你仍然决定给梅尔主任打电话。你向她汇报过去一天中发生的事，并对她说，周一打算与兄弟会会员以及黑人学生会领导见面。主任肯定了你的想法，并认为你已经做了目前能做的一切工作。虽然对事情感到忧心忡忡，但你仍努力暂时抛开工作去睡觉。凌晨三点，学校警察通知你，赖斯·温特两次电话通知警方，一些早先的抗议者再次返回兄弟会公寓楼前，并试图进入公寓。

你迅速返回兄弟会公寓。兄弟会成员和示威者变得更加躁动，他们不断地尖声叫骂。只是这次示威人数比上次少多了，你意识到雷·马塞尔是这次示威活动的组织者。雷也参加了上次的游行示威，但在上次行动中他一直很低调。现在，他和其他黑人学生会几个男会员组织了这次集会。能看得出他们很愤怒，希望学校立即采取行动纠正目前已被称为“披萨攻击”事件的处理方法。你重申了先前达成的协议，周一召集相关各方的适当代表商谈此事。但是，雷并不退让，他反复要求解散兄弟会，开除布莱恩·斯迪瓦特、赖斯·温特以及其他迫害美国黑人学生者，并要求你因充当种族歧视者的保护伞而辞职。意识到不可能说服雷，你只好尽最大努力提醒示威队伍中的其他人员，校方目前正在为妥善解决此事努力，其他违法违纪行为也会得到合理的处理。但你强调整个兄弟会不应因为一个人的过失而受到惩罚。经过艰苦耐心的劝导，你和警察最终驱散了这群示威者。但是雷走的时候，他警告你说：“这件事还没完。”

周日。尽管当地报纸已经报道了此次事件，然而整个校园还是相对平静。卡洛尔和赖斯的陈述出现在同一篇报道中，他们再次向人们描述了周五晚上发生的事。但是新闻报道中最令你关注的是一篇关于当地民众对此事件的反应的文章。该文章是由高原大学的教职员工撰写的，文章认为目前缺乏对黑人学生社团的制度性保障。第二天，你注意到，兄弟会公寓大厅前的人行道上有几个纠察员，他们正是报上发表意见的人。幸运的是，那天并未发生什么事。

周一。早上7点，梅尔主任召集学生事务工作者开了一场商讨会。周日，她接到许多关心此事的电话，所以急切盼望今天的到来。主任强调，学校有既定的纪律处分程序来处理像卡洛尔这样的投诉。但是，好像学校某些高层不赞成学校介入此事。因为卡洛尔受雇于校外的企业，袭击事件发生在属于私人财产的兄弟会公寓。想到你已经采取的措施和你承诺要采取的措施不能付诸实践，你觉得心里不舒服。这样的话，学校对此事的态度就前后太不一致了。

不过梅尔主任向你保证，她坚决支持你组织学生进行商讨的决定。同时，她也提醒全体同事，学校与兄弟会的合作基础已经开始破裂，而且在接下来的行动中双方将会有更多的分歧。她决定分别去会见那些学生群体，并要求你也参加会议。她也邀请了少数民族学生顾问温妮莎·杜宾出席见面会。梅尔主任结束会议前告知大家：杰克逊校长对“所谓的意外事件”非常重视，并认为目前对此事的新闻报道的数量还可以接受。她还说，校长顾问团想马上悄无声息地解决此事。顾问团告诉主任：“毕竟，马上就要放暑假了，学生在校时间只有六周了。”

会后当你正要离开时，温妮莎·杜宾在大厅拦住你，建议你这样处理眼下的事情：“我希望把那些白人至上主义者立马赶出校园，他们肯定不知道自己会受到什么打击，他们只是一帮种族主义者。在这所大学，必须要有人站出来说话。”说完，她便朝自己办公室走去。当你打开邮件时，注意到数条“紧急”留言，它们分别来自少数民族学术事务办公室、镇上非裔美国人联合组织负责人、民权办公室、当地美国公民联合会、西葡学生联合会以及男女同性恋学生组织。你突然感觉这一天好难熬啊！

接下来一周所发生的事情。校园周围气氛紧张，但是一周下来也没发生什么大事。“披萨袭击”事件基本淡出校园报刊话题，也淡出地方报纸——除思想相当狭隘的“给编辑的一封信”一栏继续登载相关评论外。你不辞辛劳地将该类文章从报纸上剪下，留意雷·马塞尔和保守派学生会会员在报上究竟发了几篇文章。你在一定程度上放松了心情，因为你发现，赖斯·温特不再以现任兄弟会主席的身份，或以先前保守派学生会主席的身份出现在任何报纸上。但是，校报登载的两封信却引起你的注意。一封是雷写的，他列举了任何真正有志于实现多样化的大学都应当接受的内容，包括设置负责非裔美国学生事务的副校长，成立美国黑人学生文化中心，为美国黑人学生提供奖学金，成立少数民族办公室以提高黑人学生的在校率等。另一封信是第二天刊登出来的，极力反对雷的观点，认为学校“如果向此老掉牙的伎俩屈服的话，那就意味着中国学生也可要求有自己的活动中心，墨西哥学生也可要求特殊奖学金”。这封信中充满种族偏执的言辞惹恼了你，你想知道它是哪个学生团体的人写的。但是，该文作者并未署名，所以你无从知晓。主任周一和周三与学生代表见了面，但是这次冲突的解决还是没有多大进展。赖斯·温特认为，因为某一成员的错误行为就要解散兄弟会，这有点不妥，但是他同意，布莱恩应当因自己的行为而受到谴责，并且建议学校请一个种族问题的专家举办关于种族问题的讲座。卡洛尔·里德还在为此事沮丧，她并不满意少数民族团体让她声名远扬。整件事打乱了她的学校生活及其家庭生活。她想让布莱恩受到惩罚，可也希望这件事情赶快结束。

事件在美国黑人学生中引起了极大的异议。向来不激进的黑人学生会不断采取积极的行动试图解决校园中的种族问题，并且建议，到期末和下一学年，要为此采取一系列的措施。黑人驻兄弟会组织则公开谴责兄弟联谊会的行为。而你从兄弟联谊会领导口中得知，多数黑人联谊会组织的成员对学校做出的反应极为不满，也对你的公平性提出质疑。最终，包括雷·马塞尔在内的其他几个黑人学生会成员宣布，他们不再只是配合学校处理，而要成立激进的组织。该组织每天都在学校不同地点组织小规模的集会。尽管参与人数相对较少（75～100 人之间），有组织的活动也并没有发生，其新闻也不可信，但是，它们的活动却使种族歧视问题依然存在于校园之中。

事情发生一周后的周五。温妮莎·杜宾来到你办公室对你说：“正义终究会得到声张。”她所说的事是指在图书馆前发生的持续了半个小时的集会。据她所说，绝大多数少数民族团体参加了集会，同时其他许多别有用心的组织也参加了集会。温妮莎估计，参加集会的学生至少有 500 名。你透过办公室窗户看到这些人开始从图书馆门前离开。温妮莎还告诉你：“他们是去行政大楼见校长，会一直呆到校长同意见他们为止。他们有许多要求，杰克逊校长现在必须给他们一些交代，或者……我真不知道如果校长拒绝他们会发生什么事。现在是杰克逊及其同事该意识到不能再忽视我们的作用的时候啦。”你看了看表，知道已经是上午 11 点了，而校长和梅尔主任下午 5 点前都不在学校。

作为学生生活部副主任，你这时有什么解决办法？

案例分析

为了分析这一案例，你必须回答本章开头提出的八个问题：1）案例中所出现的需要决策的问题是什么？2）哪些因素对你理解和处理这些问题十分重要？3）你必须收集哪些辅助信息？4）谁是主要决策者？他们扮演什么角色？5）有哪些理论可能与需要决策的问题相关？6）主要决策者有哪些备选方案？7）每一备选方案的优缺点在哪里？8）你想要采取什么样的行动进程（长期的和短期的）？在综合考虑这一系列问题时，你要梳理出能解决案例中的问题的各种要素。

决策问题

在某种程度上，此案例提出了一系列复杂的、紧急程度各异的决策问题。当然，作为学生部副主任，你需要解决的最紧急的情况是，一大群显然十分激动的学生正向校长办公室走去。那么，你现在该做些什么？

在大家眼里，你和高原大学现在都面临着非常紧迫的问题，可从长远来看，还存在更为重要的问题。比如以一种什么样的方式解决目前校园内紧张的种族矛盾，可以促进校园内对多元文化的包容和欣赏，并减少隔离与分歧。兄弟会明确的态度在很大范围内影响了学校各类以白人为主的学生联谊会组织。大学管辖权的适当范围和焦点应该是什么？（大学的管辖权应该延伸到学生在校外的行为吗？大学的管辖权应该仅限于对单个学生呢，还是应该适用于整个学生团体，比如兄弟联谊会?）怎样处理布莱恩的违纪事件？怎样保证他既得到了公平的处理又受到了教育？同时，他在校期间的个人档案也因需向公众交代事件处理结果而不得不公开。我们该给卡洛尔提供什么样的帮助？校园报道是否应该发表编辑的匿名信？温妮莎·杜宾的上司应该如何处理她在此事件中的行为？在多样化日趋增强的背景下，高等院校在政策完善、员工发展方面应该采取什么措施来提高学生事务工作者的能力、自信和道德？

你认为，该案例中还有哪些问题需要解决？通过回答这一节开始的八个问题，你可以找到这些决策问题的解决办法。

十分重要的事实

在给出了由一系列问题构成的上述框架之后，那么，哪些事实对理解和处理案例十分重要呢？其实问题的答案就在该案例分析本身。在这一特定案例中，所有的事实都是按时间顺序提供的。案例也提供了重要的历史背景：据推测，该大学是一所州立大学，具有良好的公众形象，拥有一个对外部关系非常敏感的中央集权管理核心。高原大学日益多样化，但是，这也造成了不少紧张的局势，其中黑人学生会（BSU）和保守派学生协会（CSA）之间的紧张状况尤为明显。“披萨袭击”事件发生地的兄弟会主席，是保守派学生协会前主席。黑人学生会有雷·马塞尔这样的激进人物。此次冲突发生在校园外的白人兄弟会公寓内，肇事者的话语还带有种族歧视的言辞。打人者布莱恩和受害者卡洛尔都是学生。布莱恩此前已受到留校察看的纪律处分。卡洛尔的身体并未遭到伤害，可其心灵却受到创伤。她向当地和大学警局同时控告了布莱恩。包括你在内的学生事务工作者都认为，校方对促进多样化没有给予足够的支持，并且缺乏在此环境下有效开展工作的信心。少数民族学生组织顾问温妮莎·杜宾对学校公开表示不满，她认为高原大学对美国黑人太不公平了。过去一周，校园内种族冲突有所加剧，学校受到了超乎寻常的关注。校长担心负面的新闻言论。校长顾问团要求梅尔主任必须在本学期期末的五周内尽快地妥善处理此事。大约 500 名学生正朝行政大楼的校长办公室走去。而校长和梅尔主任此时都不在学校。

附加信息

这些因素将直接导向第三个问题：哪些辅助信息你必须收集？在这种紧急情况下，你最想知道的是这群学生的数量以及他们的情绪。其他问题是：校警和其他部门多大程度地介入了此次游行？谁是游行的组织者，他们的诉求是什么？校长和梅尔主任在哪儿？能否通过电话联系到他们？能否联系上分管学生事务和校友事务工作的副校长？在领导不在的情况下，你是否有权做出决策？如果采取了相应的措施，那么在多大程度上主任会支持你？是否应该启动校园紧急事件处理程序来应对此次事件？如果是的话，谁对此负责？当你把自己假想为里奇・肯尼迪时，你的脑海里还会闪现哪些问题？

暂时不管目前紧急的示威的处理情况，其他一些信息将有助于你做出长期的决策。高原大学在倡导多元文化和文化多样性方面，所宣称的和实际所为之间存在巨大鸿沟的本质原因是什么？学生事务工作者的聘用及其培养情况怎么样？针对学生在校园外的行为，大学制定了什么政策？针对学生团体行为，大学制定了什么政策？针对种族歧视和性骚扰，大学又有什么政策？布莱恩的行为是否适用于以上政策？假如学生现在的游行已适用于高原大学应急事件处理政策和程序，那这些政策和程序作用将发挥得如何？兄弟会将得到校友什么形式的支持？这种支持对校长的影响会有多大？校园内和宿舍区关于酗酒教育和多样化引导的项目有哪些？谁在负责与兄弟会公寓管理层的协作？其作用如何？校园里是否存在“文化协调者”？如果有，他们是谁？

案例中的主要人物

第四个问题是：谁是主要决策者，其扮演的角色是什么？在这一案例中，他们大多数都被作为主要人物列出。而你扮演的角色是里奇·肯尼迪，正面临一项艰难的决策。如果可能的话，你究竟应该对这些正赶往校长办公室的人群采取什么措施？由于校长和学生生活部主任两位主要决策者都不在学校，你做决策的压力随之加大。而温妮莎·杜宾、雷·马塞尔、负责学生事务和校友事务的副校长等关键决策人物，在此事件中好像也都奇怪地消失了。在这次游行示威中，其他重要决策者是学校警局的警长、其他高层主管，以及其他官员。

除了案例中列举的人物之外，其他长期决策的参与者可能还包括黑人学生会、保守派学生协会、兄弟会（包括其本地的支部、全国性机构办公室、校友）、兄弟会顾问、学生团体、新闻媒体的人，如学校报刊的编辑和顾问、其他少数民族学生社团的领导、校长的顾问委员会，当然还有掌控着整个大学的董事会。考虑到传统而根深蒂固的校园文化性质和事件所涉及的多元化和文化多样性，人们认为，校园每个团体成员事实上都与此事有所牵连。因为此事关系到他们每个人的利益，所以每个人都会做出各自的决策。这些决策都将对此案产生长期的影响。

相关理论

第五个问题是：是否有与决策事件相关的理论。许多理论被认为是适用于决策事件的，并能为主要决策者的决策提供参考。在应对游行事件时可以参考一些结构化危机管理的相关理论和文献，它们主要源自组织发展理论（Creamer，1993）。好在你非常熟悉校园危机管理的实践操作模型，如邓肯（1993）的模型。这为你提供了非常方便的行动清单。各种不同的环境评估理论（比如 Moos 1979 的理论）将帮助你和其他人更好地从社会行为的角度理解高原大学正发生着什么。你和学校其他白人管理员可以从文献中学到更多关于“种族认同发展”的相关知识。

当校园环境管理从单一文化向多元文化发展时，人们可以参照斯特奇和曼宁（1993）的文化经纪模式。高原大学需要考虑制定一个满足不同群体学生多元化需要的综合方案，例如 SPAR 模式（即服务、项目、辅导、研究）。认知结构理论和人类发展理论对于更好地理解案例中的主要人物（斯迪瓦特、温特、马塞尔和杜宾）以及更好地与之合作将起到很好的作用。我们可从最新法律（卡普林，李，1997）的角度，以现代学生纪律发展的形式（丹尼尔斯，1997）考虑此案中的法律和纪律性问题。卡洛尔·里德应当去心理咨询机构接受辅导。因为心理辅导机构十分了解咨询理论，包括阿特金森、莫顿和苏（1993）的跨文化理论。对人类行为动机理论、员工发展理论和组织发展理论的理解将非常有助于解决员工道德和员工督导方面的问题。

许多理论都可能对你思考如何解决问题有所帮助。然而，你最好还是选择四到五种你所熟悉的理论，而不是用精心选择的十几种理论把问题搞得混淆不清。

变通办法及其各自优缺点

现在我们将第六个问题：“主要决策者拥有哪些备选方案？”和第七个问题：“每一备选方案的优缺点是什么”的答案放在一起思考。

当示威人群逼近校长办公室时，你面临几种选择。第一，你可以什么都不做，让事态继续发展下去。这种做法的优点是，你可以避免犯任何错误；可其缺点显而易见，你将显得非常无能，并且对你的上司是不负责任的。第二，你可以打电话给校内警察。这种做法的优点是，你可以保护学校财产，并避免个人人身受到伤害，前提是人群趋向于使用暴力。可其缺点是，如果警察不保持低调克制的话，将激怒示威者，让局势恶化。第三，你可以迅速往校长和副校长办公室打电话告诉他们当前的形势，看一看用电话是否能联系上校长和梅尔主任。这种做法的优点是，你可以让你的主任掌握局势，给他们提供建议，并能让他们及时回校。可这样做会拖延你及时对示威者采取直接有效的措施。第四，你可以当面反对杜宾的不专业行为，并指出她应该采取什么行动以配合处理示威事件。这种选择的可行性取决于你与她之间的关系，以及你对她专业能力的把握。第五，你可以争取一个同盟者，或者诱导对方接受一个不道德的交易。你可以接近示威者，对当前形势的风险做出现场评估。如果这群人可以接近，你可以假装不做任何反抗，降低姿态与他们的带头人沟通，询问他们的意图，告诉他们校长现在不在学校。有可能的话，甚至主动提出安排他们第二天与校长见面。这种方式的优缺点是，整个行动进程既取决于你对眼前事态的正确解读，也取决于你作为谈判者与中间人有效处理事态的能力。你可以采取直接行动，其结果是，可能表现出对高原大学少数民族学生诉求的真诚关心，也可能激怒示威者，使自己身处危险。

在事态好转后，高原大学及其主要决策者有很多解决方法可选择，这主要取决于他们对多样化有多重视及对校园文化多元化程度的界定。他们可以阻止少数民族学生组织领导人实现他们的诉求，也可以用华丽却没有任何实际行动的方法淡化此事。这个方案对于对负面报导非常敏感的管理者非常有吸引力，但这只会延误并恶化当前危机中的潜在问题。另一个方案是，高原大学的领导者开始正式同其少数民族学生进行沟通，制定一个真正致力于建设一个包容的校园的方案。该方案的缺点是学校领导层公开承认对多样化责无旁贷。但其优点是让高原大学更忠实于自己的使命，并创造出一个人人都可以最大程度地享受学校提供的教育和发展资源的环境。

高原大学有几种中等期限的行动进程可以选择，尤其是与兄弟会相关的行动进程。高原大学可以就社团和个人的纪律问题举行更为正式的听证会，或者只是等待刑事诉讼的结果。按学校自己的程序开展工作的好处在于，这将给像雷·马塞尔这样的认为学校并不关心正义的人传递一个信息，高原大学将承担起自己的责任。其缺点是，在法院对斯迪瓦特的错误行为做出裁决之前高原大学就采取行动，可能会导致斯迪瓦特的律师申请法院禁令以制止学校的行动。这样可能耗费学校法律人员相当多时间，也可能导致失去兄弟会和姐妹会的支持，或者至少失去兄弟会校友的支持。

对兄弟会的处理可以采用几种方法。由于斯迪瓦特有侮辱别人的前科和酒后闹事的行为，因此可以约谈兄弟会的国家级机构，并要求其对高原大学兄弟联谊会进行同辈审查，高原大学兄弟会还要接受酗酒教育或多文化教育或双管齐下。把兄弟会作为一个整体来处理的优点是，可以给以白人为主的兄弟会及姐妹会等学生联谊会和少数民族学生团体传递强烈的信息；其缺点是，同样会失去校友会的支持。

其他决定性问题要求我们分析行动方案的备选进程，包括继续支持卡洛尔·里德，学生报刊登载匿名信等。现在，温妮莎·杜宾好像失去了客观性这一基本的职业要求。尽管她拥有在学校工作的职业身份，但是她仍然认同学生的做法，而对学校的管理依然敌对，对学生事务工作者处理多元化问题缺乏信心和道德认同。面对这些问题，你可以采取哪些方案？每一方案的优缺点有哪些？

采取行动的过程

最后的问题是：你将采取什么样的行动方案（长期的和短期的）？为了回答这个问题，你必须确定备选方案的优缺点，权衡其利弊。

就眼前的情况看，你必须向校保卫处报警（如果他们没注意到此事的话），并注意校长办公室前人群的动静。你应该尝试联系校长和主任，至少应该给他们留言。你必须判断你与温妮莎·杜宾能否形成同盟。你必须正确估量当前事态的变化。如果认为你能够接近人群，你至少应当把校长不在的情况告诉示威组织者，真诚地与其交流，努力与其协商在某个时间让其代表与校长见面。校长和主任一回到学校，你就应当去见他们，告诉他们当前的情况，包括你所做的努力以及温妮莎的行为。你必须向他们传达学生代表的要求以及他们的内心感受。这一刻，你可以将温妮莎视为学生的“心灵窗口”，让她传达人群的恳切要求和高原大学大环境的气氛。你还应当进一步请示对布莱恩·斯迪瓦特和兄弟会纪律处分的原则。

杰克逊校长、梅尔主任和校长顾问团都必须仔细听取雷·马塞尔和其他学生的要求，制定解决这个问题的短期和长期策略。校长关于增强大学文化意识和让高原大学成为具有包容性和文化多元性的先驱者的诚意值得怀疑。如果校长及其管理团队要真正致力于实现这些目标，那前面相关理论梳理部分中提到的“文化经纪人”模式会给他们很好的帮助。现在，事态已发展至此，想要将事件迅速低调地在本学期结束前解决，既不稳妥，也不符合学校所宣扬的价值观。事实上，高原大学应该动用媒体的力量，大力宣传其将实施大胆的变革，实现校园文化从单一性到多元化的转变。

梅尔主任应当和里奇·肯尼迪碰头，回顾一下近来发生的事，咨询学校法律顾问，明确怎样公平、坚决、迅速地对布莱恩·斯迪瓦特以及兄弟会进行处理。随后，梅尔主任还必须与兄弟会全国总部成员以及酗酒教育负责人讨论相关事宜。

作为里奇·肯尼迪，你必须继续帮助卡洛尔·里德。你应该确认她现在情绪的糟糕程度，事件在多大程度上影响着她的校园生活。如有必要，应给她指派一位咨询师或一名妇女中心的律师。你必须会见校报编辑及其顾问，请他们核实登载匿名信的有关规定。

梅尔主任和负责学生事务和校友事务的副校长，必须掌控高原大学学生事务工作者在此事件中应持有的道德观。如果校长想采取像文化经纪人这样的改革模式，就必须依仗其学生事务专业人员有效地开展工作，并让他们坚信他们的努力会得到来自领导核心层的支持。

结论

本书读者需要掌握的关键是，对于一个案例而言，永远都不存在唯一正确的结论。事实上，案例分析可视为是一种艺术，这就像每一个校园管理者所做出的决定是独一无二的那样，每个人所做出的分析也是独一无二的。每个分析者都从不同的角度权衡案例各种要素之间的相互作用。因此，在进行案例分析的集体讨论中有一个重要的原则，那就是对某一案例而言存在众多同样切实有效的解决方案。

与别的案例研究不同的是，本书所列的案例并不是在问题解决部分回答一系列简单问题就结束了。相反，与现实生活中一样，这些案例以专业人员在困境中苦寻答案或试图执行主管的指示而结束。令人欣慰的是，就像在现实生活中那样，案研究分析者会参考本章提出的问题，以便形成自己的解决方案。

另外，需要注意的一点是，我们不该试图把对一个案例的分析套用在另一案例上。把案例研究用于学习的目的在于强调，在一种情形中有效的方法在另一情形中并非一定有效。最后，以班级或别的团队形式讨论的案例分析将促进高等教育界决策及团队决策过程中的“建议提供与采纳关系”的良性发展。大量的专业培训使我们认识到：每一名学生事务管理者应该做什么。现在，让我们借助以下章节中的案例，帮助自己找到解决问题的独特方式。

参考文献

Atkinson. D. R., Morten, G., & Sue, D. W. (1993).

Counseling American minorities: A cross-cultrural perspective, 4th ed. Dubuque, IA: Brown & Benchmark.

Creamer. D. G. (1993). Conflict management skills. In. M. J. Barr & Associates (Eds.) The handbook of student affairs administration (PP. 313-326). San Francisco: Jossey-Bass.

Dannells, M. (1997). From discipline to development: Rethinking student conduct in higher education. ASHE-ERIC Higher Education Report, Vol. 25, No. 2. Washington, DC: George Washington University. Graduate School of Education and Human Development.

Duncan. M. A. (1993). Dealing with campus crises. In M. J. Barr & Associates (Eds.), The handbook of student affairs administration (pp. 340-348). San Francisco: Jossey-Bass.

Helms. J. E. (1990). Black and White racial identity: Theory, research, and practice. New York: Greenwood Press.

Jacoby, B. (1991). Today's students: Diverse needs require comprehensive responses. In T. K. Miller & R. B. Winston, Jr. (Eds.), Administration and leadership in student affairs: Actualizing student development in higher education, 2nd. ed. (pp. 281-307). Muncie, IN: Accelerated Development.

Kaplin, W. A. & Lee, B. A. (1997). A legal guide for student affairs professionals. San Francisco: Jossey-Bass.

Moos, R. H. (1979). Evaluating campus environments. San Francisco: Jossey-Bass.

Stage, F. K. & Manning, K. (1992). Enhancing the multicultural campus environment: A cultural brokering approach. New Directions for Student Services, No. 60. San Francisco: Jossey-Bass.

第二部分

案例分析

第四章　组织和管理案例

几乎没有任何校园危机能逃出大学管理者的视线。大学里任何一个二级部门内的问题的解决，都需要从整个学校的角度考虑。本章所列举的案例聚焦于那些对全校，尤其是对学生事务部门影响深远的校园事件。在《沃伦社区学院学生的分歧》中，佛罗·汉姆里克描述了一起关于以一名女科学家的名字来命名学校建筑物的校园冲突，因为按照现在的观点来看，其研究是颇具道德争议的。苏珊·卡米兹的《少花钱多办事：创造性缩编或调整》一文，主要介绍了一名年轻的学生事务专业人员如何在学校的经济危机中竭力忠诚于自己的大学，以及如何致力于自己专业能力的提升。在凯迪·杜拉斯的《少喝酒，否则成绩下降?》中，一名年轻的学生事务专业人员为让自己的观点在学校会议上得到认可，获得重视而不懈努力。在比尔·托宾的《人人似乎都知道和讨厌的入学申请人》中，一名颇有影响的政界人物试图影响学校关于一个有争议的申请人的录取决定。珍妮丝·道森－斯特莱的《新上任的处长》，描述了一位新上任的学生事务处处长所面临的决策问题。在维基·罗舍的《诚实和正直》中，一所大型公立大学的学生事务工作人员在为解决财政预算被减少这一现实困难而努力。最后，斯克特·布朗的《创建学习型学院》着力介绍了学生事务工作者为推动大学朝着以学习为中心的方向发展而做的努力。

当你研究第一个系列的案例时，你将对学生事务处及其面临的常见问题有一个整体性的了解。

沃伦社区学院学生的分歧

佛罗·汉姆里克
爱荷华州立大学

背景

沃伦社区学院成立于74年前，其前身是杰克逊技术研究所。从那样时起，它就为沃伦市中心地区和周围12个县的人提供服务，现在已经成为西北部州属社区学院的一员。作为一所私立大学，沃伦社区学院也为当地一些企业提供专门的技术培训服务。沃伦社区学院招收的9000名学生大多学习四个专业：环境科学、工程技术、计算机科学及生命科学。如果学生毕业后要进入综合性大学继续学习，学院所有的基础课程都可以得到综合性大学的学分认可。学院毕业生均顺利就业或赴其他综合性大学继续深造。

由于学院长期注重理工科，男生在该校学生总数中占很大比例。近十年，如何使性别平衡一直是校行政人员优先考虑的问题。幸亏实行积极的招生政策——尤其是在当地高中招生——过去10年女生人数几乎增加了一倍，即从之前占学生总数的15%增加到目前的28%。少数民族入学人数保持在18～20%。女生平均年龄为22岁，男生平均年龄为27岁。

人物

安吉拉·李维斯：过去六年一直担任该学院学生处处长，其职责是向分管教学和教育管理服务的副校长汇报工作。

艾戴尔·威利斯：沃伦学院院长，学校首位荣任此职位的女性，两年前当上院长。

亨利·拉森：29岁，环境科学专业学生。

菲尔·科诺斯：19 岁，该生转到州立大学攻读历史学位，是沃伦学院人文学科俱乐部的学生干部。

布伦达·芳丁：20 岁，工程技术专业女生，同时也是女性科学俱乐部主席。

杰米·拉米雷兹：31 岁，学生联合会主席，计算机科学技术专业学生。

吉姆·鲁舍尔：沃伦社区学院就业中心主任。

邓尼斯·奥斯丁：教学与教育服务处副处长。

案例

作为安吉拉·李维斯的扮演者，你要负责大学生的学业辅导和咨询工作，管理学生发展教育和辅导办公室，注册学生组织，协调学生家庭事务，指导学生组织，并推荐学生加入沃伦社区学院学生组织。你还要与就业办紧密配合，为校友和现有学生提供就业服务。

刚到沃伦社区学院的那几年，让你常常感到非常惊讶的是学院学生和校友对学院高质量的教育所表现出的高度自豪感。之前，你从未到任何一所社区大学工作过，也没有想到一所社区大学的校友在精神上和实际行动上能如此积极地参与学校活动。你相信自己的化学专业本科学位帮你在这个理工科为主的学校赢得了学生和同事的认同。你已荣获过两次优秀员工奖，一次由学院委员会选举的学院突出服务奖。你已获得了学生权益杰出维护者的美誉。

在过去 15 年，政府一直没有增加对高等教育的投资，沃伦社区学院不得不推迟对一大批建筑的维护。近年来，有些建筑已经严重失修。学校董事会的九位董事邀请威利斯院长讨论这一问题。现有的董事有商人、市民，也有具有教育背景的人士，他们都来自沃伦社区学院周边的 12 县。在董事会的全力支持下，威利斯正为加大力度修缮建筑和新建楼房而不断努力。就在本周董事会每月举行的例会上，威利斯院长刚做了关于明年沃伦社区学院 75 周年校庆庆典计划的报告。5 年来，学院建筑的首批修缮工作将在校庆时完成。

得益于众多杰出的沃伦社区学院校友和商业机构的慷慨捐助，学院大礼堂——沃伦社区学院始建时修建的教室和办公楼——将得到修缮并重新命名，以纪念安娜·詹姆斯。安娜于 18 世纪中后期出生在沃伦附近的农村，是一位杰出的生物学家。她有个侄子是沃伦社区学院创始人之一。威利斯院长注意到，詹姆斯大厅是沃伦社区学院首座为纪念一位女性而命名的建筑，将成为学院致力于卓越和多元化建设的标志。在大礼堂更名为詹姆斯礼堂前的一年内，学院将精心安排一系列校庆纪念活动，包括关于安娜·詹姆斯以及其他与沃伦社区大学相关的科学家们的生平与知识遗产的研讨会。

在威利斯院长做完报告后的一周，学院的一名学生亨利·拉森通过电子邮件给部分沃伦社区学院学生发了一封公开信，并让他们在同学中转发这封邮件。亨利的哥哥查理是美国一所重点大学刚毕业的学生，他把安娜·詹姆斯作为其毕业论文的研究对象。查理研究了安娜一生最后 15 年的信件。在这些信件里，安娜明确表示自己崇拜颅相学。颅相学是一门一开始就广受批判的学科，这门学科强调人格与头骨外表及其面部特征之间的联系。查理已经发现足以证实詹姆斯博士认同颅相学的某些观点的书面证据，如她认为颅相学能解释为何其他种族在智力和性格上与北欧民族有差异。在查理的允许下，亨利在邮件中引用了查理论文的部分内容，并总结道，詹姆斯信仰种族主义，这种信仰渐渐破坏了她作为严肃科学家的公众形象。亨利在邮件中说："如果我们既看重自己作为真正科学家的身份，也看重沃伦社区学院这所大学的信誉，那么，某个人要是赞成荒唐的理论，我们就不能以这人的名字命名这座建筑。作为沃伦社区学院的学生，我们必须改变这个决定。本周四晚上七点在生物楼会议室，我们将召开一场讨论会以商讨对策。"

仅过了一天，查理的发现和一天后的（周四）会议就成为了校园热门话题。在和学生的随意交谈中，你可以听到各种各样的反应。在一场关于即将到来的人文学科俱乐部之旅的会议上，哲学家柯纳抱怨道："难道人们不懂历史的背景吗？那个年代的很多科学家都对颅相学感兴趣。如果让科学沿着自己的轨迹发展，那么有瑕疵的理论必将遭到舍弃，而真正的科学将继续前行。大家知道，不久前，那些试图预言地震的地质学家还被人当作疯子，而现在监测地质状况与用统计学的方法模拟地震的可能性却成为一种惯例。情况总是在变化发展的。"

那天晚些时候，布伦达·芳丁顺便来你的办公室，并且评论道："我真的不确定自己是如何看待这件事的。一想到校园将有一座建筑以一位如此杰出的女性的名字来命名，我就兴奋不已。但是，至于她的个人信仰，我所听到的却是谴责的言辞。还有，她对生物学这个领域的贡献该怎么评价呢？据我所知，她在众多研究领域都取得了重要成果。如果不是因为她的助理将之公之于众，她死后这些发现都将随之埋没。我读过一本她的传记，传记作者高度赞扬了詹姆斯的研究助理为了确保她的成就能得到应有的荣誉而做出的努力。无论是在她在世时还是死后，她都没能真正获得与其成就相符的公平待遇。但我认为，她值得人们尊敬。"

杰米·拉米雷兹也来拜访你。她说："你知道，我真的很失望。我刚开完威利斯院长的会议。我问她是否参加周四的会议，以讨论命名的事和我们最近得到的消息。她说，她要出城参加一个募捐活动，不过，她会安排一位发展部官员参加，以答复我们所提出的问题。可她还说，决定不能变，她并不考虑重新启动程序。有很多学生都对此发表了十分强烈的意见。学生究竟要采取什么措施才能得到足够的重视？要怎样做他们的要求才能被认真考虑？你会参加这次会议，是不是？"你向杰米保证你会参加。

根据日程安排，在周四下午你和吉姆·鲁舍尔有个碰头会。你和吉姆相互通报了下月即将举行的学生就业双选会准备工作的进度。然后，你把话题转到詹姆斯大礼堂上来。吉姆说："我很担心这个问题。在给雇主们的电话中我了解到，他们听说了颅相学这件事，他们还问了我许多问题。已有过多年合作关系的公司没问题，因为它们了解我们。我已经做好了被他们拿这件事开涮的准备。但是，对那些正准备搬迁到沃伦社区的新型高科技企业而言我们面临的情况却不容乐观！这件事将影响到他们对我们的看法。面对他们，想要绕开此事而只强调我们的专业质量已经变得非常困难。这些新兴高科技企业对我们学院的看法非常重要，而此事会对我校声誉构成真正威胁。”

你正在忙碌于周四下午的工作时，接到一位工程技术系教授的电话。你先和这位教授简短地聊了一下他的儿子——两年前，他儿子还是沃伦社区学院学生时，你给他做过辅导。接下来这位教授告诉你：“我的邻居是詹姆斯大厅修缮工程两名主要赞助商的好朋友。他告诉我，他的这两个朋友昨天都收到了亨利·拉森的传真，即他发到校园内的电子邮件的副本。两位朋友中的其中一位是全国有色人种协会地方分会领导，现在也是学院的一位助教。显然，真正令他大为光火的是，他事先竟不知道颇相学这件事。他还打算今天给院长打电话。天哪，这些学生的确把此事放在心上，并正在着手解决它。我在沃伦社区学院工作了近20年，从未遇见过这样的事。”

当你正为会议收集文件时，邓尼斯·奥斯丁打来电话，要你顺便到他办公室去一趟。他说：“你看过今天下午的报纸吗?”他递给你一篇由沃伦社区学院两位男生撰写的特邀评论文章。两位署名作者一位是计算机专业26岁的白人学生，另一位是通识教育系19岁的非裔美国学生。他们的评论文章有大量的段落源自詹姆斯博士的信件。最后这两位学生还提出建议——沃伦社区学院应该摒弃目前的命名计划，寻找配得上该荣誉的人。邓尼斯问道：“在今晚这场会议上会发生什么事?威利斯已对我们所有人讲得很清楚了，她不会改变在这个问题上的决定。我们必须支持她，并安抚好学生的情绪。怎样做才能让学生们做出让步?沃伦社区学院已在周年庆典宣传上获得很多正面反馈，可是，现在一切都在变糟。此事搞得我们忧心忡忡。所以我正指望你的帮助。安吉拉，会议结束回家后给我打电话。”

你打算怎么办？

少花钱多办事：创造性缩编或调整

苏珊·卡米兹
马里兰大学

背景

韦弗利学院已有200年的历史，坐落在森特维尔镇郊区森林茂密的深谷中。森特维尔是美国东北部一座十万人口的城镇。韦弗利学院北边紧邻当地的森特维尔州立大学。森特维尔州立大学是一所拥有19500名学生的州立大学。森特维尔不但有很多受过高等教育的专家，而且还是保险业、银行业和地方医疗设备商之家。森特维尔正迅速成为离州际公路仅30分钟路程的城市住宅区。

韦弗利学院创建时只是一所文科学院，可如今不仅以其工商管理和计算机技术专业而著名，而且还以其艺术史、创作和表演艺术等人文学科特色专业而闻名。确实，很长时间以来，森特维尔居民一直期待韦弗利学院成为该社区的文化中心。

韦弗利学院每年面向全国招生1500人，其中500人是当地非全日制的成人学生，他们接受晚上和周末的特别课程。早在10年前，韦弗利就已招收了2300名传统年龄的住校生。

人物

安妮·兰汉姆博士：学生处处长，已在韦弗利学院工作8年。她拥有大学生事务管理的硕士学位，以及高等教育管理专业的博士学位，建立起得到人们高度认可的学生事务工作处。她富有创新意识，在校园里倍受赞赏，特别是受到学生事务工作者的赞赏。她是负责校园纪律事务的领导，并指导学生法律事务委员会。她很平易近人。但是过去3年，她大部分的时间都花在了全院预算和规划会议上。她拥有嘉米校长的授权，可以按她认为适当的方式领导团队。

乔希·吉伯森：学生事务部主任，他的部门就他一个人，他独自开展着深受学生欢迎的工作，是一个真正的多面手。他负责协调新生自我定向项目、毕业典礼、班委会和领导力培养项目，担任学生自治委员会和全校性学生联谊组织的顾问，与所有学生俱乐部和组织打交道。

珍妮特·麦纳：学生资助部主任，性格内向，沉默寡言。10年前，她在韦弗利学院获得经济学学士学位，现在的工作仍得到其从前老师的认可。她负责新老学生的奖学金、学生的就业规划，以及包括学院研究性工作和办公室兼职工作在内的校内勤工助学项目，并管理着一项重大的学生资助项目。

玛丽娅·费尔南德斯：学生就业中心主任，今年刚到韦弗利学院工作。之前她在森特维尔州担任职业生涯规划和就业处副处长。她活泼开朗，已经确立了几个新项目，帮助大四学生实现向职业人的转变，包括为高年级学生设定的就业辅导项目、市区实习的项目。在兰汉姆处长的支持下，她已成立了实习委员会，以审查监督针对工商专业学生的合作项目和实习项目的效果。玛丽娅必须给安妮拟定一份草案，由高年级学生对传统年龄新生提供辅导，以降低新生的流失率。

鲍勃·约翰逊博士：心理咨询中心主任，在森特维尔美国药学协会实习结束后就来到韦弗利学院，现已在学院工作了25年。除了个人辅导及短期心理治疗之外，该服务机构还担负职业规划的工作。鲍勃坚持认为，职业咨询必须继续由咨询服务中心提供，这是许多学生前来接受个体辅导时提出的合理要求。鲍勃与许多教师成为亲密朋友，曾任两届学校董事会主席。他并不直接为学生服务，而是参与咨询服务部门的管理。鲍勃负责指导三个专职咨询师，其中休斯专门负责职业咨询。

玛丽·甘布尔：住宿生活部主任。当安妮不在时，她代理其职责。近几年，由于住校学生人数锐减，她原有的10名员工已经减少了一半。她最新的改革是，通过举办学生活动、就业推荐或参与招生活动，把对校内住宿学生的管理服务延伸到校外住宿学生群体，以吸引优秀人才。

迈克尔·罗得斯：长期担任宿舍大楼主管。他告诉玛丽说，他更愿意在就业服务中心承担更多职责。他虽然拥有高等教育管理专业的硕士学位，但并没有接受过正式的心理咨询培训。不过，他很有兴趣在这方面发展。

卡伦·威廉姆斯：学生自治委员会主席。她刚竞选上这一职位，还非常依赖乔希的指导。看起来她好像被一群势力日趋扩大的资深会员操纵着，常被他们怂恿着用强硬且不友善的态度对待校方。然而，当她与校方管理者单独沟通时却是个很好合作的人。

事件

1. 虽然学生在册率已稳定在65%，并持续到毕业，可是，新生入学人数却在下跌。这种情况已经持续5年了，招生处始终无法完成招生计划。

2. 韦弗利学院的教职员工对学院的忠诚度都很高。但是现在他们的士气极大受挫。因为他们都面临着学生人数连续两年零增长的局面。要知道，近85%的教师属于终身教职，学院每年很少雇用新教师。而学术部门公开招聘的职位尚未饱和，有些必须开设的课程由兼职教师担任。教师每年都有八门课程的教学任务，但是校方仍极少见地考虑要将教师的工作量增加到九门课程。宗教系、哲学系、早期幼儿教育专业最近已遭淘汰，只有服务类几门课程保留下来。来自森特维尔和当地专业团体的兼职教员逐渐以较低的价格向学院提供专业知识技能教学。

3. 运行经费的预算很少，以致于每年3月中旬公布经费冻结后，教职工自带便笺本和笔来工作已成为常有的事。

4. 学生事务工作处已经失去其10个公寓区指导老师中的5个。这是前3年公寓的关闭和职责的转变所引起的减员造成的。尽管如此，学生事务工作处工作人员的工作热情还是出奇地高。这得益于他们拥有致力于这个寄宿学校全体学生发展的共同愿景，也得益于学生事务工作者同学生、老师等与学生有密切联系人员的紧密、良好的合作关系。

5. 为了吸引聪明能干的员工，并充分发挥学生工作者的才能以满足学校工作需要，明年将补充5名学生公寓区指导老师以密切联系并指导25个校外住宿区的学生。这25个校外住宿区的生活指导老师的任命尚未完全完成，有4个公寓区指导老师已同学院签约。他们都拥有教育和学生发展专业的硕士学位，明白在他们正式履职前校方会尽快联系他们，与他们沟通。

6. 学费和其他费用以每年高达10%的涨幅增加，但是，由于招生人数下降，财政经常出现赤字。全校都面临着财政预算的进一步缩减。

7. 学生事务工作处由19名全职工作人员组成，其中有处长，住宿生活部主任、资助部主任、就业中心主任、学生活动中心主任、咨询服务中心主任等5名主任，3名咨询师，5名宿舍指导教师，5名全职秘书和1名兼职文员，后者负责辅助专业人员在住宿生活和就业资料室开展工作。

案例

你是乔希·吉伯森，担任学生活动中心主任。从在森特维尔州立大学取得硕士学位以来，你已经在韦弗利学院度过了精彩的4年，获得了丰富的工作经验。你喜欢自己的这份工作和职业发展方向，并已和学生事务处处长兰汉姆谈过要在大学里找一份全职工作的想法，这将有助于进一步提升你的能力。在周一上午的员工例会上，你告诉兰汉姆处长和其他主任，你明年不会再来了，因为你已经在中西部一所大学找到了一份工作！

在同事们为你鼓掌，拥抱，并衷心祝贺你之后，处长兰汉姆要你对明年的工作提些意见和建议。你对学生处这一部门做了评价，认为得更关注日趋增长的国际学生、成人学生及其需求，关注走读生以及学生领导力的加强。新成立的黑人学生联合会正在发展壮大，但组织机构混乱，亟需学生事务工作者的支持。你感到很高兴的是，有近 200 名学生在不同的学生组织担任领导工作，深度参与学校公共事务。你很想向另外一名全职员工告别，但你知道这似乎不太可能了。

你的辞职报告递得正是时候。你的部门正在准备开展“全体反思”，这是为所有学生事务工作的专业人员本周五将要讨论审视明年的组织模式而创造的幽默术语。因此你可以以中立的立志参加会议，公正地发表意见，而不会让人觉得你是在保护自己的地盘。今年年度“反思会”的议程同样是评估今年的工作，设立明年的目标。组建不同的工作团队以应对新的干预，拟定新招募的 5 名负责校外住宿学生指导的老师的职能。兰汉姆主持会议时会提出许多需要由学生事务工作者分享领导权、共同担当、分工协作的事务。各专业团队紧密地结合在一起，并肩作战且熟知各自的职责与功能。一直以来，你都很享受跳出学校工作事务的“反思”活动。花时间同来自全校的学生事务工作者讨论工作是非常有益的。每个与会者都认为这对改善学生在校期间的体验非常有帮助。

周一下午 3 点。兰汉姆处长给你打电话。她刚开完校长办公会议，会议的主题是要显著提高明年学生的在册率。校长希望大一新生的在册率实现 10％的增长，而大二到大三学生的在册率实现 15％的增长。与此同时，校长还在考虑冻结招聘计划。处长说，这些事务会纳入周五的“反思会”议事日程，并会电话通知所有的部门负责人。她问你，在你的职位没人来填补的情况下，学生处有什么办法来履行该职位的功能。

周三晚上 7 点。你终于从晚餐聚会上回到家。你开始考虑周五的发言大纲：关于可能的财政预算缩减，学生的关注点会是什么？

学生自治委员会在韦弗利学院的决策中应该扮演什么角色？你的职责中哪些是实现韦弗利学院办学宗旨必不可少的、学生群体所必需的？哪些职能应该转到校内外的其他部门？哪些职能可以由特设工作组或其他机动的团队完成？哪些应由学生事务辅助人员或新的人力资源模式来应对？哪些职能应该削减？新设置的校外住宿学生指导教师的工作应该如何运行？你计划画出一张新的组织架构图。你还认为，交叉的圆圈比起独立的线条和方块可能对你更有帮助。某种程度上，这就感觉好像在再次撰写硕士论文。筋疲力尽时，你把笔记扔到一边，上床睡觉了。

周二上午 10 点。卡伦对你打算辞职的想法感到很困惑。她不仅个人会很惦记你，而且十分担忧你的职位会被削减，然后你的所有工作将由别人分担或搁置一旁。她说，她昨晚和学生自治委员会的成员讨论此事时，他们评论说："我们花钱到这里上学，应该得到更多的服务而非更少！"

周三上午。校报《韦弗利学院周报》登载了一篇与学校商业事务部要人的访谈。他宣布下一年的预算将再次缩减，并且报刊还引用了他的话："没有任何部门会幸免。"你给处长兰汉姆打电话，可是她正在校长办公室参加一场紧急会议。

周四中午。卡伦出现在你门口，用忧伤的眼光看着你。她说学生自治委员会的委员们正在谈论，如果学校真的缩减财政预算，那么他们将组织游行示威，反对缩减学生服务的开支和教师队伍的裁员。她想引导学生不要表示反对，可不知道怎么做。幸好，下次的学生自治委员会的会议要下周一晚上才开，所以她觉得，她还有一些时间准备。你打电话给处长兰汉姆提醒她此事，她同意在周五的"反思"会议上讨论此事。她非常相信你，认为消息是真实的，而且学生处有不只一个专职岗位会受到裁员的威胁。

周四下午 12 点 30 分。你去学校快餐店吃了午饭，然后跑到鲍勃·约翰逊那里。他告诉你，他为你的辞职深感遗憾，但祝你一切顺利。他问你对迈克尔·罗得斯的看法，还说他喜欢迈克尔，但是对迈克尔没有任何咨询工作的背景而来担任就业辅导，他有点担心。鲍勃认为，那会破坏他们的职业标准。你觉得这个问题有点尴尬，鼓励他跟玛丽谈一谈。

你想最好还是拟定一个可能的组织架构模式，那样你就能将你负责的工作转交给现有其他部门，以让他们为周五的"反思"会议做好准备，给出创造性的解决办法。

你会提什么意见？

少喝酒，否则成绩下降？

凯迪·杜拉斯
罗得岛大学

背景

普赖德大学（PU）是南部各州州立高等教育机构中的典范。该大学在校生总数大约是 14000 名（其中本科生 11000 名，研究生 3000 名）。近 45%的学生为住校生。校园住宿设施包括集中在三个居住区的 14 座宿舍楼，每个区有自己的公共餐饮场所。其余的学生多数是走读生，他们住在离校园 50 英里内的地方。普赖德大学坐落在一个小村子里。不过，该州第四大城市离校园只有约 15 英里。

人物

詹姆斯·波特：住宿生活部主任，在普赖德大学学生住宿区工作了 15 年。他获得大学学生事务专业的硕士学位后就来到普赖德大学工作。起初，詹姆斯担任公寓区楼栋生活指导老师，负责一栋楼的学生的指导。两年后，他晋升到公寓区学生事务区域协调员的岗位。在此岗位工作的 5 年中，詹姆斯负责督导楼栋指导教师，并与所在公寓区设备管理部门及运行部门密切合作，如与餐厅经理合作。在担任协调员期间，詹姆斯还是该校高等教育管理专业的在职博士生。公开招聘住宿生活部副主任时，詹姆斯成功竞聘上了这一岗位。当了3年副主任后，詹姆斯不仅获得教育博士学位，而且在他的前任退休时晋升到住宿生活部主任的职位。他已在这一岗位上干了5年。詹姆斯是重视高度协作的领导者。他因致力于多元文化的发展和为普赖德大学学生所做出的贡献而广为人知。詹姆斯直接向分管学生事务的副校长汇报工作。

威廉·斯坦福特：学生处处长，在普赖德大学工作了28年。他在本州一所规模较小的私立文科学院读大四时，曾担任过该校学生会主席。他的职业生涯开始于普赖德大学学生活动指导教师一职，在此期间他还在该大学攻读了公共行政政策硕士学位。威廉在普赖德大学的职业发展轨迹还包括学生处兼职副处长。18年前，前学生处处长退休时，威廉便晋升到这一职位。他管理风格严谨，为人热情友善。他在学校名望很高，深受学生、教职员工和校友的好评。他被大家所熟知，直接向分管学生事务的副校长汇报工作。

保罗·提蒙斯：硕士，学生健康与福利中心主任，已在普赖德大学工作3年。他在一家私营集团工作5年后来到普赖德大学。而在这家私营集团工作前，他已在美国另一个地区的高等教育机构的保健服务中心工作了12年。当他的妻子在普赖德大学附近市区找到一份工作后，他们决定搬家，然后提蒙斯则到了一家私人诊所工作。后来，普赖德大学对外招聘学生健康中心主任时，提蒙斯前来应聘，填补了这一职位的空缺。虽然提蒙斯博士对这一职位很陌生，可是他已经以社区健康的专业运作模式树立起了当大学领导人的威信。他直接向分管学生事务的副校长汇报工作。

迈克尔·亚当斯：酗酒吸毒教育服务中心负责人，已在此岗位工作两年。他在获得心理咨询专业药物滥用方向博士学位后来到普赖德大学工作。为了做好扩展活动和雇用辅助工作人员（其中包括攻读普赖德大学辅导和咨询服务中心的研究生）亚当斯博士需要财政拨款和补助金的支持。他因为其超强的补助金申报书写作能力而在同事中倍受尊敬。迈克尔向学生健康中心主任提蒙斯汇报工作。

欧利维亚·费尔德斯：住宿生活区协调员，两年前来到普赖德大学。此前，她已在美国另一地区一个位于城区的大型公立知名高校担任过3年的综合事务主任。该主任职位是欧利维亚获高等教育学生事务硕士学位后的首份工作。在普赖德大学工作的两年间，欧利维亚由于她表现出的合作式领导作风和致力于多元文化的发展赢得了学生和同事的尊重。她向詹姆斯·波特汇报工作。

案例

新学年，在住宿大楼开放后的一个月内，住宿生活区大楼的许多工作人员都承受着巨大的压力。他们的压力源自于近期的好几起酗酒事件。在这些事件中，因酒精中毒而出现生命危险的学生急需送往最近的医院救治。这家医院离校园约14公里，大多数路程还得经过乡村小道。从病人送上救护车到抵达医院需要约15分钟。救护车配有兼职急救员，他们在普赖德大学学生健康中心接受过培训。据学生住宿生活办存档的统计数据显示，过去3年，普赖德大学这类酗酒事件发案数呈持续上升的趋势。

学生主办的报刊已开始登载校园的酗酒事件以及相关的报导，一位编辑流露出这样的情绪：“当在学校除了酗酒便再也无事可做时，你还有什么盼头呢？”学生报刊上的故事不仅开始引起附近市区的出版社和广播媒体的关注，而且也开始引起地方和州政界人士的关注，因为他们当中的许多人都毕业于普赖德大学。

在事件发生两周之后，两名主任（生活社区主任、学生处处长，以及学生健康和健身中心主任）向分管学生事务的副校长报告，并同他会面讨论校园相关问题。通常，这种见面以休闲的方式进行，例如午餐时。副校长、处长和主任们已决定，在下次会议上，他们将讨论校园酗酒事件增加的问题并提出对策。他们邀请迈克尔加入他们的讨论。此外，他们还决定，必要的话，他们会在学生会的一个房间碰头，以使用房间的黑板和投影仪。提蒙斯博士和斯坦福特处长特别感兴趣的是，他们希望迈克尔能从他最近参加的一个研讨会中借鉴用罚款来解决酗酒问题的办法。

在这次既定会议的前两天，詹姆斯·波特得知，他必须参加另一个会议。詹姆斯问欧利维亚，是否她能代表他出席酗酒事件调解会议。之所以他特地问欧利维亚，是因为他知道，她在攻读硕士期间曾经在一项社区酗酒干预项目中工作过，并有司法相关的专业知识。欧利维亚确实对这一领域有过相关的研究与实践。她感到高兴的是，她已受邀代表住宿生活部主任出席本次会议。欧利维亚已罗列好一份普赖德大学可能采取的干预策略清单，为此次会议做好了准备。

当欧利维亚抵达时，提蒙斯博士和斯坦福特处长已经到会。他们热烈欢迎她参加会议。斯坦福特处长问她在普赖德大学的过渡期有何感觉。她回答说，今年感觉特别好，因为她在普赖德大学的头两年个人收获很大且很愉快。迈克尔到会后，与会者开始讨论近年校园酗酒事件数量上升的趋势。斯坦福特处长让迈克尔介绍他在研讨会中学到的利用罚款减少酗酒的方法。迈克尔就此给大家了做了一番简要介绍，并主张对普赖德大学住宿区的酗酒行为采取罚款措施。他提议，罚款是对住宿区发生的公然违背学校关于酗酒问题政策的一种“及时制裁”。这就意味着，住宿区生活工作人员可以开罚单，而违规者则要支付预先确定的罚金。他还建议，应制定学生对罚单进行申诉的程序，同时别的处罚措施也应该按照通常的法律程序进行。

关于让在学生宿舍区承担指导教师工作的实习生充当罚款者的角色这点，欧利维亚提出质疑。她还谈到她所熟悉的研究与实践都证明，使用罚款无法减少酗酒事件，特别是从长远上来看。斯坦福特处长说，他已经在这个岗位上工作了多年，不管研究怎么说，他都认为这一方法在普赖德大学值得尝试。欧利维亚带来一些研究，提出在大学生活住宿区防止酗酒事件的其他办法。斯坦福特处长对欧利维亚说：“记录下与罚款有关的信息，确保波特能够知道。”提蒙斯博士与迈克尔好像都并不特别关注欧利维亚的这一观点。与会者继续讨论关于罚款的问题。欧利维亚坐在那儿显得有点吃惊，恍惚不安。她认为斯坦福特处长将她贬谪为记录员使用。虽然欧利维亚在后面 20 分钟的会议上不时发表建议，但是她没找到合适的机会来表达她的想法。

回到办公室后，欧利维亚在电脑上打出会议上向住宿生活部主任提出的需要关注的事件纪要。在打备忘录时，她对会议上的人际关系变化变得越发愤怒。她不知道为什么自己似乎受到了蔑视。是因为就专业和个人而言，男性之间彼此更为了解吗？是因为与小组的其他成员相比，她更年轻或人们感觉她更缺乏经验吗？还是因为她的性别？她对事情考虑得越多，就越不安。她原来以为，有了硕士毕业后 5 年成功的工作经验，她已经建立起自己作为一个学生宿舍生活指导专业人士的信誉。

她把一张便条附在备忘录上，告诉詹姆斯她想与他谈一谈本次会议的情况。第二天上午，她去送材料时，詹姆斯恰好在办公室。他问："哦，会议进行得怎么样？"欧利维亚解释说，她在备忘录中总结了会议的内容。她还说到，不过她觉得在那群人当中，她的加入好像并不受他们的欢迎。詹姆斯说，这群人彼此都非常了解，也许那只是她自己的感觉。他还表示，他希望她继续作为他的代表出席该团队的会议，直到此问题得以解决。因为他刚接手另一需要他特别关注的重大项目。欧利维亚告诉他，她不愿参加这群人以后召开的会议，因为他们好像更愿意詹姆斯本人参加。然而，她并未提起她前一天思考的问题，因为她非常希望能尽快采取措施扭转学生宿舍酗酒事件逐步增多的势头，为此她有很多工作要做。她担心，如果不尽快扭转这一局面，将会有学生死于酒精中毒。她要求詹姆斯给她时间，让她考虑是否继续作为学生宿舍区工作人员代表参加这群人召开的会议。詹姆斯建议与她在明天上午的每周例会上讨论此事。此外，他还会讨论她所提出的减少酗酒事件数量、缓解其严重程度的思路。

欧利维亚感谢詹姆斯愿意听取她的想法，然后去参加部门的例会了。像往常一样，她又将开始忙碌的一天，她没有时间进行自我反思。不过，她知道，她必须抓紧时间决定第二天上午向詹姆斯报告的内容。

第二天上午与詹姆斯见面时，欧利维亚会向他汇报什么呢?

人人似乎都知道和讨厌的入学申请人

比尔·托宾
印第安纳大学

背景

招生处高级领导所面临的重要问题之一是政治和经济因素对录取过程的干预，这种干预往往比他们愿意承认的多得多。这一问题常常会影响工作人员的士气和招生办的信誉。最近的一个例子虽然是一个司空见惯的情况，可无疑很能说明问题。几乎每所学校包括那些具有严格录取标准的学校都会面对录取线边缘的学生。他们在大学里能否取得成功是难以预见的。大学的成功往往取决于个人的成熟度及其动机，而不是他们的入学申请准备情况和过去的表现。

正如下面的例子所示，录取决定不是由招生处处长做出的，校长和教务长也对学生事务及工作人员有着广泛的影响。其中一些影响是积极的，而另一些影响是消极的。一些影响符合人们的期望，而另一些则违背人们的初衷。

嘉奈是美国中西部一所中等规模的区域性公立大学招生处处长。招生状况是学校发展状况的晴雨表。鉴于招生处的重要性，嘉奈被分管学术的副校长和教务长任命为分管学术的副校长的助理。她的部门由一个招生处副处长、5 名处长助理，一批招生咨询员和一些履行重要职能的支持者组成。6 年前，嘉奈刚到这所大学不久便说服校方结束了只录取本州居民的历史，转向更具有选择性的招生模式。这在本州公民中引起一些争议，但最终还是得到教职工的认可。他们多年来气恼于这样一种流行观点：这所大学就是本州备考不足、成绩欠佳的差等生的倾销地。

在尝到新生人数相对增长的甜头后，这所大学的招生数便连续3年以4～5%的速度递减。此外，这期间学校拿到的州政府拨款数额仍然停滞不前（政府因通货膨胀而做调整时甚至还会稍微降低）。由于该大学在研究经费的竞争中并不具备任何优势，所以不论是新生的录取还是老生的流失率都会严重影响学校财政收入。

在担任招生处处长期间，嘉奈不止一次被要求给予某些入学申请人以“特殊照顾”。因为他们的父母对学校所在社区的政治和经济有强大的影响力。这样的案例非常多。尤其突出的是体育学院常给她的部门施加压力，要求她录取那些未达到学校所公布的录取标准的学生。嘉奈处理了一个又一个这样的案例，特别注意避免为类似的特殊情况树立先例，因为那将会给人以讨好权贵的印象。然而，她非常地精明老道，明白招收这些学生所产生的积极影响远远超出所带来的负面效应。由“特殊申请人”的父母提供奖学金，颁发给有才智却经济困难的学生，便是一个很好的例证。另一个例证是学校停车场的修建得到州政府投资，可能是也可能不是因为学校录取了副州长朋友的儿子的原因。没有人愿意在这两者之间建立因果关系。但是在州议会对是否就修建学校停车场发行债券时，学校在关键时刻得到了副州长的有力支持。

校长已清楚地向嘉奈表明学校并不会出售招生名额。但他们谁都不会天真地相信被破格录取并不含有任何利益交换的性质，只是没有点破而已。另一方面，学校为争取政治支持而破格录取的案例被证实最近呈现出激增趋势。

案例

在过去的一学年，招生处收到一位州议员的儿子的入学申请。他的分数很接近录取分数，但是在很多方面都不满足大学最起码的新生录取标准。申请者的父亲是众议院筹款委员会中一名大权在握的要员，因此能够以其地位对政府纳税收入的划拨施加影响。于是，校长特别渴望看到该考生能够得到所谓的“充分的关注”。

在很大程度上，该生的成绩都非常接近之前被破格录取的那些学生的成绩。但是除了学业成绩差之外，该生高中时曾因带枪上学而被开除，且有一次殴打少女的犯罪记录。尽管作为未成年犯，他们的隐私应该得到保护，然而袭击事件的基本情况在那所高中却是尽人皆知的。这引起了学校招生顾问的关注，他代表学校拜访了该生就读的那所高中。后来，问题进一步复杂化，殴打案中的受害者父母就伤人案一事写信给分管学生事务的副校长，对该生的入学表示强烈的反对。虽然还不清楚该生的入学申请在工作人员中是如何成为公开的秘密的，但是现在的重点是其所引发的争议。警钟已经敲响。学生事务工作处负责人担忧的是，该生的存在可能威胁到其他学生，并且可能破坏大学井然有序的秩序。所有了解该生情况的人都特别关注该生的违纪行为。

显然，该大学可以通过招收该生而在政治上获益，但学生处处长的下属对该生的录取却表示出高度的关注。学生住宿生活部主任对此问题表达了自己的强烈关注，因为该生大一期间很可能要住在校园内。以教师为主导的招生委员会通常主要起到咨询机构的作用，但现在该委员会要求校方允许他们对录取工作进行审查。学生辅导教师们甚至进一步明确提出反对录取该生，因为他的申请材料隐瞒了以上违法行为。

如果校长选择招收该生，那么他只需要签发一纸录取通知书就行。但他不希望为了从招收这样一个颇有争议的学生中获益，而遭到非议，被认为是专横地操控学校政策。因此，皮球便被踢给招生处处长，要求他采取适当的行动。

在这样的背景下事情变得非常特殊，也让决策者处在相当典型的两难境地。换句话说，在许多情况下，我们都不可能只是在好的解决方案和坏的解决方案间简单地做出选择。更有可能的是，我们会面临尽量减少损失，减少情感伤害，减少对此无法忍受的员工人数的选择。因为不管招生处处长采取什么措施都将会在学校某一群体，甚至不只一个群体中导致消极的后果。嘉奈不得不关注自己的措施会如何影响她与上司的关系。他们已经借助学校行政管理所特有的充满艺术与掩饰的政治语言，隐晦而又明确无误地向她表明了自己的意图。不过，她完全理解他们所承受的压力。许多有影响的州议员都将大学视为州政府的另一个部门，认为大学理所当然地应该由为其提供资金的议会操控。

另一方面，校长和教务处处长充分认识到，大学社区，特别是全体教师，很珍惜其至高无上的自主性，特别反对外界对大学传统的学术自主功能（教学、研究和服务）的干预。招生处处长相信，这是校长不愿直接操控录取该生程序的一个重要因素，因为教师中有些人相信，校长不是他们自己的人，而只是一个侵蚀他们日趋减少的财政补贴的管理者。

教务长要求招生处处长下周与他会面，讨论此事。假如你是招生处处长，你该如何向他汇报？或者你将会给他提出什么样的建议？

新上任的处长

珍妮丝·道森－斯特莱
密苏里－哥伦比亚大学

背景

两个月前，你刚当上一所叫利威维尔的私立文科学院学生处处长。作为有 3 年大学学生宿舍指导教师工作经验、又刚获得学生事务专业硕士学位的你，觉得自己已经做好了承担这一职责的准备。

利威维尔学院大约有 3000 名学生，它坐落于一个两个半小时内可抵达任何主要机场的位置，交通十分便捷。其大约三分之一的学生来自毕业于周边乡村地区高中的走读生；三分之一的学生特招于三所城区的高中。这三所高中专门招收那些直到三年级才在学习上崭露头角的聪明而又努力的学生。这些学生在毕业时取得了显著的进步。他们在全国统考中成绩略高于全国60%的学生。最后三分之一的学生由校友子女、国际学生和因对学院某些课程特别感兴趣而愿接受继续教育的成人学生构成。

至少一半的学生是被学院半工半读计划吸引来的。种族、性别和人种比例随每年招生情况而变化。每个班上非裔美国学生占学生总人数的6~10%，西班牙裔学生占2~4%，国际学生占5~12%。男女生比率从高年级的3∶1到一年级的1∶1不等。

今年年初，在第一次与校长见面时，校长告诉你，他希望你制定一项调整学生事务部门的计划，以达到以下几个目的：

1. 促进学院董事会兑现对公众的承诺：提供优秀的本科文科课程，帮助学生学会欣赏生活中的美。

2. 提高学生校园活动的参与度。

3. 通过丰富的课外活动加强住校生和走读生之间的相互交流。

4. 在你的职责范围内，提高学生事务管理工作者的专业水平，尤其是你直接领导的员工。

5. 构建一个便于学生同学生处处长及其他部门领导就校园事务进行沟通的平台。

通过一系列会议和与主要员工的交流，你了解了学院的历史及办学理念。然后，开始检查你的笔记。

此外，琼提醒你，她发现城市学生和农村学生之间存在问题。不管是学生自治委员会的席位数还是学生活动，最后无一例外地都成了双方相互憤恨和不满的对象。

罗格的学生宿舍活动项目进展并不顺利，学生对此毫无兴趣。去年他曾同意为宿舍新年庆祝活动赞助一个100英尺的冰淇淋，结果最后一分钱也没花出去。他还认为种族问题正在学生宿舍区酝酿发酵。但当问及此事时所有学生都矢口否认。据他观察，校内所有的团队，甚至协会和餐厅位子的安排总是明显的基于种族来进行划分的。这对他来说就是严重的问题。最后，罗格递交给你一份由其同事汇编的问题清单。

摘录自相关学生宿舍区指导教师笔记本的问题：

1. 要求他们上班的时间太长了。晚上怎么也不能找到合适的时间上图书馆。

2. 为什么学生不能选择自己的学习时间呢？你想去俱乐部，却无法参加，因为学生宿舍区主任给你规定了具体的学习时间。那你应该怎么办呢？

3. 对于那些从不生事的学生楼区，他们怎样才算得上合格的宿舍区指导教师？他们在底层还要干多少年？

4. 为什么他们要花这么长时间从事像做一个 100 英尺的香蕉冰淇淋这样的傻事？

5. 你在以下几个方面能提出建议吗？为什么城里学生不想与农村学生居住在一起？为什么黑人学生不想与白人学生居住在一起？为什么大二学生不想和大四学生居住在一块？

6. 如何才能当上宿管中心主任？

7. 有传闻说，学费上涨的目的是用于雇用更多的学生宿舍区指导教师。

8. 走读生真的可以在住宿大楼用餐吗？那样的话位置足够吗？

9. 为什么会议总是在上午 7 点召开？

10. 我们可以随时跟你直接交谈吗？

同走读生协会和住校生协会的见面。杰基和萨姆分别是两个学生宿管会的会长。他们首先关心的是，走读生比住校生得到了更多的活动资金。最好的例子就是校广播电台、校报以及学生活动中心，它们得到了比其他任何团体更多的现金资助，这些团体都由走读生掌管。作为住校生，他们觉得自己应该得到额外的资金来办楼报，并被允许每年在“牛排烤肉节”期间赞助一场音乐会。他们还觉得，在每个房间安装电脑的想法很不错。不过他们希望选择可兼容 IBM 和苹果的操作系统的电脑。他们担心如果电脑没有这两种操作系统的话，那么学生会对房间或大楼表现出明显的偏好。

艾琳是走读生协会会长。她认为，走读生获得更多资助是应该的。走读生主导校广播电台、校报和学生会工作的情况只是去年才发生的变化。住校生仍然掌管校内体育项目和学生自治委员会。

艾琳并不赞成在每个住宿大楼房间安装电脑，除非走读生同样有机会使用。由于走读生夜间无法使用那些电脑，所以她觉得，租借的办法应该比较公正。这样，走读生可以将那些电脑带回家使用。

艾琳对住校生得到学生领导力培训的事表示关注。住校生学生领导有宿舍区指导教师和主任为他们服务，给他们提供指导。而走读生好像被排斥在外。走读生学生领导很少有机会与处长、办公人员接触。她很想知道，走读生中的学生领导如何才能接受更多的一对一的领导能力提升培训和服务。

与校广播电台、校报和校学生会负责人的会面。虽然他们所关心的问题纷繁复杂，但是这些问题基本上都是关于多元化的。每个团体都认为其他团体比本团体获得了更多的资源。每个团体似乎都意识不到自己的问题，但是却将其他组织的问题看得一清二楚。

校广播电台的问题包括没有足够的时间播放轻音乐，重金属音乐和说唱音乐占据了黄金时段。校学生会遭到批评的原因是，只预约乡村乐队和古典音乐艺术家。校报也因为只刊登黑人学生的负面新闻而受到指责。

和两位处长助理的见面。吉姆负责住宿大楼、广播电台和校学生会。他是利威维尔学院的校友，主修音乐。吉姆在利威维尔社区长大，毕业于一所一个高三班级有 80 个学生的高中。吉姆唯一一次离开利威维尔是在他高中毕业后服兵役的两年。在服兵役期间，他在军队音乐部门工作，随部队服务团周游了全国。他在娱乐活动策划组织方面拥有自己的专长，这就是他有资格胜任目前这一岗位的原因所在。

马利卡负责走读生、校报、所有其他俱乐部及其活动，以及有特殊需要的服务，如女生事务、少数民族学生事务等。马利卡拥有历史学硕士学位。还在读本科时，她在学生活动中便表现得十分活跃。前任处长在一次会议中见过她，为她提供了当处长助理的机会，其职责是为处长排忧解难。她之所以得到晋升，一是因为前任处长退休，二是因为她接受过良好的教育。由于没竞选上处长的岗位，她大失所望。但她承诺，到第二年 8 月辞职生效之前，她一定竭尽全力支持处长工作。她打算回研究生院攻读历史学博士学位。

吉姆表示关切的是，宿舍区主任们和学生宿管会会长们不听他的话。他出席他们召开的会议，试图就其所关心的规划和预算地他们提出建议。他认为两个宿舍区的意见完全与他的想法背道而驰。

马利卡为走读学生协会的发展感到高兴。为了走读生能有购买食堂餐票的选择权，她设法与相关部门交涉。走读生有了餐票，他们就可以在学生宿舍大楼餐厅就餐。她相信，如果走读生与住校生可以在一起进餐，他们之间的某些隔阂就会逐渐消除。两位处长助理关心的是，他们已有两年时间没参加过任何专业技能发展培训，而你未来能否为他们提供这样的机会。

与学生的公开见面。在最初的 45 分钟没人来访，直到下午 3 点 25 分，大四白人住校女生萨莉来访。她说她非常兴奋，利威维尔学院在她毕业前的最后一个学期终于聘请了一名专业人士来当学生处处长。萨莉是学生自治会即将离任的主席，参加过所有地方、州和全国学生自治研讨会。今年夏天，她还作为州议会的实习生工作过。她觉得，她遇见过许多类型的学生处处长，于是在你竞选处长时，她投了赞成票。

她希望你知道，她当选学生自治会主席算得上学院发展的一座里程碑，因为以前所有的学生自治会主席一直由男生担任。她认为，她胜出的唯一原因是，她有过在州政府当实习生的经验。她知道，大部分女生都没这方面的经验。可她不确定，作为新当选处长的你会做些什么来消除校园组织内的性别歧视。

为写报告做准备。看完笔记后，你现在开始制定一项行动计划。该计划包括工作人员的发展和预算资金的调拨。人们似乎对高等教育中的学生事务及其作用有着截然不同的假设和信念。你首先向校长阐明了近期学生事务领域的一些可实现的目标。你还决定创立一种全新的组织架构，该组织架构高度重视沟通和职责两者间的协调。最后，你解释了负责学生发展的专业人员所应用的某些理论，以帮助校长理解并决定在不同发展阶段的重点。

你开始写报告。

诚实和正直

维基·罗舍
夏威夷大学马诺亚分校

背景

戴尔玛大学是一所位于西部的研究型公立大学。学校大约有17000名学生。自1992年起，该大学一直在遭受全国性的预算缩减带来的影响：曾经充足的每年3.31亿多美元的财政拨款（1992—1993财政年度）已减少到2.67亿美元（1997—1998财政年度）。财政拨款中削减掉的0.64亿美元，相当于学校未来4年的运行经费预算。1992年，学校有4841位教员和行政人员。现在，这两类人员数量实际上已经分别减少了10%。

人物

副校长托马斯：分管大学规划与政策部门的副校长。他做事小心谨慎，工作努力，备受同僚以及向其直接汇报工作的人的尊敬。副校长托马斯手下的团队需要为董事会准备很多报告。此外，校长还安排他制定特别方案。

副校长约翰逊：分管学生事务工作的副校长。她在教育系统内以管理严格而出名，经常培训工作人员，以期在自己的职责范围内促进每个员工的发展。她还要求其员工对工作高度负责，高度忠诚。

杰克：学生事务研究中心主任。他已在位5年，是唯一一个在此新创立的部门任职的主任。他直接向分管学生事务工作的副校长约翰逊报告工作。

多琳：在学生事务研究中心担任杰克的秘书。从5年前该机构成立开始，她就一直给杰克当秘书。多琳对杰克十分忠诚。她感到高兴的是，杰克对她能管理好研究中心充满信心。

旺达：学生事务研究中心的专职研究员。大家认为，她是研究中心高级研究员，已在杰克手下工作了3年多。她现在是政治学系博士生。

齐娜：也是学生事务研究中心的专职研究员。她与旺达还有杰克共事3年了。她的专业是人力资源。她刚刚获得硕士学位，随后她会离开研究中心，到另一所大学攻读博士学位。

蒂娜：计划和政策办公室兼职助理研究员，本校研究生。她向副校长托马斯汇报工作，几年来一直为董事会筹备特别项目。蒂娜正试图在高校找到一份新的工作，她是教育管理系的脱产博士生。她对统计方法、数据分析和大学研究等领域颇感兴趣。

案例

一天下午，蒂娜正在和她导师一起向全国学生人事管理者协会（NASPA）作研究陈述，突然副校长托马斯打来电话，叫蒂娜立刻到他办公室去一趟。这一紧急情况让蒂娜有点忐忑不安。她想，校长可能需要她提供向董事会报告的数据。她很高兴有新项目可做，且能与托马斯副校长密切配合。

与托马斯副校长的谈话一开始，蒂娜就知道，这不是她想做的那类项目。相反，托马斯告诉她，由于预算和工作人员裁减的原因，她与副校长托马斯合作工作的岗位将被取消。不过，这条消息并不算太坏。副校长托马斯会与副校长约翰逊商议，蒂娜可以通过申请和面试获得学生兼职研究员的岗位，并在学生事务研究中心主任杰克的手下工作。尽管他们并没向蒂娜做任何保证和承诺，可是她还是为有机会申请另一有全职津贴的兼职研究岗位而高兴。最重要的是，这一岗位能让她在职攻读博士学位，继续研究工作。蒂娜不想降低自己博士研究的质量。

第二天，蒂娜打电话给杰克预约面试。杰克说，他正忙于准备全国学生人事管理者协会年会，问她是否能在会议后的某个时间见面。同时，杰克建议她提交一份附有个人简历的申请给他的秘书多琳。蒂娜同意提交所有的纸质申请材料，并且愿意在全国学生人事管理者协会年会结束后来参加面试。

年会后的一周，在一次博士论文讨论会后，蒂娜偶然遇到杰克。杰克邀请蒂娜去喝杯咖啡。蒂娜接受了邀请。在咖啡店喝咖啡时，杰克给蒂娜提出请她在他办公室做兼职研究。杰克说："你是最合适的人选。另外，能胜任任务繁重的副校长托马斯的助手，也一定能做好我和副校长约翰逊的副手。"蒂娜很高兴，不过，她还是为没有经过正式面试而有些不悦。杰克跟她握过手，然后匆匆离开去参加另一场会议。蒂娜倒吸了一口气，她开始质问自己，她之所以赢得这个岗位，是因为自己的专业特长，还是因为自己与副校长托马斯的工作关系。

蒂娜上任的第一天，杰克和旺达并不在办公室。她很高兴地向多琳和齐娜做了自我介绍，并请教他们是否有什么她可以帮忙做的。多琳给了她一本关于大学研究的书，她从头开始读。齐娜只是向她示意了一下，然后就离开，回到自己的小单间。当蒂娜在办公桌旁坐下，发现桌上没有配办公用品，她就问多琳在哪儿可以找到笔和其他用品。多琳指着说："橱柜里有办公用品，你自己去拿吧。拿自己需要的，不要多拿！"

三天后，杰克和旺达回到办公室。走进办公室时，他们俩嘻嘻哈哈笑个不停。等他们坐下后，蒂娜走向杰克，问他是否有什么项目指派她去做。杰克交给她一份过去三年大学生辍学调查的原始数据，让她检查数据输入是否有错，做些描述性研究，画几张表格，然后把结果上交给多琳。杰克突然想起马上要参加一场会议。他唯恐迟到，立马从座位上跳起来，冲出办公室。过了一会儿，旺达走近蒂娜，对蒂娜说实际上她才是办公室高级研究员。接着还说，蒂娜找杰克前应该先经过她。蒂娜慢慢地点了点头，并且说要是无意越权找了上司，那么自己深表歉意。旺达走开了，还说“这次的越权”就算了。然后，旺达看了多琳一眼，说她得离开办公室，今天剩下的时间都要开会。

几周过去了，蒂娜将学生辍学调查报告的结果交给多琳。虽然多琳对蒂娜的工作很满意，但她并没有对蒂娜表现出半点的好感或欣赏。杰克和旺达不在办公室，于是蒂娜决定对数据做进一步分析。在描述性研究之外，蒂娜发现学生在选择辍学时有许多明显的经时间验证了的普遍规律。蒂娜对这一显而易见的结果表示惊讶。她继续研究数据，主动着手撰写一份关于学生辍学原因的详细报告。她把报告和数据分析放在旺达的桌上请她审查。整整一个月，蒂娜都在辛苦工作，克制自己，努力不要介入别人的工作范围。不过，当她好不容易鼓起勇气问旺达她的那份学生辍学报告怎么样时，旺达回答说，她正在编校报告并重新验证分析结果。

一天下午，杰克和旺达来办公室宣布，除了旺达之外，齐娜和蒂娜也被资助参加在东海岸举行的研究培训会。能有机会接受高级机构的研究方法培训，每个人都很高兴。虽然蒂娜没说什么，但是让她感到震惊的是，在管理机关裁员减支的情况下，资助竟被批下来了。还因为，蒂娜听说齐娜今年夏末便要离开本校去另一所学校攻读博士学位。此外，蒂娜在此机构只是一名兼职学生研究员。

一个月后，旺达、齐娜和蒂娜三人一起坐飞机去了培训地点。第一天的培训中，教员走近蒂娜问缺席的旺达和齐娜是否还要参加余下的培训。蒂娜大为吃惊地摇摇头说她也不知道。午餐时，蒂娜跑回旅馆按了她们俩房间的门铃，但没人应答。她心想自己可能在来的路上错过了她们，于是就返回了培训会场。那天下午，她们俩依然不见人影，而教员们再次问蒂娜她们怎么了。蒂娜对此感到不安，她又一次敲了她们的房门，可还是没有应答。这次，她给她们留了一张便条，叫她们尽快电话联系她，说大家都很担心她们。第二天上午，还是不见旺达和齐娜的影子。于是，蒂娜就去找培训负责人，表示自己很担心她们可能出了什么事。负责人同意她的看法，说他会联系旅馆保安人员，并去报警。他建议蒂娜回去参加培训会，如果有必要的话他会打电话给她。

上午培训会结束后，旺达和齐娜边走边笑地回到客房。蒂娜向她们走去，问她们是否还好。她们笑到："很好，我们玩得很开心！昨天进城大购物，还观赏了风景。"

蒂娜问道："你们看到我的便条了吗，大家都很担心你们。"

她们回答到："看到了。不过我们今天凌晨才回宾馆，因为太累了，所以就没打电话给你。"

蒂娜生气地说道："我们很担心，都通知保安了，也报了警。"

接着，旺达对蒂娜嚷嚷道："原来是你一大早把我们吵醒？"蒂娜又说了一遍，她和教员都很担心他们。旺达凑近蒂娜的脸说："别多管闲事。"听到这话，蒂娜大为震惊，可她并不想把事情闹大，便走开了。

培训结束后，所有培训人员都集中在一起乘大巴去机场。蒂娜发现旺达并不在团队中。培训老师也注意到旺达缺席，问齐娜是否知道旺达要跟团队的其他人一起去机场。齐娜忍不住笑道，她昨晚就离开了，到另一场研究会见她的上司去了。蒂娜并不感到吃惊，她意识到杰克和旺达之间的关系可能超越精神层面。

蒂娜一回到办公室，就感觉到一种落寞与不安的情绪。蒂娜觉得，作为主任，杰克应该知道旺达和齐娜在培训会期间的表现，这很重要。当杰克来办公室时，蒂娜要求同他谈话。在蒂娜心目中，旺达和齐娜培训期间的表现实质上是诚实与正直的问题。她们俩是在挥霍稀缺的研究资源。于是，蒂娜将旺达和齐娜的事向杰克和盘托出。并补充到，作为机构的雇员，她为此感到尴尬。杰克没说话，只是向蒂娜点头，感谢她能告诉他此事。当天下午，副校长约翰逊宣布，旺达已经写了一份学生辍学调查研究的示范性报告，而且因为她的出色工作，校长对旺达加深了认识。副校长约翰逊继续说道，由于旺达的报告，校方能更好地做出明智的决定，以制定出对学生辍学率产生影响的政策。因此，校方决定派旺达外出参加一次全国会议，展示一下自己的研究成果。每个人都对旺达的良好表现感到高兴，并对她的成就表示祝贺。而蒂娜却感到万分震惊。因为，令人难以置信的是，旺达违背了诚实和正直的原则。这一点让蒂娜心灰意冷。

第二天上午，副校长约翰逊打电话给蒂娜，问她是否适应新的工作环境。蒂娜回答一切都很好。约翰逊听上去好像很高兴，并在电话中说道："很好，你要不介意的话，那就根据研究中心的情况给我提一点真心的建议吧。下午两点在我办公室，我想跟你见个面。"蒂娜停顿了一下，然后确认了见面的时间与地点。挂了电话后，蒂娜坐回座位，开始思考副校长约翰逊要她诚实地谈论本单位整体工作情况这一难题。

创建学习型学院

斯克特·布朗
马里兰大学

背景

布鲁贝克学院是一所中等规模、招生严格、完全靠学费支撑运行的私立学院，148 年前由圣公会创办，而从 1933 年以来与圣公会只有名义上的联系。1972 年以前学院全是男生。这年之后，学院迫于形势不得不招收女生。今天，布鲁贝克学院男女生各占其学生总数的 52%和 48%。学生群体主要由白人中产阶级子女组成。

布鲁贝克位于美国中西部的北部乡村地区。这使它很难吸引到历史上被忽略的社会下层群体。但是，由学院特别为他们设立的奖学金和积极的招生政策，使得这里的非裔美国学生保持在学生总数的3%，其西班牙裔、美国本地土著及亚裔学生占全校2800名本科生总数的2.3%。学院通常主要从周边的四个州及东边的大湖区招生。约20年前，新英格兰地区的学生大量涌入该学院。9年前学院在新英格兰地区的招生数量一直比较稳定，但此后便呈下降趋势。

学院最初本着教育人们树立“正确的思想和品格”的宗旨而创建，在现代语言、文学以及科学等几个领域小有名气。学院以培养师范类及工商类学生为主。尽管它无法与综合性重点大学相提并论，但是学生们深感学院周围的环境非常适合学习。学院有着优良的传统：在每学期第一次满月的午夜，钟声响12次后，一年级全体学生围着学校教堂跑三圈。学院还流传“布鲁贝克老人”神出鬼没的故事。传说他公然在校园的艾伦大楼——捐助人原来的住宅里游荡。而现在艾伦大楼已经成了学院的行政大楼。学院在某种程度上与世隔绝。这使得学生只能将参加学院社团活动作为其主要的社交活动。学院的社交生活的核心由11个兄弟会组织和数个姐妹会组织构成。尽管只有53%的学生隶属于兄弟会或姐妹会，但是这些团体依旧对全体学生开放。学院有两个历史上遗留下的黑人学生组织：一个男生联谊会和一个女生联谊会。在凄清寒冷的二月，学生经常驾车七小时到芝加哥玩。

现状

尽管布鲁贝克学院有着丰富多彩的历史传统，但由于对大学充满期待的学生纷纷到其他同类的学院就读，所以该学院不断失去其竞争力。布鲁贝克学院靠相对富裕学生的学费生存，有选择地及时给部分需要资助的学生颁发奖学金。近年来，布鲁贝克传统上的目标招生群体的市场已经饱和。学院渐渐注意到这一趋势，开始重新确定其生源，并制定新策略以应对这种变化的形势。学院仅靠适量的捐款运转，却没出台任何抑制年收入减少的计划。其结果是，在过去的财政年度，布鲁贝克不稳定的财政状况已经变得十分严重。为了应对这一突发性财政危机，董事会召开了一场紧急峰会。

开春不久，学校董事们坐在一起开了一次周末会议。董事会由13名学院最杰出、最勤奋的校友组成，不过他们并不总是齐心协力。除了同为学院的学生外，许多董事几乎没有任何共同点：董事的年龄从34岁到78岁不等；很多董事有过不同的大学经验，这取决于他们出生在1972年之前还是之后；桌子这端是素食主义者，另一端则是每天可杀9000只动物的肉商。但是，在这次周末会议上学院的发展成了共同关注的焦点。那就足够了。为了应对这一紧急而重要的任务，董事们都已把常有的对小问题的诡辩大度地搁置一边。

一场令人筋疲力竭的会议之后，董事们最终同意重新把布鲁贝克定位为"服务于新千年的综合性学习型学院"。为了澄清他们的想法，其中一名董事建议，应该采用《学习金字塔：每日均衡的教学服务》这篇煽动性文章中所描述的模式。她本月前些日子在一本教育杂志上读过这篇文章。该篇文章建议制一张图表，表中列出跟学院上课出勤相关的所有预期学习结果。这样就能为整个校园树立一个共同的学习目标。这张图表可当作其他校园的"罗塞塔石碑"（Rosetta Stone）①。那么，学院在广泛教育方面所做出的努力（wide-educational efforts），将能使学生投入更全面的学习。

另外，这篇文章提出什么样的活动会产生这些预期的学习结果；哪些要素能构成一种学习"服务"，一天应有多少必要的服务；哪几种"食物"出现在教育"食谱"（例如认识的复杂性、知识的

① 译者注：罗塞塔石碑是一块同时刻有古埃及象形文、阿拉伯草书，以及古希腊文三种文本的玄武岩石碑，是解密古埃及文的钥匙。罗塞塔石碑"也被用来暗喻要解决一个谜题或困难事物的关键线索或工具。（http：//baike. baidu. com/subview/37962/8198885. htm）

实用性等）中才算营养丰富。该学习金字塔提供了一种启发方式，将学生的所有学习体验加以融合，使每个学生都成为其教育的一部分。受到启示的董事们决定，把学习金字塔确定为学院新的中心，要使布鲁贝克成为第一所尝试将此建议变成现实的学院。他们决定利用建院一百五十周年纪念的机会公布该计划。

董事们将未来寄托在这一计划上，他们派特使去招聘这篇文章的作者费伊·阿塔尔德，想让她在新设的学生学习支持中心主任岗位上主持该项目。他们承诺给她一个前所未有的工作机会，负责学院最有影响力的委员会。

金字塔式学术筹备指导委员会委员

费伊·阿塔尔德：学生学习支持中心主任。她以前是西海岸一所著名的公立寄宿制大学的学生事务处处长。在其 13 年的学生事务工作经历中的最近 5 年，她一直致力于增强学生宿舍区的学术氛围和促进良好的师生关系。尽管在处理与整体学习环境相关的问题中已硕果累累，但她从未尝试过在如此危急的时刻担此重任。

巴克斯顿·托马斯：英语专业助理教授。他因为为人公正率真，所以在本科生中很受欢迎。他是一个坦率直言的批评家，对似乎流行于学院的保守思想勇于大胆批评。他相信学习金字塔模式能指出很多学院的症结所在，并急于将此模式加以实施。

科琳·丹尼尔森：学生宿舍区主任。过去的 23 年中她已在这所大学多种不同的岗位上工作过，8 年前当上宿舍区主任。她以坦率直言而出名，而且能全身心投入大学工作。她大学并非毕业于学生事务专业，不过她的确成为了一名学生事务专业协会的会员。她以其创造性的，也是传统的学生活动而出名。在一位年轻教授的帮助下，她殚精竭力带头为布鲁贝克学院新兴的服务——学习服务项目而努力。15 年前，她的两个儿子就毕业于该学院。

雷金纳德·哈里曼：教师委员会主席，植物学教授。在这所以教学为中心的大学中，他是以有机杀虫剂的研究项目获得科研经费的少数教师之一。他认为，学习金字塔很有趣。同时他也认为，这个项目必将导致额外的工作量，这种类比方式也很奇怪，因此很多教授恐怕不会极力推广学习金字塔。

安妮·莱缪尔：教务长。她应校长的要求在金字塔式学术筹备指导委员会任职。两年前，也就是在她任历史系主任 12 年后，她被任命为教务长。提拔她担任教务长的目的是为了评估和改进面向全校的重要教学和学习支持项目，但并非是像现在人们所建议的要提升到如此高的高度。担任历史系主任期间，她得到了广泛的支持，但担任教务长后却遇到一些出乎意料的抵制。

戴维·所罗门：分管财务的副校长。7 年来他一直试图向董事会阐明布鲁贝克学院日益严重的财务状况。但直到去年财政亏空之前，董事会并不同意对财务计划做任何重大修改。他知道需要采取一些严厉的措施，可他却怀疑学习金字塔项目会成为削减的对象。

莱斯利·杜鲁门：数学专业副教授。在全国最有前途的数学教师的调查评选中，她被评选为“最有前途的十位学者”之一。当然，她也是该校最有价值的教授之一。她以关心学生而知名。她为自己学生在家里举办的年终联欢会很受欢迎。她还是非裔美国学生团体的顾问。但“只有布鲁贝克的毕业生才能理解布鲁贝克”这句老生常谈的话常常令她灰心丧气。令她感到高兴的是，学院终于聘请了一位非本院毕业的行政人员。

德里克·韦斯特贝格：学生自治会主席，金字塔式学术筹备指导委员会唯一的学生代表，即将毕业的大四学生。他不是很理解课外的一些活动怎么能和“真正的学习”一样，虽然他也承认自己总是在课外活动中学到很多东西。他天生地不信任和排斥任何会改变“布鲁贝克学院所特有的体验”的事物。因为这些传统的“特有体验”正是被他父亲和祖父在布鲁贝克学院上大学时所推崇并享受的。

现状

阿塔尔德主任花了一周时间安顿好新家和办公室后，打算亲自主持金字塔式学术筹备指导委员会的第一次会议。她步入布鲁贝克大楼，向校长行政助理默默点头致意，助理带她走向大楼尽头的会议室，其他委员都已在那儿等候。在进入会议室之前，她停下来，简单考虑了一下艰巨的任务：全面构思、实施和评估学习金字塔项目。她深呼吸一口气，一把握住学院创始人会议室门上的球形拉手，拉开门，走进会议室。

第五章 咨询和辅导案例

在高校校园，心理咨询师和辅导教师可以被视作是大学生的家长。这两类人在其扮演的专业角色中，必须处理类似帮助学生决定选修哪门课之类的琐碎小事，或者探讨生活过得是否有意义这样的深刻问题。无论学生事务工作者的工作岗位描述是怎么样的，对于大学生来说，每个大学工作人员在某一时刻都可能扮演学生的咨询者或辅导者角色。

在《当创伤来袭时》一书中，安妮·巴特勒和迈克尔·丹尼尔描述了学校报纸刊登关于个人问题的报导时所面临的问题的复杂性。格伦达·德鲁格斯马·穆索巴和法朗西斯·斯达奇合著的《第一代大学生：教职员工之间的紧张状态》，描述了一名学业辅导教师如何努力地帮助一位可能迷失于官僚主义的学生会干部。朱利·纳尔逊与佛罗伦斯·汉姆里克合著的《文化冲突：中谷大学留学生事件》，描述了以大学生对助教进行攻击为症状的更严重的校园问题。同时还描述了一名年轻教师的网络不当行为的问题。哈里特·维尔金斯的《资助留学生：谁之责任?》要求学院领导为被学生资助体系所遗忘的学生群体提供获取帮助的渠道。在《小秘密及其连锁反应：一所传统大学中的安娜·玛丽娅·洛佩兹事件》一书中，珍妮特·卡斯特·拉诺斯描述了一个与某名学生的恶意行为相关的校园健康事件。

在这些案例中，如果对照我们教科书中关于校园自然应该是协作的、发展的观点，我们会发现实际上有时候并非如此。

当创伤来袭时

安妮·巴特勒，迈克尔·丹尼尔
堪萨斯州立大学

背景

和平大学（UOP）是美国西北部的一所州立大学，有 16000 名本科生和 3500 名研究生。该大学坐落于拥有 10 万人口的州府。大约 5000 名在校生住在校园内的 10 栋学生宿舍内。另外 3000 名学生生活在兄弟会或姐妹会租用的宿舍，这些宿舍大部分在校园周边。学校 80％的本科生都来自本州。

和平大学是一所政府赠地大学[①]（land-grant institution），在应用科学领域拥有很强的专业优势。在卡内基分类系统中，和平大学属于一所二类研究型大学，而其体育专业全都被全国大学生体育协会评定为一类。该大学是一个重要的体育学术组织中的主要成员单位之一。州民们对大学具有极高的主人翁意识，并为之深感自豪。

和平大学行政人员和全体教师向来十分担心董事会所起的作用。虽然董事们拥有决定资金分配和制定学校管理政策的权利，但是教职员工普遍批评他们过度干预了大学的内部事务。简而言之，董事们对具体事务的干预导致了董事会与学校管理层以及教师之间的紧张气氛。

---

① 译者注：赠地大学（land-grant institution）是美国由国会指定，得益于莫雷尔法（Morrill Land-Grant Colleges Act）的高等教育机构。莫雷尔法通过将联邦政府拥有的土地赠与各州来兴办、资助教育机构。（http：//en. wikipedia. org/wiki/Land-grant_university）

人物

4 年前，和平大学校长以其卓越的管理能力和市场推广能力而被董事会聘用。他被赋予迅速提高和平大学的招生人数的职责，因为在此前的 10 年里，学校招生数呈逐年下降的趋势。由于他的学术成就并不出众，所以他倾向于远离学术界，放手让教务长安排教学并处理课程、专业等问题。因为校长的优势在于处理外部关系，所以他把大部分精力投入学校商业和经济发展、校友关系、新生招收、体育运动和筹措资金等方面。因此他试图尽快深度参与解决事关大学公众形象的相关问题这点毫不令人奇怪。

分管学生事务工作的副校长在其职位上已工作了 17 年，还有 3 年就要退休了。她在和平大学度过了自己 30 多年的职业生涯。由于她为人热情，以学生为本，深受学生的爱戴。可是，学校许多学生事务专业人士，特别是年轻的专业人员，却不认为她很专业。因为她与校长及 4 位前任校长打交道时总是过于顺从。其管理风格的最大特点是“面面俱到”，什么都涉及，但却鲜有深度参与到向她汇报的具体事件中。令她深感自豪的是，在学校几次重大的校领导层调整中自己都能胜出。

来到和平大学工作的第三个年头，你成为分管学生事务工作的副校长助理兼学生处处长。你的职责范围是管理心理咨询中心、就业服务中心、纪律处分及法律事务中心、健康中心、少数民族学生中心、学生组织和学生活动中心、妇女中心以及学生会等机构。你要向分管学生事务工作的副校长汇报工作。通常情况下，校长一直很支持你的工作，并支持你在自己的职责范围内所采取的创新举措。

案例

1992 年 5 月 5 日，辛西亚·布鲁斯顿获得和平大学大学生心理咨询和发展方向的教育学博士学位。之后，她留校当一名咨询中心的工作人员。布鲁斯顿博士很高兴可以继续开展她的女大学生饮食问题研究。她用创伤后应急障碍（PTSD）理论和临床诊断来构建她的研究。创伤后应急障碍理论基于一种模式，力求发现治疗中的现存问题与个人可能经历的创伤之间的关系。以女性为例，布鲁斯顿博士能将女性饮食问题与之前所受的创伤联系起来，如乱伦、其他类型的性虐待以及暴力。因此，她正努力扩大女性的临床诊断和治疗，目的是涵盖对患者的社会经历和背景经验的评估，而非只诊断看似与问题逻辑上最吻合的症状（例如女性担心其体重而表现出来的极端节食和其他行为）。

布鲁斯顿博士关于女大学生遇到饮食问题（厌食症、贪食症、彻夜狂欢、洁僻、过度节食等）的研究，使她收到许多邀请。请她在课堂、学生会、姐妹会宿舍区、学校宿舍大楼和周边社区等地方举办讲座和召开研讨会。她经常花时间参加女生体育运动，在学生宿舍大厅闲逛，在宿舍大楼用餐，观察去当地酒吧的女生，在很受学生欢迎的餐厅用餐。她通过这些方式接触女生，并收集研究所需要的部分数据。

她常常问学生，是否意识到饮食问题，是否知道有女生正面临这些问题。她用这种方法收集了很多信息，了解了许多学生的个人经历。很快女生们开始带着她们察觉到的自己圈子里有类似问题的朋友，或其他对饮食问题表示关注或怀疑的女生来找她。布鲁斯顿博士曾多次拜访咨询中心主任和分管学生事务工作的副校长，以讨论校园内流行的饮食健康问题。她建议，校方应立即采取行动以解决这一问题，然而一直没见校方采取任何行动。而且，管理层认为她关于饮食健康问题在校园内普遍存在的观点只不过是她先入为主的女权主义思想的反应而已。

通过讲座、研讨会和与学生单独交流，布鲁斯顿博士激起了大学生对饮食问题的兴趣。在谈及饮食问题时，她常常举出以下事实：

大学女生中的暴饮暴食、厌食、绝食以及过度节食是全国性的饮食健康问题的折射。

美国社会对形体及形象的过度关注类似在亚洲国家曾延续了数百年的裹足恶俗，也类似某些第三世界国家的人扭曲及体毁伤。

这些关于性别角色的观念转变往往与妇女运动有关。但这些改变也并未把女性从文化期望和那些关于女性美的标准以及关于身材的标准中解放出来。

耗资数十亿美元的节食广告推崇这样的形象：瘦即是美，而胖则是一个需要持续关注的社会问题。身材胖的女性往往遭遇粗鲁的对待、节食的压力、微妙有时甚至公开的敌视以及在身材、体形方面或这两方面都有的歧视。

饮食问题并非只是一时的流行，成年妇女和年轻少女一样有出现上诉饮食问题的倾向和行为。她们当中许多人长年在这些问题里苦苦挣扎，有时甚至不得不接受抗抑郁治疗。

在学术上，饮食问题至少可以通过医学治疗和心理治疗两种不同的临床模式加以治疗。医学治疗模式与各种生理因素相关。而标准的心理治疗模式在研究和治疗饮食问题中，主要综合考虑生物因素、生理因素和文化因素等方面的因素。

新兴的研究挑战着人们认为饮食问题主要存在于白人中产阶级妇女和少女中的观点。实际上，这个问题已跨越种族、阶层和性别。

布鲁斯顿对饮食失调原因的假设，得到许多出席其演讲和研讨会女生的高度赞同。她们对饮食健康问题的意识得到提高，而且更多的女生开始参与讨论她们对这一问题的了解程度。通常，她们以“我知道某人……”作为开场白。

一群女生决定组织一个公开论坛，允许并鼓励“受害者”讲出她们的经历。该论坛的发起者包括学生自治会主席和几个女生委员——她们希望通过一项决议，要求校方制定有关饮食问题的教学方案，以作为新生指导计划的一部分；还有多名心理咨询和学生（男生和女生）发展专业的研究生、姐妹会的代表、女运动员、宿舍区工作人员代表和两名校报女记者等。

组委会强烈希望承担对论坛的领导工作以促成论坛，并且强调教职员工往往操控这类论坛以促进自己的研究或研究成果的出版进程。另外，组委会认为如果教师或行政人员过多地参与论坛的话，受害者就不太愿意说出自己的经历。为此，帮助制定某些计划的学生组织者、活动中心主任，以及为论坛举办提供场地的学生联合会指导教师都没参加。布鲁斯顿博士虽然出席了论坛，可她低调地坐在听众席中一言不发。

论坛事先通过校园媒体大势宣传，然后在周五下午盛大召开。大约两百名与会者塞满了学生会的小礼堂。学生主持人要求发言人分享除了涉事人物姓名以外的所有信息，不过要求每位发言者都要介绍自己的名字。

5 名女生在特殊座席上向那群与会者发表演说。记者们被一个特别的故事深深吸引。一名大四女生形容，她遭受饮食问题的折磨始于大一，那时她刚被选入校啦啦队。啦啦队的男赞助商对体重的要求十分苛刻。由于这位女生极易长胖，所以她一直都很紧张，甚至为可能因体重超标被踢出啦啦队而忐忑不安。赞助商要求每个啦啦队队员在训练期间以及整个赛季的每周一、周三和周五上午都要称体重。在这项规定上，赞助商不允许有任何变通。多年来，许多啦啦队队员都相互抱怨这一规定，可却没人敢向赞助商或监管赞助商的体育活动指导中心副主任提出。

该发言女生接着说，她终于发现其他女孩为保持体重下降所做的事。她们告诉她，想吃多少就吃多少，然后把吃下的吐出来。听她们这么一说，她觉得自己很愚蠢，何必为担心体重的问题而郁郁不乐呢。这个方法一开始似乎很奏效，但是她很快就陷入了绝望。因为最近她总是不由自主地呕吐，有几次都呕出血了，什么东西都吃不下。她不敢告诉家人，总是试图通过清洗呕吐物来避免被室友和朋友发现。为此，她常常会悄悄溜到公共场合，以躲过熟人。

她说，有时她没出住宿大楼就吐了时，便对朋友解释说她肯定染上了某类病毒。她暗自希望有人能发现她的问题。因为现在她由于常常不得不向朋友撒谎而变得情绪低落。对于自己的所作所为，她有一种强烈的羞耻感。当担心自己的身体健康会进一步恶化时，她却又害怕如果寻求治疗，家人肯定会发现她的问题。她觉得她完全像生活在噩梦中一样，甚至都想到了自杀。

这个故事打动了那两名校报记者，同时也激怒了他们。他们认为啦啦队赞助商需要被公开曝光。他们说服编辑相信了学校的女生正面临着严重的饮食健康问题。同时也让编辑相信公开曝光将有利于阻止这名女生所述的“惯例”。编辑同意在周一发表文章，包括几乎逐字逐句地引用这名女生的个人描述。两位记者急切地想要报导此事，以至于他们既没采访啦啦队队员，也没采访赞助商。

周一称体重时，那位啦啦队女队员遇到了赞助商。这人气急败坏，破口大骂。后来她得知，她上午上课时赞助商敲了五次她的房门，试图找她。直到碰到赞助商她才意识到这篇报道将在今天的校报上刊登。令她气愤的是，她可能会因这篇文章而被赶出啦啦队。她觉得自己的生活受到干扰，于是要去找那两名记者。

这篇文章引起人们极大的兴趣。中午，校长已经接到愤怒的家长及校友打来的几个电话。关于这篇报导的议论已经传到董事会办公室。董事会办公室已接到一些要求立即终止这种赞助的电话。

有位教师认识该女生——其父是一名很有权势的州参议员。他决定将此事告诉这名参议员。不久，董事会办公室常务董事接到这位参议员打来的电话，要求解除啦啦队赞助商的合约。此外，该参议员觉得以一种不保护其女儿身份的方式发表新闻，是学生记者无法做到负责任的新闻报道的又一例证。

该参议员此前已在三个场合向和平大学校长表示了他对失控的记者以及毫无约束的舆论力量的担忧。这可是最后一根救命稻草！参议员告诉董事会常务董事，如果学校不对校报的管理立即做出整改，他就会在董事和州立法者中发起一场运动，以撤回对校报的资助。此外，这家报社的现有划拨资金也将被撤销，并且几周内就会将资金撤回。常务董事立即给和平大学校长打电话。

校长行政助理刚给你打电话说，该参议员正在来校园的路上，他想见女儿和校长。他三个小时后将与校长见面。校长想在两小时之后与你和分管学生事务工作的副校长见面。

你给副校长办公室打电话，得知副校长已经离开校园，要等到你与校长见面时才能回来。如此看来，你得第一次在同时面对校长和副校长的情况下独立解决问题。

你将如何为见面做准备?

第一代大学生：教职员工之间的紧张状态

格伦达·德鲁格斯马·穆索巴，法朗西斯·斯达奇
印第安纳大学

背景

新河社区学院的招生人数因在本地区出了名的学费低而逐年增加。学院秋季全日制招生数创历史新高，已达11500人。新河社区学院位于美国东北部一座拥有50万人口的新兴城市中心，其地理位置预示着学院光明的未来。学院大一学生50%处于正常的入学年龄，其中大部分为当地的白人学生，3%为非裔美国学生，7%为拉美裔美国学生。严格地说，它是一所走读生学院，因为一些学生住在城市公寓，还有许多学生与家人——不是父母就是亲戚——生活在一起。

新河社区学院最近与所有主要的州立大学都签定了衔接协议。这将有望大大提高学院毕业生进入四年制大学进行学位学习的人数。学院三年前成立了学业辅导中心，以此作为提高学生在册率的措施之一。由三名专职学业辅导教师组成的学业辅导中心主要针对大一新生提供辅导服务。学院通常都会为大二的学生指定一名指导教师。尽管学院非常关心学生的在册率，但并不想增加学业辅导教

师的人数。因为学院在他们的招生广告中大肆宣传“你可以很容易地找到你的老师”，而学业辅导制度有可能使对学生的辅导变成少数几个人的事，而不是全体教职员工的职责。学院在最近的电台广告中反复强调“来一所你的教授知道你名字的学校”，并将之视为宣传亮点和优势。辅导教师委员会负责指导学业辅导中心。教师们知道他们不用再对新生进行辅导，但他们不确定这一新的安排是否是最理想的方式。许多有影响力的教师认为，学业辅导中心是学院限制教师权威的行政计划的一部分。自学业辅导中心建立以来，教师的教学工作量每年都在以一个单位工作量的速度增加。

人物

安迪·恩格里梅尔：在一所小学从事四年教学工作后获得硕士学位。今年是安迪在新河社区学院担任大一学生学业辅导教师的第二年。安迪热爱他的工作，也热爱他的学生。为此，他的学业辅导教师同行都很尊重他。

雷蒙德·亚当梅兹：全日制学生，秋季来到新河社区学院。雷蒙德告诉安迪，他是他家孙子辈的第一个大学生。他家拥有一家杂货店，那是他祖父移民到美国中西部当农场工人后创建的。雷蒙德为他的家人感到自豪，好几次提到他视为榜样的爷爷时，他都说道：“如果爷爷能白手起家创办自己的事业，那么我想成为什么样的人，我就能成为什么样的人。”雷蒙德与其兄弟住在校园附近的公寓，在学校活动中心做兼职工作。

珍妮丝·克尔：学生处属下的学业辅导中心主任。珍妮丝是一个老前辈。三年前受命创建学业辅导中心前，她已在新河社区学院当了 24 年的教授。珍妮丝把学业辅导中心看作教授职责的一部分。而且，她还继续承担着一个班级的教学任务。

鲍勃·罗坡：新河社区学院体育老师，同时也在当地高中游泳队当教练。安迪和鲍勃因经常在体育馆见面而成为朋友。

事件

雷蒙德在新河社区学院第一学期的学习结束之后，便被要求试读。尽管现在才到第一学年的中期，他已经知道自己很可能无法达到培养计划的要求。雷蒙德的学期平均成绩绩点为 1.61，美国文化这门课是 B，经济学导论课是 F。所以，雷蒙德有足够的理由相信，本学期他通不过经济学这门课，并会被学院开除。可是，雷蒙德对这一情况其实是十分惊讶并大失所望的。因为上高中时，他没花什么时间学习，成绩却很好，数学课和科学课成绩尤为突出。

案例

2 月 15 日～16 日：安迪参加了一场关注学生在学习方面自我效能的学业辅导研讨会。他得知，学生的表现受其动机的影响，而动机则有赖于相信自己成功的潜能。自我效能模式表明，学生的观念及其注意力的控制能力将影响其成功。因此，如果他们实施提高学生自我效能的学习模式的话，学校和像安迪这样的雇员对大学生的学习是能够产生影响的。

2 月 19 日：安迪兴奋地回来，并渴望在其辅导中尝试这些新的方法。在上次工作人员会议上，安迪分享了他学到的知识以供大家共同讨论。其他辅导教师也深受鼓舞，但是安迪知道，他们根本没真正领会他的意思。他们同意，大家都要读班杜拉关于自我效能的书，以作为正在进行的员工培训的一部分内容。

3 月 20 日：雷蒙德约了安迪，向安迪讲述了他对自己成绩的担心。因为繁忙的秋季学生注册工作已结束，所以安迪有比平常更多的时间与雷蒙德谈一谈他的未来计划。雷蒙德在高中时是名游泳运动员，已下定决心想成为一名高中科学教师和游泳教练。可现在，由于科学课和数学课成绩一般，平均成绩绩点也没达到要求。他正不知所措，陷于困惑。他觉得自己让家人丢脸了。

安迪决定对雷蒙德采取不同的辅导方法。雷蒙德秋季选了 16

个学分的课程，包括高等数学、化学、经济学（二）、心理学和经济学导论。安迪想要践行所学过的某些自我效能理论。安迪提出帮助雷蒙德为他的自动退学进行申诉，并安排与雷蒙德本周五再见面，一起制定“成功计划”。雷蒙德带着希望离开了。

送走雷蒙德后，安迪关上门，拿出会议材料看。安迪得知，四种关键学习体验有利于提高自我效能。它们分别是：

1. 主观习得体验——学生通过学习活动体验成功或掌握一种技能。

2. 客观间接体验——学生观察并感受其同辈在学习活动中取得的成功。

3. 社会环境支持——他人、同辈、任课教师或辅导教师让学生相信自己可以成功。

4. 个人情绪状态——学生持有积极乐观的情绪，如自我满足感可以促进他们的学习，强化他们的信念。

3 月 21 日：安迪打电话给鲍勃，想探讨他的一些想法。在一阵寒暄后，安迪跟鲍勃谈起雷蒙德的兴趣。鲍勃想借游泳队帮上忙，所以安迪渴望秋季与雷蒙德共事。

3 月 23 日：雷蒙德和安迪坐下，为秋季学期制定一项成功计划。雷蒙德每学期最多可选修 4 门课，每隔一周与安迪见一次面。安迪提到了鲍勃的高中游泳队，并告知雷蒙德每周有四个下午要配合鲍勃训练以获得学分。雷蒙德很喜欢这个想法，渴望在游泳界尝试不同的角色。雷蒙德还选修了大学学习技巧课和教育导论课程。最后，接下来的课程当然是他的数学课——有穷数学。雷蒙德深受计划的鼓舞。同时，安迪相信雷蒙德会取得成功，并认为他们之间会形成一种自然的默契。

3 月 26 日：安迪给珍妮丝留言，希望她收回对雷蒙德的自动退学处理，并希望明年继续负责雷蒙德的学业指导。珍妮丝回复电子邮件说，她对为该生开启这样的先例有所顾虑，并担心学业辅导委员会会反对。珍妮丝通知雷蒙德，委员会将在周三召开会议，她会把雷蒙德的个案提上议程。珍妮丝的回复让安迪感到出乎意料、措手不及。

你现在的任务是扮演安迪的角色，并准备替雷蒙德向委员会求情。你如何说服委员会再给一次雷蒙德机会？你如何说服他们相信你的计划对雷蒙德的第二年有益处？你又如何证明你的介入是合理的？

文化冲突：中谷大学留学生事件

朱利·纳尔逊，佛罗伦斯·汉姆里克
爱荷华州立大学

背景

中谷大学吸引了来自全国各地以及全世界的4万名学生，不过大部分学生是美国南部各州的当地人。中谷大学是一所国家赠地大学，一流的研究型大学。该大学以其在工程、技术、农业、计算机科学和自然科学领域中的杰出贡献而广为人知。据粗略统计，在这些领域中，8～10％的本科生和20％的研究生是留学生，其中许多学生在校担任助教职位。过去两年，学校留学生总数增加了5％。

本科生和研究生中留学生数量的日益增加，在某种程度上是中谷大学战略计划所优先考虑的项目之一——国际化带来的结果。国际化项目通过研究生教育、国际交流、国际合作扩展和联合研究等帮助学校赢得国际声誉和实现科研的国际化。加强本州内大学生本科教育是该战略计划优先考虑的另一项目。

由于校园留学生人数的增加，所以针对留学生的言语骚扰、种族歧视、辱骂以及暴力行为等也日趋增加。近几个月来，留学生办公室已与公共安全部门沟通，表示对越来越多骚扰案例的关注。留学生办公室计划开发一项跨文化意识项目，旨在加强学生的跨文化理解能力。

人物

卡洛琳·希金斯：留学生事务处副处长，向留学生事务处处长汇报工作。其职责包括招收研究生留学生和监督其学术进展。卡洛琳最近实施的一项留学生交换项目，旨在招收和留住研究生留学生。一旦留学生来到校园，她就会与他们见面。通常，她起到临时学术顾问和辅导教师的作用。

马吉·约翰逊：动物遗传学院院长，学校教师委员会委员，一直呼吁支持留学生交换项目。

朱莉·韦：动物遗传学博士留学生，泰国人。她担任动物学导论课程的助教。自从来到中谷大学，她已获得大量的奖学金。中谷大学借助她的声誉，吸引了其他泰国学生到动物和遗传学院求学。

杰米·怀特，卡尔·本尼特和斯蒂夫·瓦德：动物学导论课程的本科生，听不懂朱莉·韦的英语。斯蒂夫·瓦德是工商管理大三学生，对自己所遭受的挫折尤为不满。

伯顿·瓦德：斯蒂夫·瓦德的父亲，对他儿子在课堂上无法听懂教师用英语布置或解答作业感到非常愤怒。

格雷格·托马斯：保卫处处长，一直与卡洛琳·希金斯合作，建立指导原则以确保留学生的安全和福利。

蒂莫西·莫顿：学生处处长，按新制定的战略计划，在加强本科生服务中扮演着重要的角色。

案例

作为卡洛琳·希金斯，你负责监管留学生事务，招聘优秀学者，管理预算等，扮演着国际项目和学者的倡导者的角色。你的职责还包括管理学生签证，欢迎新留学生入学，以及临时担任大批留学研究生的学术顾问。你与教务办公室展开密切合作，制订了一项留学生交换项目。该项目业已制定完成，它在某种程度上有助于实现中谷大学的战略计划。

但是，提高中谷大学国际声誉的战略计划有时会与加强州内学生本科教育的战略计划相冲突。许多州内本科生从未接触过其他国家的学生。由于对除美国、加拿大、英国之外的外国助教或导师不甚了解，所以他们对自己在学习中遭受的挫折直言不讳。你从各种渠道得知，本科生和留学生之间关系紧张。有时，留学生也会提及令人沮丧的情况与过去的种族歧视事件。有时，你会间接地从其他部门同事的评论性文章中听到相关的事件。最近，你从校保卫处给你的报告中了解到，语言骚扰、种族诽谤和充满仇恨的暴力事件越来越多。

从本州内本科生和研究生留学生的投诉数量来看，今年秋季学期的情况一直特别令人不安。本学期刚过了5周，留学生向保卫处提出的正式投诉已有7起。其中2起发生在学校学术部门，1起发生在自助餐厅，4起发生在学生宿舍。所有这些事件的冲突程度相对较轻，因为它们只涉及种族歧视言论和语言骚扰。作为回应，你打算下周与保卫处处长格雷格·托马斯和学生处处长蒂莫西·莫顿见面，以讨论这一问题及其可能的长远和短期的解决办法。

然而，今天上午动物遗传学院院长马吉·约翰逊打电话向你报告，来自泰国的助教、屡获殊荣的学者朱莉·韦，上周五下午课后感觉受到了三名男生的人身威胁。现在是周一上午11点。在你询问朱莉是否还好以及是否向保卫处报警后，马吉告诉你发生了什么情况。

杰米·怀特、卡尔·本尼特和斯蒂夫·瓦德都是朱莉的实验课学生，他们三人课后留下来问作业问题。除了卡尔和杰米之外，这时其他学生都在教室外。斯蒂夫打开教科书和笔记本放在朱莉的办公桌上，要求解释为何刚才实验课的结果与课本所附的答案不相符。

朱莉坐在办公桌旁。3位学生俯在桌子其他三面，他们的身高都超过朱莉。斯蒂夫身子靠在桌子正前方，他的身体一点点往前移，慢慢把办公桌挤到了朱莉身上。最终，朱莉的椅子也被挤得向墙壁倾斜过去。斯蒂夫表示他在这个问题上越来越疑惑，并认为无法确定正确的方程式。他并没注意到桌子在向后移，但是他的脚一直在慢慢朝着桌子用力。因为受到个子高大的学生和墙壁的两面夹击，所以朱莉匆匆解释了一下，便打断斯蒂夫的话，并希望她的解释能令斯蒂夫满意。结果斯蒂夫反而用拳头敲起桌子说："我需要的只是一些帮助，可我还是听不懂你说的话。整个学期我这门课几乎是糊里糊涂地学过来的，而现在你却把我当成一个白痴！你为什么不学会怎样说美式英语?"

斯蒂夫的愤怒吓到朱莉，朱莉从座位上跳起来，当倾斜的椅子被挤倒在她身上时，她摔倒在黑板上。杰米、卡尔和斯蒂夫哈哈大笑着拿起自己的书。杰米说："哼！你为什么不滚回你的中国去?"卡尔模仿杰米和斯蒂夫，在他们离开时也哼了一声。朱莉惊慌失措，流下了眼泪。另一位动物学研究生碰巧看到她，问她到底发生了什么事，为何如此难过。在这位动物学研究生的鼓励下，朱莉向动物遗传学院院长马吉·约翰逊报告了此事。

马吉告诉你说，朱莉觉得深受伤害。马吉上周五下午一知道此事后，便给保卫处挂电话报了案。马吉鼓励朱莉和你见面。因为她第一次来中谷大学时，你曾经担任过她的学术顾问。实际上，是你招朱莉到中谷大学的，并一直关注着她的发展，而她也因其卓越的工作得到认可。像朱莉·韦这样的学生，正是中谷大学很想招收的那类留学生。马吉告诉你："你必须同她谈话，这很重要，因为她非常难过。她说她想离开学校回泰国。很显然，这些学生整个学期都在威胁朱莉，因此朱莉感到既害怕又屈辱。"你很感谢马吉，同意尽快给朱莉打电话。

然而，你还没来得及给朱莉打电话，就接到了保卫处处长格雷格·托马斯的电话。托马斯处长想交给你一份关于此事的报告，尤其是考虑到下周你要与学院学生处处长见面。托马斯还将制定一项计划，以防止这类事件再发生。他已与斯蒂夫·瓦德、杰米·怀特和卡尔·班尼特谈话。他们三人都承认朱莉倒在椅子下，但却否认故意骚扰她。当托马斯处长质问他们时，卡尔·班尼特表示悔过，说他知道整个学期斯蒂夫·瓦德都想“置朱莉于死地”，因为斯蒂夫听不懂朱莉讲的课。至于斯蒂夫对朱莉突然施暴，卡尔也感到很惊讶。但是，当朱莉倒地后，除了与他们俩一起哈哈大笑着离开那个地方外，卡尔自己也不知道该怎么办。卡尔之所以这样做是因为他们都是卡尔的朋友，还因为他们为成绩差而十分失望。不过，卡尔现在对此事深感抱歉。托马斯处长答应会把这件事的正式报告发给你。

第二天，朱莉应约来到你的办公室，她流着眼泪出现在门口。她仍然在颤抖，生气，感到沮丧。你可知道，她在遗传学领域是个顶尖学者，是你帮助动物遗传学院邀请她加盟中谷大学。她因其卓越的学术能力已获得众多的奖学金，现在正临近博士毕业考试。在你为她递上了纸巾和热茶，让她平静下来后，你开始仔细听她讲述此事的细节。她告诉你，整个学期这三位学生一直在取笑她，尤其是她的语言能力。例如，他们三人经常请她重复一个单词或一个句子。她回答时，他们三人则在班上起哄嘲笑。虽然他们的行为令她很苦恼，但她一直试图不理睬他们。

你把保卫处对此事的应对措施告诉了朱莉，建议她正式控告那三位学生。可她并不想这样做。其实，此事已动摇了朱莉的自信，她正考虑彻底离开中谷大学。真的，朱莉一直在承受面对美国文化的压力（或许也是博士学习的压力吧）。她说，最近她哭了很多次，感到万分沮丧。有时，朱莉害怕进入课堂。因为有些学生会嘲笑她，愚弄她。

你认真倾听完朱莉的述说后，极力鼓励她继续留在中谷大学，并且指出她是多么地接近成功。接着，你简要重申了你的观点：三位学生必须因其恶劣行为受到惩罚。可是，这一建议却让她大为不安。在朱莉自己的国家，女性对此类事件不会采取反击措施，她们只会从自身找原因。她说：“我看过校报，也知道在其他留学生身上也发生过类似的事。就让这件事过去吧。马吉提议让那三位学生停修我的实验课。我想他们以后不会再这么做了。”这学期只剩8周了。你解释道，除非朱莉提起控告，否则这几个学生只会受到轻微的惩罚。不过，朱莉仍然保持沉默。她不想引起别人的注意，也不想在校报上出现自己的名字。

当朱莉还坐在那儿时，学生处处长提莫西·莫顿打电话告诉你，他刚刚跟其中一位男生的父亲伯顿·瓦德通过电话。很显然，那位父亲因儿子被校保卫处询问感到愤怒。提莫西向你转告了伯顿·瓦德说的话："为什么我儿子不能因老师的原因而感到受挫？他几乎听不懂老师说的每一句话。我们花了很多钱送儿子上你们这所所谓的名校，可我儿子从一个连英语都说不好的人那里究竟能受到什么样的教育？"你被这个父亲的话激怒了。但你不想让朱莉感到不安，更不想让她知道这个电话与她有关。所以，你告诉提莫西，你正在开会，晚点儿给他回电话。挂电话前，提莫西告诉你他把你的电话号码给了瓦德先生，希望你可以解释中谷大学留学生研究生教育的重要性。你感谢提莫西后，挂了电话。

这时你听到敲门声便说："请进！"新来的实习生克里斯·汉森满脸通红，行色匆匆地走了进来。"嗯，"他怯生生地说，"您是否介意接个电话？"这家伙声音听起来十分愤怒。你问朱莉是否可以在大厅等你。她同意了。

"你在那儿究竟做了些什么？"瓦德先生在电话中开始问道。你开始解释留学研究生在中谷大学的重要性，以及学校一直以来如何致力于吸引最优秀的留学生入学，以努力提高学校的国际声誉。"你们学校在本地的声誉怎么样？"他嘲弄道："你竟然让一个穿制服的人在历史课后质问我儿子！竟敢这样羞辱我儿子！你知道，一个人像罪犯一样被带走有多尴尬吗？"你告诉他，朱莉也感到十分不安。但瓦德打断了你的话说："如果这些人不会说英文，他们就不该来这里。我为儿子的教育花了大量的学费。要是老师站在讲台上说中文的话，我儿子怎么学习？"你听到他的电话砰的一声挂了。

你叫朱莉回到你办公室。她站在门口告诉你，她想再考虑下此事。为了解除她的疑虑，你对朱莉说，这一切都不是她的过错，你会过去看她。你要她答应本周末前到你办公室来一趟，并说明天要跟她确认。她点头离开了。

有一名校报记者给你打电话，想采访朱莉。他之所以想做采访是因为事件中三个男生之一的杰米·怀特是新闻专业的学生，这令校报编辑对此非常敏感。你告诉这位记者，警方正在调查，因此你和朱莉都无法对此事进行评论。同时，你建议记者不要去打扰朱莉。但是，第二天记者还是找到了她。记者从朋友的课程大纲里找到了朱莉的名字，并去敲她校园公寓的大门。记者告诉她："我们只是在跟进警方的报告。"整件事让朱莉感到既羞愧又屈辱。她感到震惊，变得十分沮丧，并认真考虑准备放弃学业。她告诉你，她已确认了回泰国的机票。

你打算怎么办？

资助留学生：谁之责任？

哈里特·维尔金斯
印第安纳州立大学－普度大学印第安纳波利斯分校

背景

通勤大学是一所传统的州立研究型大学。该大学坐落在该州州府，在过去15年取得了快速发展，以医学部为中心扩大了校园。在拓展校区的同时，通勤大学从课程设置着手，逐步扩大其专业范围。现在通勤大学已能提供刑事诉讼法、法语、护理、计算机技术和生物等一系列本科学位课程。由于大学迅速发展，没有主校区，存在大量兼职教师，所以教职员工彼此不太认识。老师们都觉得，他们首先应该是忠诚于特定的学院，而不是忠诚于作为整体的大学。

通勤大学的大多数学生来自州府周边的县城，他们是非传统年龄的第一代大学生，平均年龄28岁。许多学生在社区办公室、工厂和住宅大楼做兼职和全职工作，业余时间到校学习。对于大部分学生来说，大学不是他们的生活中心，家庭和工作场所或居住社区才是最引人注目的地方。

与长期拥有大量留学生的研究型大学不同的是，通勤大学的留学生很少。许多被教师认为是留学生的学生实际上是美国公民，或者难民，或是持有绿卡打算定居美国的移民。

由于在校生人数已超过2万，所以学校核心管理层聘请了一些专业人士来努力改善对学生的服务。这些受聘人员通常互不认识，也不知道过去在这种非中央集权的，甚至经常特事特办的行政风格下，处理事情的常见方式究竟是什么。分校区教职员工往往被主校区所忽视，他们又不得不应付迅速扩招的本科生规模。于是他们变得非常擅长于对那些紧急事件采取临时拼凑的权宜之计加以解决。所以他们对新来的学生事务专业工作人员所提倡的更正式的办公程序总是不以为然。

副校长史密斯主持召开了一次关于学校留学生工作的会议。会议中提到最近学校一名留学生非正常死亡的事故。在他还没来得及建议另外召开一次会议就此事进行讨论前，许多教职员工已经加入了讨论。相比前一次的一个半小时的讨论，后面的讨论更加精彩。他们议论到那名死去的留学生之所以生活拮据是因为他将钱寄给了家里的妻子和孩子；他们讨论在特定部门职工中募集捐款，以帮助留学在获得第一笔助教奖学金前安排好食宿；他们还讨论了那些被其国家取消了资助而无法缴费注册的留学生的问题。

每个参与讨论的教职员工似乎都还没意识到该校每个部门似乎一直都在仅仅以危机应对的方式处理身处危机的留学生。韦伯斯特女士时不时发表意见。她非常了解留学生遇到的注册问题，并且有时会就某些特殊情况同注册管理员交涉。然而，每学期留学生中总会发生类似的注册问题。的确，她经常与留学生们讨论他们的费用问题，但是学校并没有资金可资助他们。毕竟，这是一所连大部分的美国学生都没有足够的钱支付求学费用的大学。她觉得，或许负责为留学生提供咨询辅导的琼斯女士有一些可用于应急的资金。校董事会大多数董事似乎都很惊讶地得知，该大学曾指派过专人从事留学生的工作。

副校长史密斯看了一下表，由校长主持的另一场会议已安排5分钟后在这个会议室召开。史密斯不得不结束这场讨论，他说："有人愿意进一步讨论此事，然后在下次会议中拿出一份报告吗?"口腔学院的一名物理学教授、一名来自牙科系的学业辅导教师和一名来自社会工作学院的教师一起举手表示愿意。"韦伯斯特女士，你想与他们见面，并邀请琼斯女士为你介绍事情的来龙去脉吗？鲍德温博士是这所大学的新人，但或许也应邀请下她。"

你是康妮·韦伯斯特。自从学校顾问委员会会议决定召开留学生资助工作分委会以来，你已经在这上面花了两周的时间。两周的时间可足够你用来处理其他事啊！你早就知道留学生工作有一大摊事要做。琼斯认为，几年来，她在留学生工作上默默无闻的努力并未得到认可。她告诉你，她只负责帮助学生办理入境手续，没有任何应急资金，但是她常自己掏腰包来帮助学生度过危机。现在，她觉得事情听起来好像是顾问委员会因为该生的死亡所反映出的学校对留学生帮助不够而归咎于她。鲍德温同你讲话非常谨慎。但是她明确表示，她觉得琼斯不能胜任这项工作，而且琼斯处理留学生相关事务的工作方法不够系统化。令史密斯印象最深的是，对留学生的资助事宜是由全体教职员工提出来的，并且他们把想法转化为了行动，积极主动地展开了工作。史密斯非常支持全体教师参与学生事务政策的制定工作，并且他希望促成这次危机的圆满解决。顾问委员会一年只召开两次会次，每次只有半数委员到会，这让人感到轻松不少，况且，谁会认识分委会的每一个成员呢？他们对此事表示了关注，但在总结会议意见时，却只提出了一些规划性建议。实际上，他们中没有一个人意识到学生事务中正在发生的政策变化。

至少这位物理学教授同意主持这次会议。但是，他要你计划会议议程并列出议题。你将从何着手？首当其冲的问题是什么？哪些问题适合留学生资助分委会考虑？你或委员会对这位非洲学生的死亡已无能为力，可是，对未来的紧急情况你能有何作为？

小秘密及其连锁反应：一所传统大学中的安娜·玛丽娅·洛佩兹事件

珍妮特·卡斯特·拉诺斯
加利福尼亚大学欧文分校

背景

这所传统大学是位于西部某州，主要服务于不同社区，白人占主导的研究型大学。学校以其完美的整体学习环境和高质量的学士、硕士、博士学位专业而著称。大学致力于培养学生正确的价值标准，让学生更加广泛地在社会中发挥作用。学校的专业设置使学生在各个领域都能做到理论学习与实践操作相结合。学校努力通过研究、教学和服务等途径强化学术优势，以达到将未来的领导者领进新千年的目的。大学营造出一个以学生为中心的教育环境，大力鼓励学生参与学校各种活动。校园里有 200 多个学生组织，为学生提供各种课内外学习的机会。

这所传统大学学生人数将近 3 万，大约 10%为少数民族后裔，51%为女生，5%为公开的男同性恋者、女同性恋者、双性恋或变性人，3%为身体或精神上的残疾人。据统计，在校生讲 30 多种语言，他们聚集在一起分享各自对不同文化、不同社会和不同经济的看法。

这所传统大学拥有将近 2800 教职工，他们分散在 9 个学院和学校其他部门，其中女性 980 人，少数民族学者 168 人。

人物

巴巴拉·哈罗威兹：大四学生，拉美女生联谊会会员。她主修政治学，是政治学学者联合会会长及其创始人之一。

安娜·玛丽娅·洛佩兹：拉美女生联谊会会员。她是英语专业的大二学生，还是校报的作家。

尤金·赫南德兹：拉美男生联谊会成员。他是一名主修环境工程学的大四学生。

丹尼尔·斯特林：学生活动中心负责人，负责学校俱乐部、学生组织和学生联谊会。他向学生处副处长直接汇报工作。已在该校工作10年。丹尼尔与活跃的学生干部保持着良好的关系，而且被认为有一定的自由主义倾向。此外，丹尼尔与分管学生事务工作的副校长关系亲密，了解副校长的个人喜好。

弗朗西斯卡·古梅兹：拉美女生联谊会指导教师。她一年前刚加盟该大学，在教育系当助教，毕业于美国一所研究美国少数民族经济状况的研究性大学。

卡丽蒂·梅尔丝：学生事务工作处副处长，已有15年工龄。她很有魅力，参与学生活动非常积极。梅尔丝对全国各大州的学生报到率做了多次汇报，强调文化的敏感性和环境的重要性。

事实

1. 传统大学的学生道德守则不包括任何限制学生与教职工之间发展私人关系的条款。

2. 传统大学的学生道德守则对携带艾滋病病毒的学生没有提出明确的要求。

3. 美国心理协会的职业道德标准要求咨询师识别并报告任何对来访者本人或他人构成危险的来访者。

4. 校园内设有学生多元文化活动中心、学生健康中心、女生活动中心、女同性恋和双性恋学生活动中心。

案例

周二上午11点30分。安娜·玛丽娅·洛佩兹刚上完心理学导论课，从教室出来后，她想去学生多元文化活动中心看一看。女生联谊会的一名成员邀请了安娜·玛丽娅参加她刚加入的女生联谊会举办的聚会。安娜得知，男生联谊会会员将作为特邀嘉宾参加。

周二晚上10点30分。安娜·玛丽娅参加了聚会，并且同女生联谊会的女生们和男生联谊会的男生们进行交流。每个人都在喝酒，玩得很开心。三杯啤酒下肚后，安娜·玛丽娅开始同一位大四的师兄尤金·赫南德兹调情。午夜，这位大二学生发现自己正跟尤金接吻，而且两人还发生了性关系。

三个月后。安娜·玛丽娅仍在为自己与尤金·赫南德兹的邂逅深感悔恨。

周三中午12点。安娜·玛丽娅咨询了女生联谊会的指导教师弗朗西斯卡。她对弗朗西斯卡说自己在学期初跟一个完全陌生的男生发生过性关系，并为此感到深深的恐惧。教授建议她和那位男生都做下艾滋病检查，或到健康中心咨询一下。

周三下午3点。安娜·玛丽娅去大学健康中心做了艾滋病毒测试。测试结果要到周四才能出来。

周四上午8点半。一位对此事非常关心的拉美女生联谊会的学生拜访了学生活动中心负责人丹尼尔·斯特林，并向他报告了她听到的的传闻：尤金是一名艾滋病病毒携带者，而且对此毫不在乎，仍然一直与女性发生性关系。

周四上午11点。丹尼尔·斯特林召集了男生联谊会负责人开会，要他们提醒学生注意校园环境中潜在的危险。一位男生联谊会成员承认，他知道尤金的情况，但恳求丹尼尔不要把他的话传出去，因为他非常担心男生联谊会的声誉会受影响。此外，男生联谊会负责人也承认，尤金是双性恋者，有多个性伴侣。事实上，他听说尤金告诉另一位男生，尤金是故意与他的性伴侣发生不安全的性行为，以让对方感染病毒。

周四下午12点半。会后，丹尼尔打电话给拉美女生联谊会会长芭芭拉，提醒她尤金的情况。丹尼尔解释道，之所以要提醒他们，主要是考虑到她们同男生联谊会接触频繁而且面临健康方面的危险。10 分钟后，女生联谊会的成员们来到学生活动中心负责人办公室，表示她们非常担心。

周四下午 2 点。丹尼尔分别给心理辅导中心的咨询师和分管学生事务工作的副校长打电话。咨询师同丹尼尔讨论了保密的重要性，以及学生有拒绝做艾滋病毒携带者检查的权利。此外，分管学生事务工作的副校长查里迪·梅尔斯是丹尼尔的好朋友。可现在他不在，无法获得他的意见。值得注意的是，尤金仍未联系上。

周四下午 5 点。安娜·玛丽娅拿到测试结果，得知她的艾滋病毒检查结果呈阳性。她想寻求女生联谊会的帮助。然而，安娜还没来得及告诉她们自己的情况，她们就把尤金患艾滋病的情况先告诉了安娜。安娜·玛丽娅不解地问，是谁提供了如此准确的消息。她们告诉安娜，是学生活动中心负责人丹尼尔告诉她们的。安娜·玛丽娅不想再进一步追问下去。她变得十分愤怒，心想要是学校提前及时采取措施的话，她就不会感染艾滋病毒了。

周五上午 8 点。校报出来了，头版上登载了一篇由安娜撰写的匿名文章，文章公开了她目前的遭遇。她揭露了尤金的真实情况，控诉了学生活动中心负责人丹尼尔。她责备丹尼尔在她与尤金相遇前就知道了尤金的病情却不对尤金采取措施，并对学校对此事的关注不够表示强烈的不满。

周五中午 12 点。学生聚集在奇卡诺-拉美中心召开了一场紧急会议讨论目前的形势。其他少数民族学生组织和同性恋学生组织也应邀到会。学生集会关注的焦点是学校对事件没有采取任何行动。更具体地说，学生对学校在知情的情况下却不对尤金的高危行为进行处理表示高度关注。

你现在是学生处处长，刚得知此事。社区报社正来电就这一话题采访你。同时，一位同事提醒你，当地电视台的记者正在办公室等着你。

第六章　宿舍生活案例

校园生活的脉搏可以在学生宿舍大楼中感受到。学生住宿中心一天 24 小时充满了各种活动。实际上，它就是校园生活的缩影，这里开设了各种各样的课程，还举办讲座、放电影、办艺术展等。不幸的是，住宿中心也呈现出校园生活的消极面——来自不同国家和地区的人聚在一起，试图建立一个“异乡之家”时，难免会出现不同个性、不同文化和不同风俗之间的冲突。

阿德里亚那·柯扎尔的《新前沿的挑战：互联网和学生事务管理》描述了人们所面临的问题，例如一位学生发送了一封威胁性的电子邮件给其楼友。在帕特里西亚·沃尔普的《听证会后的第二天早上》中，一场司空见惯的宿舍恶作剧却引起两个学生的关系破裂。阿伦·安德森的《暴力与浪漫：一则案例研究》对大学生发展成熟的人际关系过程中可能产生的问题加以强调。在约翰·唐尼的《挑衅性言论》所述的案例中，那种被视作挑衅性语言的意见表达上的细微分歧使约翰·唐尼陷入了两难境地。最后，在朱利·纳尔逊和佛罗·哈姆里克的《中心地带的仇恨：安妮维尔学院的回应》中，校园男同性恋、女同性恋、双性恋以及变性学生的权利问题成为人们讨论的热点。

在看以上的例子时，请试着将自己放在宿舍管理员、宿舍管理中心负责人或宿舍区其他工作人员的位置来理解材料，并试着设身处境地从案例所有相关者的角度出发思考问题，并充分考虑他们的感受。

新前沿的挑战：互联网和学生事务管理

阿德里亚那·柯扎尔
乔治·华盛顿大学

背景

自由大学坐落在美国南部城市郊区的富人区，拥有 4 万名学生，是一所州立大学，以师生的坦率直言而出名。学校努力为所有学生营造一个多元文化的、安全的、友好的环境。两年来，自由大学一直致力于制定言论自由的规章制度，可收效甚微。法院刚刚推翻了其过于宽泛且模糊的最新规定。

人物

汤姆·琼斯：住在摩尔住宿大楼的大二学生，其专业是通信工程。他是一个非常文静，不善交际，只有几个亲密朋友的学生。可是由于这些原因，他常常被人排斥。不过，他从未违反过任何校规校纪。

贝基·蒂蒙斯：也是住在摩尔大楼的大二学生，与汤姆住同一层楼，其房间和汤姆的房间只隔几个门。她非常受同学欢迎，甚至整栋大楼的人都认识她。她加入了校女生联谊会，而且是全美大学女生联谊会中的活跃分子。她的父母住在离大学几英里的社区，是那个社区的名人。

特德·多诺：该学生住宿区负责人，对校园还比较陌生。对他来说，担任住宿区负责人是一份全新的工作。他刚获得本州另一所大学学生宿舍管理专业的硕士学位。

塔米·马什曼：贝基和汤姆所住的摩尔住宿大楼宿舍指导老师。这是她第一年当宿舍指导老师，与贝基交上了朋友。许多学生向她抱怨汤姆是个怪人。

珍妮特·黑丁顿：学生事务工作处处长，已在自由大学不同的学生事务工作岗位上工作了20年。她是很多国家级协会的会员，在专业领域得到同行的高度认可。

史蒂文·诺丁：自由大学校长。他担任校长已长达6年，任职以来进一步提升了自由大学的学术知名度。任职期间，他负责处理许多重大问题，包括已通过的方案在实施中面临的威胁、满足大学医院不断改变的需要、重新商定体育协议、重组校园资产等。虽然他一直干得很成功，但是州议员认为他太特立独行，并且批评自由大学没有较好地满足当地社区的需求。

案例

11月9日。一名女校友与学生事务工作处处长办公室联系，说她看到一个学生在互联网发的一条信息。她认为发这条信息很不合适，希望这件事能引起学校相关人士的关注。该校友生活在南美洲，所以这条信息是在国际范围内传播的。处长助理找到了该电子邮件。她认为该邮件表达了自由大学某名学生企图伤害并强奸贝基·蒂蒙斯同学的意图。该助理注意到了该邮件的侵犯性，但无法评判其危险程度。她意识到许多人都应该被告知此事。她把邮件转发给该学生所在宿舍区的负责人特德·多诺，还给处长留了一张便条，以便处长从外地开会回来后及时看到这封邮件。

11月10日。第二天早晨，特德·多诺打开电子邮箱，收到从珍妮特·黑丁顿办公室发来的邮件。特德在住宿登记册上查到，发邮件的学生汤姆·琼斯的确住在摩尔大楼。继续查阅名册时，他还注意到邮件里另一位学生的名字。他不知道，学生处是否留意到邮件中提到的另一位学生也住在摩尔大楼。他找来宿舍指导老师塔米·马什曼，让她给自己介绍一下汤姆·琼斯的情况，但没告诉她那封电子邮件的事。在塔米的描述中，汤姆是一个文静、害羞、好学的人。特德还想知道，贝基和汤姆是否彼此认识。塔米回答说，据她所知他们彼此不认识。于是，塔米不解地问特德发生了什么事。特德给塔米讲了事情的经过，并叮嘱塔米保密。

11 月 10 日。上午，珍妮特·黑丁顿会议结束回来，打电话给特德·多诺询问此事。特德解释到，贝基和汤姆住在同一层楼，但是特德认为，贝基和汤姆彼此并不认识。珍妮特非常担心邮件中所透露出的严重威胁。这件事的确存在很大的威胁性。邮件详细描述了怎样绑架、强奸、虐待、杀害贝基，以及寻找帮凶等。根据处长助理的留言条，汤姆已经将该邮件寄给了其他人，并试图找到感兴趣的帮凶。太令人难以置信了，这样的事情居然会发生在校园里。但事情的威胁实在太大，以致于大家实在不敢掉以轻心。珍妮特说，她要和校长谈一谈，随后会与特德见面。

11 月 11 日。下午，珍妮特去诺丁校长的办公室，要求与他谈一下这件异乎寻常的事情。她说，通常她不会为学生的事情去打扰校长，但是这次情况非常特殊。她详细讲述了汤姆·琼斯的所作所为，然后概述了需要加以考虑的五个问题：

1. 这两位学生的身心健康状况令人堪忧。必须对他们采取防护性和支持性的措施。

2. 校园需要制定一些与信息技术相关的政策。

3. 有关言论自由的校规已经几次受到挑战。

4. 学校关于性骚扰方面的政策的确适用于类似情况，但只有在信息是直接发给被骚扰者的情况下才有效。

5. 由于互联网跨越国界，所以我们可能得请联邦特工进行调查。

据珍妮特所知，到目前为止贝基并未意识到事情的危险性。诺丁校长联系了校法律顾问，然后让顾问与珍妮特一起研究，并在周末前针对以上五个问题一一提出建议。

11 月 12 日。法律顾问建议对汤姆·琼斯的行为予以停学处理。还说，汤姆的威胁不属于言论自由规定的保护范围，因为汤姆指名道姓地说出了想要迫害的对象的真实身份，并按计划实施了行动。与此同时，塔米把那封具有威胁性的邮件告诉了贝基。贝基打电话给父母，哭诉她很害怕。贝基父母打电话给诺丁校长说，如果学校不把汤姆开除，他们就控告学校。宿舍里的学生都在纷纷议论此事。贝基的朋友开始威胁汤姆。汤姆·琼斯请了一位律师。律师说，汤姆言论自由的权利没有得到保护，还说他将起诉学校给汤姆制造了一种威胁性的气氛。汤姆打电话给当地报社，告诉他们，自由大学再次限制学生言论自由的权利。汤姆说，那封电子邮件只不过是一个玩笑，可他现在却因一封没有任何实质危害的邮件而将被开除。

11 月 13 日。黑丁顿处长打电话给特德·多诺，请特德去她办公室一起讨论目前的情况。学校的法律顾问正在和汤姆·琼斯的律师协商。美国联邦特工将于 11 月 14 日到学校调查。然而，有几个问题需要立即引起大家注意。如，法律顾问建议，学校应该让汤姆停学；校长需授权及时制止学生宿舍的混乱局面；妥善处理贝基父母想让汤姆退学的要求；校园里蜂拥而入的各路媒体需要应对。现在你需要为处长和住宿区负责人制订行动方案，以应对校园可能发生的各种危机。这时，你觉得应赶紧去寻找校内外所有可资利用的资源。

听证会后的第二天早上

帕特里西亚·沃尔普
威廉和玛丽学院

背景

西奥杜邦是一所州立大学，坐落在大工业园中心拥有 5 万人口的小镇。该大学拥有 13000 名本科生，其前身是一所师范学院。现在大约有 5500 名住校生。学校学生中，9%为美国黑人学生，83%为美国白人学生，3%为美国其他少数民族学生，5%为留学生。

人物

凯思琳·奥格雷蒂：在西奥杜邦大学担任学生处副处长已4年。

弥尔顿·马利：西奥杜邦大学学生处处长，任此职已9年。

马塞拉·马伯利和达西·迪：非裔美国人，大三学生，马丁·路德·金宿舍大楼三楼室友。

特里·伦纳德和巴巴拉·约翰逊：欧裔美国人，大二学生，国王住宿大楼三楼室友。

凯利·布朗和庞姆·辛普森：欧裔美国人，大一新生，国王住宿大楼三楼室友。

小詹姆斯·史密斯：24岁，非裔美国人。他是西奥杜邦大学的一名大四走读生。

事实

1. 学生处副处长主要负责学生违纪处分系统的行政管理工作。学生违纪处理程序允许学生通过学校教师听证员制度非正式地解决自己的问题，但此类案例中应不存在对事实的争议或者学生愿意承担自己的违纪责任。也允许学生要求自己的违纪事件由学校学生违纪事件处理委员会进行听证处理。该委员会全部由学生组成，并由学生处副处长指导。教师听证员包括宿舍指导教师和学生处副处长。所有听证员和学生违纪事件处理委员会委员都需要定期接受副处长的培训，并严格按照纪律处分程序操作手册的详细规定执行。学生有上诉的途径：副处长负责复审由宿舍指导教师作为听证员受理的诉讼要求，处长负责复审学生违纪事件处理委员会提交的案件。该学生违纪处分系统是一项对过去的工作进行反思的项目的结果。外部评估员因其公正性和一致性而强烈推荐该制度。

2. 西奥杜邦大学明文规定，对违反学校毒品管理规定的学生给予停学处分。吸食或藏有少量大麻的学生可能会受到留校察看的处理。如果被处以留校察看，被处分者要签一份协议，表明自己了解协议内容，保证留校察看期间不再犯类似的错误。如果学生被发现还有别的违纪行为将被停学。

3. 西奥杜邦大学本学期发生了几起种族冲突事件。少数民族学生领导一直抱怨说，西奥杜邦大学对他们的要求比对其他学生高。他们郑重宣布要关注学校的行政管理。小詹姆斯·史密斯成立了一个学生监督俱乐部。俱乐部成员在校内定期开会，以加强非裔美国学生团体的内部沟通，以及与校方的沟通。

4. 学生处处长近期与其团队成员见面，鼓励每个人继续遵守学校规章制度，公平对待每个学生并及时向他汇报问题。

案例

11 月 3 日（周一）。凯思琳·奥格雷蒂收到一份来自国王宿舍大楼主任的报告，汇报周日下午发生的一起可能属于暴力冲突的事件。根据宿舍助理的报告，5 名由黑人和白人女生组成的小群体被指控入侵特里和巴巴拉的房间。特里和巴巴拉在楼层里不太受人欢迎。这伙女生在这两个女生的房间内洒满除臭剂、彩带、生奶油、发胶以及罐装万圣节蜘蛛网。当她们中的三位女生把这两个人从床上拉下时，第四和第五位闯入的女生则把好时牌巧克力浆和奶油喷抹在她们身上。接着，巧克力浆和奶油滴在被褥和毛毯上。闯进宿舍的女生们整个过程都一直在笑，直到她们离去。在受指控的学生名单上，凯思琳立刻认出了马塞拉和达西的名字。在奥格雷蒂处长参加的一次非正式听证会上，达西和马塞拉都被查出本学期初她们伙同其他宿舍学生吸食大麻，被处以留校察看。留校察看的期限是从本学期末到下学期。每位签署协议的女生都知道，如果今年她们再违反纪律，那么将被勒令停学。其他 3 位受指控的女生（一名非裔美国人、两名欧裔美国人）均没有违纪记录。

11 月 4 日（周二）。凯思琳约见了特里和巴巴拉，讨论这次宿舍入侵事件。她们俩非常愤怒，希望把所有袭击她们的女生统统开除。特里说："我从来没有这么害怕过。她们破门而入，让我们受到伤害。"巴巴拉接着说："我们无法清理干净被除臭剂和巧克力弄脏的羊毛围巾和毛毯。"根据她们的证言，五位女生在这次袭击事件中负有同等的责任。学生处处长办公室分别给这五名被指控擅闯他人宿舍并袭击他人的女生发了邮件。要求她们本周内分别按指定时间与副处长见面，讨论星期天的暴力事件。

11 月 7 日（周五）。凯思琳在与受害者、五位受指控者以及几位目击者见面后完成了调查。凯思琳及时向马利处长汇报了此事的发展势态。凯思琳告诉处长，有足够的证据指控五位女生的行为侵犯了他人的权利。她还指出，马塞拉和达西留校察看期间又一次违纪，这将导致她们退学。处长和凯思琳都同意，此案需要进一步处理。凯思琳准备了校方控告函和处理程序相关材料。这些材料由宿舍负责人亲手转交给了五名学生。

11 月 17 日（周一）下午 3 点。为马塞拉和达西安排的听证会定于今晚 7 点。她们两人选择了由学生违纪事件处理委员会对自己的违纪行为进行正式的听证处理。因为一旦她们被认定违纪，这两位女生就将受到严厉的处罚。而其他三名涉案女生选择了非正式听证方式，秘密地解决了对自己的违纪指控，并将在听证会上指证马塞拉和达西。凯思琳从两名目击证人凯利·布朗和庞姆·辛普森那儿听说，马塞拉和达西告诉她俩，如果她们被勒令退学，那么她们将会加倍报复这两位证人。因此，凯利非常害怕，不再想当目击证人。而庞姆则说，她认为被指控的两位女生一向说话算数，她也怕自己受到伤害。奥格雷蒂向凯利和庞姆保证，必要的话，学校将对她们采取进一步的保护措施。

下午 4 点 30 分。凯思琳约见了马塞拉和达西，就凯利和庞姆报告的威胁事件询问她们。马塞拉和达西否认说过那样的话，并且还说，她们知道如果做这样的事就会失去话语权。凯思琳仍然感到心神不宁。

下午 5 点。凯思琳向马利处长汇报了事情的进展。处长告诉她，如果她认为有必要，就应该采取预防措施。

晚上 7 点。听证会按计划由学校学生违纪事件处理委员会召开。六位学生委员组成该委员会，其中两名非裔美国学生、三位白人学生以及一位留学生，他们分别是三位女生和三位男生。一位非裔美国女生退出听证会，因为她与涉案女生关系亲近，需要回避。五位委员仍能满足所需的法定人数。

晚上 9 点 35 分。听证会大约开了 2 个小时，经过短暂的休会商议，马塞拉和达西被裁定违纪。在商议如何对她们进行处理时，委员们打开了装有两位学生违纪记录的信封。由于两位女生是在留校察看期间再次违纪，所以按规定她们应被停学。因此委员们投票决定对两人予以停学处理。他们继续召开听证会，并宣布了处理意见。听证会后，奥格雷蒂副处长叫来了马塞拉和达西，向她们说明了停学相关事宜及申诉程序。处长向这两名女生解释道，由于她们被指控曾就停学处分威胁过他人，所以要求她们在上诉期间从国王宿舍大楼搬到校园另一端的学校旅馆内住宿。晚上，奥格雷蒂派校警护送她们回宿舍拿所需的日用品。副处长还告诉她们，如果她们未得到处长办公室的批准就私自回宿舍，宿舍大楼主任和宿管员将会向校警电话报警。庞姆和凯利也被告知了这一预防措施。

11 月 18 日（周二，听证会后的第二天）上午 7 点。如果你是副处长凯思琳·奥格雷蒂，你刚看到上午出版的城市报。其头版头条刊登着“大学被指控在学生违纪处理中存在种族歧视”的报导。报导援引作者小詹姆斯·史密斯的观点，声称“因为同样的行为，两名黑人女生被开除，而两位白人女生却被处以留校察看”。该文章还报道，今天上午 10 点行政大楼前将举行示威活动。

上午 7 点 10 分。你的电话响起。马利处长电话通知你，校长想在上午 8 点整见你们俩。校长要听你们对事件的简短汇报以及你们的建议。因为你要为此做准备，所以你得思考你该汇报些什么。

暴力与浪漫：一则案例研究

阿伦·安德森
密歇根大学

背景

萨默维尔州立大学（简称 SSU）坐落在圣弗朗西斯科北部乡村地区，是加利福尼亚州立大学体系中的一员。萨默维尔州立大学成立于 60 年代中期，刚开始是一所规模较小的公立文科学院，此后逐渐扩大，以满足人口日益增长的需求。该大学现有 18000 名全日制学生，大部分是传统年龄的学生，其中大约 8000 名学生住在校园内。

人物

保罗·沃思：希拉里宿舍大楼负责人。今年是他在萨默维尔州立大学工作的第 3 个年头。他此前在规模较小的新英格兰学院担任楼管主任一职。其职责是直接向住宿生活管理部副主任汇报工作，与部门领导班子每周见一次面。该领导班子由主任、3 位副主任和 5 名宿舍负责人组成。保罗要在今年完成他的博士学业。住宿生活管理部副主任桑德拉·哈林顿负责督导保罗。桑德拉还是学校人员招聘和培训委员会主席。她在这一岗位上已经工作了 20 年，正考虑利用提前退休计划——俗称“黄金握手计划”，提前退休。桑德拉被认为不再能全神贯注于工作了，她不再把精力放在萨默维尔州立大学宿舍生活项目上。

西奥多·比林斯：宿舍生活管理部副主任，负责督导布伦达和肖恩。他今年刚硕士毕业，不久便受聘于此。他硕士期间的研究方向主要是学生的多样性问题及非白人学生的需求。西奥多在萨默维尔州立大学的工作充满活力和热忱。不过，作为一名新手，他在大家眼里还需要积累实际工作经验。

亚历山大·史密斯：宿舍生活管理部主任，负责学生宿舍管理系统的顺畅运转。她直接向学生处处长汇报工作，兼任学校几个较大的委员会的委员。亚历山大已在萨默维尔州立大学工作了10年，与校园社区保持着良好的关系。然而，由于致力于外联工作，她几乎没时间呆在办公室。

罗伯特·斯迈利：希拉里宿舍大楼二楼住宿生活顾问，高级社会学专业学生，他从事住宿生活顾问工作的目的在于获得“亲身”经历。在工作人员中，罗伯特既是能力较强的员工之一，也是一名有独立工作能力的员工。

布伦达和肖恩：希拉里宿舍大楼负责人助理，他们都在攻读硕士学位。除了参加为期两周的住宿管理培训外，他们俩还接受了两周的额外培训。他们俩都在以前的大学从事过住宿生活顾问的工作。现在布伦达和肖恩分别是萨默维尔州立大学研一和研二的学生。

菲尔：英语专业学生，住在希拉里宿舍大楼二楼。这是菲尔在萨默维尔州立大学的第二学年。他是一名白人学生，来自一个中产阶级离异家庭。自从和母亲住在一起后，他就没跟父亲联系过，但他很感激父亲能为他支付大学学费。菲尔一个人住（他的室友搬出去了），他是个派对狂，而且吸毒，因而臭名昭著。

伊娃：工商管理专业学生，住在维尔基宿舍大楼。这是伊娃在萨默维尔州立大学的第二学年。她是一位韩美混血女生，也是家里的第一代大学生。她的父母在旧金山经营一家小店，想方设法维持生计。她在大学靠奖学金生活，有许多朋友，学习十分勤奋。

事实

1. 菲尔和伊娃去年在101英语学习室相遇后就开始约会。

2. 希拉里宿舍区有1000名住宿生，他们分别居住在两幢高楼。每层楼都有一个常驻顾问。楼栋负责人住在每幢大楼底层。宿舍按性别分楼层安排住宿。两幢大楼由公共休闲区、休息厅和餐厅连接在一起。宿舍负责人住在休息区背后，其办公室在大楼的前端。

3. 萨默维尔州立大学宿舍大楼一直营造、维系着“无成瘾药物环境”。宿舍大楼全天候禁止吸烟、酗酒和吸毒。

案例

你是保罗·沃思。这是你第三年在希拉里宿舍大楼担任负责人。博士学位论文开题在即，于是你现在开始担心学位论文。秋季学期很快过去了，你开始对自己未来的抉择感到压力重重。第四年你是该继续工作，还是该辞职，专心准备学位论文?

1月23日。罗伯特·斯迈利提交了一份与他管辖楼层男生菲尔有关的事故报道。很明显，这起事故牵涉到酗酒。

1月25日下午1点。你在公共餐厅见到罗伯特，把他拉到一边，想和谈谈那份报告。罗伯特表示，他秋季学期从没见过菲尔。但是最近菲尔经常呆在宿舍大楼里。迄今为止，罗伯特没有发现任何与菲尔有关的问题。

1月28日晚上7点。你叫助理布伦达主持有关菲尔的听证会。菲尔迟了10分钟到场，有些上气不接下气。布伦达与菲尔聊了几分钟，问他为什么迟到，然后又把话题转到那起事故上来。一开始，菲尔开始否认酗酒事件，当布伦达在他前后矛盾的陈词中抓住了要害后，菲尔才很不情愿地承认自己喝了几杯啤酒放松一下。菲尔问道：“我和女朋友吵架后，喝了几杯酒发泄一下，这有什么不对吗?”布伦达继续与菲尔交谈，并对他处以留校察看3个月的处分。

1月29日上午10点。在每周例会上，你与布伦达讨论明年人员招聘计划、下次员工例会议的内容、违纪处理工作以及其他一些问题。布伦达对你说，她已将菲尔处以留校察看3个月，即从现在开始一直到本学期末。你赞成这一处罚结果。

2 月 15 日晚上 10 点。罗伯特晚上上完课后回到寝室，听到菲尔房间传来砸东西的声音。罗伯特跑去敲门，却没人应答。无奈之下，他打算叫值班的助理肖恩拿备用钥匙进去看一看。罗伯特和肖恩在楼梯上碰面后，来到菲尔房间外，敲门想进屋。屋里依然没人答应，他们继续敲，还在门外喊道，他们会拿备用钥匙开门进去。这时，菲尔才慢慢打开门。罗伯特和肖恩扫视了一下整个房间，注意到地板上到处是打碎的玻璃、掀翻的椅子，穿戴整齐的伊娃坐在床上哭泣。肖恩问菲尔究竟发生了什么。菲尔试图解释说，只是两人在争吵而已。肖恩分别跟伊娃和菲尔聊了聊。菲尔还是语焉不详地想搪塞过去，并向肖恩保证，以后绝对不会发生类似的事。在与伊娃聊天的过程中，肖恩发现他们俩正在为堕胎的事争执不休。很明显，伊娃怀孕了。伊娃一边哭，一边含糊其辞地说："我不想活了。"肖恩打电话给维尔基宿舍大楼女负责人肯德拉，汇报了这一情况，以让她知道所发生的事，并希望她能帮助处理接下来的情况。然后，肖恩送伊娃回维尔基宿舍大楼。

2 月 16 日下午 3 点。肖恩和罗伯特见到你，向你说明了目前的情况。你决定采取必要的行动。然后，肖恩和罗伯特让你打电话给肯德拉，做进一步的说明。肯德拉同意你的做法，帮助协调双方以求和解。你决定说服伊娃和菲尔去健康中心预约体检。

3 月 19 日凌晨 2 点 15 分。罗伯特的电话把你吵醒，他说："菲尔和伊娃又开始吵架了。你最好赶紧过来。"到了罗伯特的房间，你发现布伦达和罗伯特正在与学校警务人员交谈。你询问事情的来龙去脉。罗伯特回答道："你自己去听一听。"你们三人去菲尔房间，在门外只听到摔东西的劈哩啪啦声、哭喊声和抽泣声。你去敲门，喊话说你想进去。门摇摇晃晃地打开了，房间里弥漫着刺鼻的烟雾。菲尔跑出来，伊娃紧追出来，抱着他的腰哭喊着："你别离开我！你别离开我！"

接下来，你要怎么做？

挑衅性言论

约翰·唐尼
阿伯尼大学

背景

州立大学是一所位于美国东北部的规模很大的公立大学。大学创建于1948年，拥有15000名在校生。该大学住校生多，5000名学生居住在学生宿舍大楼，2500名学生居住在学校附近的公寓。该校以大学生的多样性而自豪，超过25%的学生有少数民族背景，而5%的学生来自其他国家。虽然该校坐落在州乡村地区，但是大多数学生来自大城市。州立大学是一所综合性大学，有60多个专业，保持着很高的学术水准。学生学业能力测试平均分为1180。80%的学生都以全国同类学生前30%的优异成绩毕业。除了学业成绩之外，该校学生活动历史悠久，学生积极参与课外活动。

人物

卡尔·彼得：大三学生，去年曾因酗酒和暴力行为两次被宿管人员做下污点记录。人们怀疑卡尔是其家乡地下仇恨组织的成员。卡尔最近还卷入另一起冲突。对此冲突他宣称："我也是伊斯兰激进恐怖分子恶语中伤的无辜受害者。"卡尔的两个朋友简和塔米称，发生冲突当晚他们俩整晚都和卡尔在一起。卡尔这两个朋友都是大四学生，专业成绩优异，没有违法乱纪的记录。

哈立德·阿布杜拉：来自沙特阿拉伯的大三学生，成绩优良，也没有违法乱纪的前科，最近刚刚当选学生自治会委员。他被指控辱骂卡尔是一个"种族主义乡巴佬"和"光头党"。

乔·杰克逊：牧师宿舍大楼二楼住宿生活顾问。卡尔和卡利德都住在二楼。乔是一名大三的非裔美国学生，这是他当住宿生活顾问的第二年。他现在是学生自治会委员，被州立大学录取，且拿到了全额奖学金。他认为，整个事件都应归咎于哈立德的挑衅性言辞。其言论明显违反了大学关于挑衅性言论的管理规定。

迈尔斯·雷恩教授：音乐系专职教授，参与牧师宿舍大楼的管理已 4 年，在州立大学已任职 20 年。他和妻子住在公寓内。其妻子是法律系教授，兼州立大学法律顾问。雷恩教授是非裔美国人，以对学生负责而闻名。雷恩还以深夜在牧师大楼休息厅举办“人为干扰”音乐会而出名。他鼓励学生自带乐器，参与音乐演出和讨论。该教授曾获得多个教学奖和奖金。他听说了这起发生在他所住宿舍大楼的冲突，也同样担心那些已经过时的言论政策被重新启用。

巴巴拉·加西亚：这是她当住宿生活部主任的第一年。男生们一见她心里就会恐慌。她觉得自己已在州立大学安家。学生处处长对她的行政管理技巧印象深刻，将她招入麾下。她与住宿生活顾问乔·杰克逊见过了面，并表示支持他运用学校挑衅性言论管理规定来记录此事件的决定。

杰里·哈特：在州立大学任学生处处长已 10 年。哈特处长颇受学生欢迎。他富有幽默感，对学生负责任。作为一名白人管理员，他致力于使学校工作团队成员多样化。这一事实已为少数民族学生社团所关注。哈特处长很关心挑衅性言论相关政策的落实，要求与巴巴拉·加西亚见面。

事实

1. 10 月 1 日，卡尔·彼得上午 12 点 30 分回公寓时，碰见哈立德·阿布杜拉。哈立德指责卡尔在他门上涂写种族歧视的文字。门上用黑色标记笔写道：“恐怖分子滚回你自己的国家去。”卡尔回应说：“我承认我有过这种想法，可那不是我写的。”哈立德说，卡尔是一个非常令人厌恶的种族主义歧视者。于是，卡尔和哈立德发生激烈的口角。当乔走近他们时，听到哈立德称卡尔为“种族主义乡巴佬”和“光头党”。这时，卡尔火冒三丈，转向乔说：“我受够了这个废物，你最好叫这家伙马上滚开。”

2. 在与卡尔见面时，卡尔否认在哈立德门上涂鸦，并且对“种族主义乡巴佬”和“光头党”这些绰号十分愤慨。乔在一旁仔细倾听。卡尔声称同一楼层的哈立德和其他学生之所以给自己起这些绰号，是因为自己持有“更保守的观点”。卡尔声称，之所以他和哈立德相处不融洽，不仅是因为他父亲曾在海湾战争中参战，而且还因为“我家人不喜欢激进的伊斯兰恐怖分子”。乔斥责卡尔用这种方式提及哈立德，但是却允许他继续说下去。卡尔说，自两周前，在雷恩博士的一次“人为干扰”音乐会上他们俩发生过最后一次争论以来，卡尔一直在回避哈立德。

3. 乔结束了与卡尔的谈话后，回到寝室查阅了《学生行为手册》。该手册是他曾接受的宿舍培训内容之一。他仔细阅读了关于“挑衅性语言”的部分。手册中明确定义：挑衅性语言指可能挑起暴力反应的任何语言、口头语言或者身体语言。比如贬低性的评论、词语、诽谤、辱骂他人的表达形式。包含但不限于那些针对种族、民族、宗教、性别、性取向、残疾及其他个人特点的，已被看作为贬义的词汇。

4. 乔与哈立德见面时，哈立德已平静下来，并对在宿舍大楼大声争吵表示道歉。他声明说：“我知道卡尔曾在我门上涂鸦，我不想再理这件事。”然后，哈立德提到，在雷恩博士在宿舍大厅举办的一次“人为干扰”音乐会上，卡尔曾发表反对外国人的声明。他讲述时，乔在一旁耐心听着。接着，哈立德说他试图与卡尔交谈，可对方却想动手。乔已听说过其他学生对卡尔的评价，但他与卡尔一直关系友好。因此，乔不想再做进一步的评价。乔对哈立德房门上所发生的事深表同情，并告诉他会汇报此事，受指责请警方调查。不过，乔也得汇报哈立德用挑衅性的言词反击卡尔的事。哈立德感到愤怒的是，房门被他人破坏，自己却要受指责。最后，哈立德对乔说：“我不相信你。所有的人在都保护这个光头党。”

5. 第二天上午，乔与住宿生活部主任巴巴拉见面。乔描述了哈立德房门遭到破坏的情况，解释他是如何联系调查此事的警察的，然后讲述了哈立德和卡尔争吵的情况。乔还解释说，他不同意卡尔的政治立场，但是，“如果我们允许哈立德用挑衅性语言攻击卡尔，那么用什么来阻止别人以这种方式攻击我呢?”巴巴拉同意乔的分析，也同意乔决定记录并汇报卡尔毁坏房门和哈立德使用挑衅性语言这两件事。巴巴拉答应尽快打电话给哈立德商量房门受损事宜的处理办法，并要求牧师宿舍大楼负责人公正处理哈立德的事件。

6. 下午1点，哈特处长与巴巴拉·加西亚见面，他表现得有些失望。原因是，在同意通过违纪事件处理程序处理此事前，巴巴拉并未向他汇报。可巴巴拉表示，以其多年的经验，她认为这并非是一桩有必要向上司请示的事件。哈特处长告诉她，10年就已经停止使用挑衅性言语管理规定了，也就是他到该大学的第1年。因为学校全体人员都反对这条规定。事实上，处长已接到雷恩博士打来的电话。博士对此事表示关注，他认为此规定被“再次用来作为抵制言论自由的工具”。10年前，在雷恩博士的一次“人为干扰”音乐会上就发生过这样的事。两名学生（一名白人学生和另一名黑人学生）进行激烈的言语交锋。其间，黑人学生用种族诽谤言语攻击白人学生，而白人学生也用相同的方式反击黑人学生。所有人都认为，雷恩博士把事处理得很好。虽然因使用挑衅性的言语，两位学生第二天都被带到处长哈特那儿，但是雷恩博士对有人通报此事深感愤怒。他要求撤销指控，废除这条规定。其理由是“这条规定并不适用于高校校园”。哈特处长撤销了起诉，并同意对这条规定做更加严密的解释，但拒绝将其从行为守则中删去。一重温起这一历史遗留问题，巴巴拉也同意这件事要谨慎处理。但是她坚持，应该执行关于挑衅性言语的管理规定，“否则的话，将其列在行为守则中毫无价值”。

7. 雷恩博士约哈特处长第二天早上9点见面。雷恩明确表示，听到这条规定又在校园里执行，他感到失望。他还认为这条规定不应用在此事中，并威胁要去联合全体教师以最终将这条规定从行为守则中删除。

8. 州立大学新闻时报（SUN）编辑打电话到处长办公室，想要一份“昨晚发生的种族事件”的声明。这位女编辑计划用头版报道此事，并一直在采访牧师宿舍大楼的学生。她想在第二天下午5点前拿到这份声明。

案例

你现在是学生处处长杰里·哈特。在接下来的24小时内，你必须准备好与雷恩博士见面，并回应州立大学新闻时报的请求。你开始制定一项对策，以应付这两个重要的大学成员。然后，你还要制定一项计划以解决以下两个问题：你如何处理挑衅性言语管理政策？应该将该项政策放在一个什么样的位置？

中心地带的仇恨：安妮维尔学院的回应

朱利·纳尔逊，佛罗伦斯·哈姆里克
爱荷华州立大学

背景

安妮维尔学院是美国中西部一所规模较小的文科学院。安妮维尔学院前身是始建于1883年的路德神学院。1927年，路德神学院收到一位富裕校友3万美元的捐赠，并按捐款条件重组为四年制私立文科学院。当时，学院董事会欣然接受了这一条件。随着时间的推移，原神学院开始吸引更多不同类型的学生。安妮维尔学院以其艺术、戏剧和创意写作课程而闻名，因在艺术与人文领域提供的优质教育而受到青睐。如今，安妮维尔学院约有5000名本科生。

10年前，一群男同性恋、女同性恋、双性恋和变性（简称

LGBT）本科生活跃在安妮维尔学院。其中一些学生是学院最聪明且深受学生喜欢的学生干部。他们通过举办一系列的教育活动、戏剧表演和政治集会阐释并赞美 LGBT 文化及其生活。这些学生既改变了学校面貌，也改变了所在城镇的面貌。学生们积极的政治和社会行动使得学院许多教师、行政人员和宿舍管理员开始重新评估应该如何满足 LGBT 学生的需求。一些重要人士也纷纷参与其中，许多完善的计划也都落实到位，以支持和表彰 LGBT 学生。由于这个原因，学院成功地将更多 LGBT 学生招收进了校园。一旦这类学生入学，学院就想方设法将他们留住，而不让其流失。

同时，通过推行以上具有实质性的政策，LGBT 学生、教职工的数量明显增加。可这使得许多其他学生和家长间产生了不和谐的气氛，在那些与路德神学院的传统历史休戚相关的人中尤为突出。最初，路德神学院学生对行政人员支持招收 LGBT 学生感到很吃惊；后来，部分学生在校园内组织示威游行抗议 LGBT 学生，特别是在宿舍大楼内。

人物

马德琳·康利：宿舍生活部主任，直接向学生处处长汇报工作。马德琳担任宿舍生活部主任 20 年。在宿舍大楼 LGBT 项目中，她给予了大力支持，并起到十分重要的作用。

科妮莉亚·哈德森：学生处处长，直接向校长办公室汇报工作。

加里·威尔士：大二在读生、男同性恋者。加利住在宿舍大楼，现在是校园 LGBT 联合会干部。

亚瑟·卡斯牧师：校园基督教教士，坚决支持地方学院男同性恋社区活动。卡斯牧师与神职人员有过多次口角。尽管他遭到反对，可仍然积极呼吁支持男同性恋学生。

特里·卡森：发展与校友事务部主任，想让“回到母校”项目顺利进行，同时想在年度发展活动中增加校友的捐助。

艾米莉·安妮维尔：是安妮维尔家族的新一代继承人，她的祖辈于 1927 年赞助成立安尼维尔学院。

保罗拉·安伯林：安妮维尔学院校友，LGBT 积极分子，一直努力争取在校园以及学生宿舍大楼设立 LGBT 项目。

戈登·费尔顿：学院董事。他是一名公开的男同性恋教员，公开支持 LGBT 群体。

霍华德·奇滕登：安妮维尔学院新任院长。10 年前 LGBT 项目启动时，他还没来到该院。

董事会两位成员：莉莲·海德是一个未公开身份的女同性恋者；弥尔顿·亚当牧师：他是路德教主教。他不但坚决反对男同性恋，而且也坚决反对男同性恋者拥有权力。他现任艾米莉·安妮维尔的助理。

巴巴拉·汉利：一位对学院情况感到忧心忡忡的母亲，她威胁要其女儿退学。

案例

加里·威尔士，大二学生，男同性恋者，近日发现自己宿舍楼房门上被喷涂了可恶的墓志铭。破坏者抹黑了他张贴的所有关于同性恋正面信息的宣传画，并在他的门把上拴了一个用过的避孕套。不仅如此，一个声音低沉的男性在加里的电话应答机上留言骂道："去死吧，同性恋!""男同性恋准备好被杀死在路上"等等。第二天，加里回宿舍时发现，门上贴着一张通缉令，悬赏他的人头。加里怀疑这几起事件与宿舍大楼的几个住宿生有关。他是校园 LGBT 联合会成员中公开活动的积极分子。尽管之前他对此类丑恶行径已有所闻，但他从未像现在这样真正觉得生命受到严重威胁。

你是宿舍管理部主任马德琳·康利。今天上午在住宿生活顾问的陪同下，加里带着用过的避孕套、损坏的门、悬赏告示的照片来向你报告此事。受恐吓的加里怒气冲冲，要求立即采取公开措施，查出相关肇事人。你很快表示同意，打电话通知公共安全部门，并向加里保证，要采取一切措施以确保他的安全。

次日，校报《安妮维尔世界》头版刊登了加里的照片和发生在他身上的事。接下来的一周，这一由仇恨引发的事件在校报上引起热议。在许多学生谴责针对加里的暴行时，很明显，校园里也涌起了一片反对 LGBT 人群的海啸。这股反对浪潮来自校报的评论性文章。路德之光，路德派圣经研究学生组织的成员举行集会，反对校园宿舍大楼的 LGBT 项目，并邀请路德教堂负责人就此事件发表讲话。

LGBT 学生积极分子以每日在加里的宿舍楼前集会的方式回应路德之光学生团体的抗议。结果，这一抗议导致了新的言语冲突和人身攻击事件。本周，男同性恋学生在学校和宿舍楼内遭到了人身攻击。校园教士亚瑟·卡斯、生物学教授戈登·费尔顿以及教师委员会成员，正在筹备下周在钟楼举行一场烛光守夜集会，以支持保护男同性恋者的权益。

《安妮维尔世界》上的专栏讨论引起了全州乃至全国范围的广泛关注。由于媒体的关注，所有宿舍生活部 LGBT 项目及其服务得到了正面的强调。但一些保守的或宗教类的杂志则发表煽动性文章，认为安妮维尔学院将成为“男同性恋者的大学”。他们这种无端的恐吓也引起了家长们的反应。一些家长和学生甚至威胁校方，如果不改变其对 LGBT 学生的政策，他们就退学。招生办上周报告，本年入学申请率较去年同期下降了 4%。巴巴拉·汉利的女儿伊丽莎白刚进入大三，她对芝加哥记者谈起学院的的情况。她告诉记者，她已认真考虑为其女儿转学的事，“想找一所大学，好让孩子不与同性恋者一起生活”。

由于安妮维尔学院不是靠收学费来运转的，它是一所由私人赞助的学院，招生数的下降并不会给学院带来任何的生存危机。然而，除了招生人数下降之外，你还从那天员工大会上了解到，艾米莉·安妮维尔是安妮维尔家族的后裔及其继承人，这个家族 1927 年捐款资助创建了安妮维尔学院。艾米莉在董事会上暗示过，要是她的外祖父母看到学院发展到如此地步，他们肯定会感到十分吃惊。“我的外祖父海尔·安妮维尔和外祖母贝蒂·安妮维尔，将其一生奉献给公共服务事业和路德教会，”艾米莉说道，“他们希望安妮维尔学院能在财政上独立，可却从未希望学院以这样的方式脱离教会教学。针对近期一连串的事件，我可能需要重新考虑对学院的捐助计划。”

尽管你已经从员工处听到这一消息，可学校发展及校友事务部主任特里·卡森还是给你发了电子邮件。会后，你看到邮件。邮件上写道：“马德琳，请你读一读今天的晨报。报上有艾米莉答记者的话。如你所知，我一向支持你建立宿舍生活计划，我对同性恋也不抱任何偏见。可如今我们该怎么办？我的市场拓展运动正运行到一半，如果艾米莉·安妮维尔果真像她暗示的那样取消对学院的财政资助，那么，其他主要的校友赞助人也很可能效仿。我希望你重新考虑在宿舍大楼继续实施现有的 LGBT 项目。”

特里的电子邮件还告诉你，她收到了无数个电话、传真和电子邮件，它们多半反对在宿舍大楼以及学校其他场所实施 LGBT 项目。许多校友威胁道，如果学校不取消此项目，他们就将撤销原计划的财政捐助。考虑到“市场拓展运动”，尤其是即将要举行的“回到母校”活动，特里对以上事件特别担心，害怕他们与自己负责的活动冲突。

那天晚上，卡斯牧师和戈登·费尔顿发起烛光集会，支持同性恋者为自己的权利做出努力。活动当天，在从钟楼到加里·威尔士的宿舍大楼的途中，一名女同性恋学生被一名反同性恋学生扔出的石头击中了头部，昏了过去。近日，路德之光组织发表的恶意演讲引发了骚动，其矛头直指烛光集会的游行者。所幸的是，这名女同性恋学生并无大碍。但是，第二天上午，新闻报纸和全国媒体都在头版头条大肆报道此事。你刚看完报纸，正准备看公共安全部门的事故报告，突然有人敲门。“请进！”你说道。

弥尔顿·亚当牧师走了进来。他恳请你取消宿舍大楼里的那些鼓励同性恋的制度。他似乎很激动，他提醒你，安妮维尔学院前身是路德教会学校。接着，亚当牧师念了《圣经》中关于同性恋的几段内容。他觉得，宿舍大楼的制度应该反映教会崇高的道德标准。这时，亚当牧师似乎有些心烦意躁。而你却提醒他说，一个男同性恋学生的生命受到了威胁，一名女同性恋学生被石头击中了脑袋。你提到，LGBT 教育项目有助于为学院同性恋男女生营造一个良好的环境。因此计划很有必要。“那么，你怎么解释最近发生的事呢?”他反驳道：“在我看来，那些讲原则的青年学生不得不诉诸暴力，以清除宿舍大楼内的恶劣事件和罪恶行为。”谈话中，电话响了。你接电话时，亚当牧师起身说：“取消此计划之前，我决不轻易放弃。”牧师说完后，离开了你的办公室。

电话铃又响了。“马德琳，我是保罗拉·安伯林，你最近怎么样?”在互相寒暄之后，保罗拉（10 年前，你与保罗拉一起制定同性恋友好制度，并在住宿大楼实施）问起实质性问题：“鉴于这一危机，我们如何保护近几年我们招收的同性恋学生？遇到困难就将他们遗弃给那些充满敌意的人群的话，那将是非常不道德的。因为在吸引 LGBT 学生到安妮维尔学院就读时，我们可是明确承诺了，他们将以他们实际的身份而被校园所接受。如果我们不能保护这些我们努力建立的政策，那些学生在学院肯定将无立足之地。这一制度没有得到明确的保障之前，我拒绝为安妮维尔学院的市场拓展运动捐款。”

保罗拉告诉你，她和其他 LGBT 校友为此已做出反击。她们计划举行一场精心策划的抗议活动来破坏校友活动。她还暗示，在这次危机中，董事会成员莉莲·海德如不公开支持 LGBT 群体，那么，男女同性恋（简称 GALA）校友联合会可能会选择公开她女同性恋者的身份。你劝说保罗拉就公开莉莲女同性恋身份的事再慎重考虑一下，事实上莉莲已在幕后对同性恋问题给予了巨大的支持。但是，在这件事上，保罗拉无法做出任何承诺。

第二天，安妮维尔学院院长霍华德·奇滕打电话叫你去他办公室，向你表达了他对同性恋的看法，他认为同性恋并不受人欢迎。10 年前 LGBT 计划启动时，霍华德·奇滕登尚未到任。他并不完全认同那些 LGBT 项目的历史性发展和必要性。他也不支持那些项目，但并未要求立即停止现有的项目。奇滕院长提醒你，现在安妮维尔学院正忙于年度市场拓展，希望藉此募集到 1000 万美元，以便学院开展工作。此外，在与亚当主教长谈话后，院长开始感到，LGBT 联盟以学生组织的形式出现与学院的使命背道而驰。院长提醒你，毕竟学院的使命是至高无上的。

你担任宿舍生活部主任已 20 年。你很清楚，宿舍大楼的 LGBT 计划不仅在 LGBT 学生生活中产生了巨大的影响，而且也在非 LGBT 学生的积极成长、发展和教育中产生了巨大的积极影响，目前的危机不会长久。就在去年，两名同性恋女生和五名同性恋男生告诉你，要是没有宿舍大楼的教育项目，他们早就辍学了。你也知道，一名学生在联谊会找到了朋友。在与富有同情心的宿舍指导老师交谈前，这名学生曾经试图自杀。此外，很多心直口快的学生提到过自己在住宿大楼获得的积极正面的体验——对同性恋问题的认识以及与同性恋男女生交朋友。这些项目对一位其母亲刚刚公布自己同性恋身份的学生特别有益。这位学生写了一篇获奖论文，论文讲述她母亲如何公开了自己的同性恋身份，以及 LGBT 项目如何帮助了该生在此过程中支持其母亲。你很明确地知道，从你刚任宿舍生活部主任的 70 年代起，宿舍氛围无论是对 LGBT 学生还是非 LGBT 学生来说都已经有了明显的改善。

在这种情况下，你会怎么办？

第七章　学生活动案例

学生活动在某些方面是学生事务中比较棘手的问题。因为这些问题都是属于学生自己的领域。然而，学生对自己如何明智地履行自己的义务却总是知之甚少，显得经验不足。无论如何，管理者和指导老师们在允许学生自主决策的同时，必须找到一种方法指导和教育学生。本章提出一些可能出现的问题，并尝试加以解决。

吉利安·金西和帕特里夏·穆勒的《找回平安的夜晚：评估女生面临的校园氛围》概述了男女学生团体之间以及其内部关于校园暴力问题的争论。在《禁止欺辱：听起来似乎很简单》中，凯瑟琳·麦克休·恩斯特龙和苏西·纳尔逊描述了不止牵涉男生的欺辱事件。在克里斯托弗·布朗和史蒂文·托马斯的《塔拉的早餐》中，学校管理员发现，某个校园团体尊重传统的努力中含有种族歧视的弦外之音。在瓜达卢普·阿那亚和莉莲·卡西拉斯的《晚餐的玉米饼：种族骚扰的借口》中，学生组织间的资助矛盾引发了种族冲突。在罗伯特·得巴德的《谁先谁后？学生事务中的管理方案》中，由于预算削减的原因，一名年轻的专业人员要面对少花钱多办事的现实困难。佛罗伦斯·汉姆里克和休斯敦·多尔蒂的《学生会中的冲突：谁在正确行使权利?》，描述了大学校园的访问学者与大学学术价值观之间的失调所导致的问题。卡西·麦克休·恩斯特龙和迈克尔·埃尔莫的《颇具争议的演出：除了票房还会带来什么?》，提出学生努力想扩大活动影响的同时也会带来大问题。

本章中的案例阐述了当学生在管理某些资源的“权利”变得更加成熟时，负责学生活动指导的专业人士们所面临的一系列问题。我们希望，本章中的案例不仅有助于提高你们对类似校园问题的反应能力，而且有助于提高你们的管理能力。

找回平安的夜晚：评估女生面临的校园氛围

吉利安·金西，帕特里夏·穆勒
印第安纳大学布鲁明顿分校

背景

阿灵顿大学是一所中等规模的、以白人学生为主的公立大学，座落于美国东北部的一个传统的大学城，拥有约15000名在校本科生。该大学主要是一所住宿制大学，10000名学生居住在校园里，约30%的学生活跃于男生联谊会和女生联谊会。

阿灵顿大学铺满常春藤的建筑以及精心修葺的庭院被大学城的各种公共设施环绕着。它们显现出一幅田园般的大学社区景象。确实，对未来的大学生及其家长来说，阿灵顿大学的部分魅力就在于校园能给人舒适感和安全感。偶尔发生的自行车或无人看管的背包失窃案件是最常见的治安事件。然而，自从学校暴力统计报告公开以来，一些学生及家长惊讶地得知，去年校园有过11起强奸案报案记录。

为努力培养女生的安全意识，女生联谊会多次举办旨在加强公众安全意识的活动。每年在阿灵顿举行的一项活动是全国著名的“找回平安的夜晚”游行，其目的是反对强奸以及针对女生的暴力活动。

人物

莫莉·泰特和索尼亚·詹金斯：大三学生，“找回平安的夜晚”

活动的协调人。她们自大一起就一直活跃于阿灵顿大学女生联谊会。

帕姆·唐兰：毕业班学生、女生联谊会主席。

雷特斯·布朗：黑人学生会主席。

里克·鲍德温：男生联谊会会员。

克莱尔·瓦斯：化学系助理教授。

罗宾·詹：学生处处长。

琼·韦恩赖特：女生联谊会指导教师。

克劳德·佩恩：学校警署主管。

案例

九月底一个温和的夜晚，300多名女生为了一年一度的“找回平安的夜晚”游行聚集在林肯广场。大部分学生都是从附近的帕拉特宿舍楼出发，那儿是“找回平安的夜晚”畅谈会举办场所。畅谈会给了女生们公开讲述她们遭到强奸、性骚扰、性侵害等经历的机会。会上女生们讲述的所遭遇的约会强奸、性骚扰的次数十分惊人。当学生们集合准备“找回平安的夜晚”游行时，还四处分发了印有抗议歌和游行详细路线的宣传单以及蜡烛。当每根蜡烛都被点燃后，一片漆黑的广场渐渐变得明亮。女生联谊会主席帕姆对着人群演讲，强调游行的重要意义在于以此活动为象征，为女生找回平安的夜晚，提高女生的权利。活动负责人莫莉将校园女生安全问题的全国统计数字告诉了大家。然后，她带领大家练习了几首歌。在第二轮的“2-4-6-8，消灭暴力！消灭强奸！”口号喊响时，游行者的口号声回荡在附近建筑的上空。

游行者行进到第一站——今年8月份一名大一女生在校园遇袭的地点。她们案发地点围成一圈，然后由一位女生大声朗读警方的报告。这份报告描述了事件的经过以及罪犯行凶的细节。朗读者带领大家高呼口号：“女生们团结起来，找回平安的夜晚。”当队伍行进到第二站，男生联谊会宿舍，上个春季学期在这里有一名女生曾被一个熟人强奸，这时，游行队伍遭到从附近宿舍大楼窗户扔出的燃烧瓶的袭击，还传出下流的谩骂声。游行者们被告知不要理睬那些突发事件，并高呼口号以免分散注意力。然而，当燃烧瓶炸开时，一些游行女生四处散开。游行队伍在男生联谊会宿舍前停住，一名女生勇敢地站在石柱顶上。该女生首先宣读了一份统计报告，报告指出约四分之一的女大学生都有可能成为约会强奸的受害者。最后她朗诵了一首赋予女生安全权利的诗歌。队伍继续沿着校园前进，路过了至少两处曾经有人企图侵害女生的地点，还经过了许多由于灯光微弱而女生遇险的地方。这些地方不但充当了忧伤的提醒者，提醒人们曾有女生在此险些受害，而且也证明了侵害未遂的案件中所反映出的女生的反击能力。

你是学生活动中心主任。周一，也就是游行后的第一天，莫莉走进你办公室。她激动地告诉你游行成功举行了。可是，当她上午在校园售货亭中和在政治学大楼前公告板上发现一些传单时，她的那股热情就被浇灭了。传单上写着："阿灵顿大学的男生们，谁真正该得到平安的夜晚？把平安的夜晚留给你们自己吧。把那些游行的女权主义者赶回去！我们也游行集会去吧——大家周二晚上8点在贝尔大楼集中。"她原本就对游行当晚那些下流话和燃烧瓶愤怒不已，这张传单无异于火上浇油。莫莉想知道，校方对那些扔燃烧瓶的宿舍大楼会采取什么措施。她还想知道，在学校有规定禁止性别歧视、性骚扰和仇视言论的情况下，校方将如何回应周二男生的集会。莫莉希望当天晚些时候回来确认校方对这件事所持的态度。

与此同时，克劳德·佩恩正在仔细阅读一名校警关于有人从宿舍大楼向游行队伍扔燃烧瓶事件的报告。报告中没有指出任何人为此事负责。看完报告后，佩恩将其放在标签为"转交"的资料盒内，以便将此事转达给宿舍管理部门。

当索尼娅走出自己的宿舍大楼时，被一名宿管助理拦住了。宿管助理向她出示了一份警方散发的8月份针对新生的性侵案犯罪嫌疑人的素描头像传单。但该传单已被毁损，上面写着"泼妇，放弃吧！”以及“我们的英雄”“这没什么大不了的”。这位宿管助理说：“也许是一些男生对昨晚的游行感到害怕了吧。”

周一下午，一名女生联谊会会员将一份200多人签名的请愿书递交学生处处长，要求增加校园路灯及公共安保设施。詹处长把请愿书放入办公桌角的一大堆文件中。

午饭后，帕姆和莫莉在《阿灵顿大学新闻日报》上看到了有关游行的报道。他们认为，记者真实地报道了游行活动。但同时又感觉，文章对袭击游行者的描述过于轻描淡写。在去上下一节课的路上，帕姆看到里克·鲍德温，她感谢里克要求男生联谊会成员不参加周二的游行的举措。接着，她补充道：“我赞赏我们游行当晚你们男生联谊会在门廊点亮蜡烛的行为。这说明你们对我们的支持。我只希望，有更多男生联谊会在教育其成员时能摆出如此积极的姿态。”

克莱尔·瓦斯在去办公室的路上注意到，传单上宣称男生要在贝尔大楼集会。作为化学系25名教师中仅有的3名女教员之一，她在阿灵顿大学工作期间强烈地意识到性别问题。她相信，校园里有些地方夜间对女性来说很不安全。她也知道，她们班一些女生担心晚上8点半下课后步行回家是否安全。比起她上午的课来，很少有女生选晚上的课。所以克莱尔相信，之所以女生避免选该时段的课，是因为她们担心安全问题。克莱尔也知道自己晚上在实验室的工作时间仅限于大楼内有人时。她决定和系主任谈一谈，对强奸和袭击的恐惧将限制女生接受教育的机会。

考虑到传单上说的周二晚集会，莫莉联系了女生联谊会的指导教师琼·韦恩赖特，以讨论如何做出反应。

韦恩赖特教授仍对新生欢迎周上发生的一起事件生气。当时，一个寻宝游戏要求学生收集具有种族歧视和性骚扰嫌疑的物品。如寻找“一张胖少妇坐在马桶上的照片”“女孩乳头涂有花生酱的图片”等等。她给学生处处长打电话，讨论她最近见到的一系列虐待女生的事件。韦恩赖特教授还和詹处长讨论了另一起发生在一个成绩优秀的女学生身上的侵害案。这名女学生最近被停发一项学校奖学金，因为她上学期成绩急速下滑。以男性为主的学术委员会虽然意识到那名女生在该学期遭到了强奸，但仍然觉得她应该能处理好此事，并保持其良好的学业状态。

詹处长给你打了电话，讨论他接到韦恩赖特教授电话的内容。最近发生的寻宝游戏事件在全国范围内给阿灵顿大学带来了很多负面影响。詹处长想避免事态进一步恶化，因为这些对学校的影响不好。处长要你准备一份报告，详述目前女生所面临的校园环境，而且这份报告可能含有公关的意图。报告将在下周校董事会上被用来消除董事们的忧虑。挂上电话前，詹处长要你保证，他所听到的“男生集会”不要破坏当晚为潜在生源举行的校园开放日活动，否则“阿灵顿大学会给那些女孩留下不良的印象”。

你和詹处长通电话时，电脑提示你，你已收到黑人学生会主席雷特斯·布朗发来的一封电子邮件。结束与处长的电话交谈后，你查看了邮件。邮件中写道：

> 昨晚走在校园时，我听到有女生在唱“女生们联合起来，找回平安的夜晚”。问了旁人，我才知道是“找回平安的夜晚”游行队伍在唱歌。让我感到不安的是，黑人学生会并没有参与这次活动，所以这次活动其实是“为白人女生找回平安的夜晚”。
>
> 作为校园里的黑人女生，我们的人数可能不多，但是我们的问题仍然应该提出来。女生的问题不仅仅是白人女生的问题。

莫莉、索尼娅和帕姆周一晚些时候来再次到你办公室。莫莉问学校会采取什么行动来处理扔燃烧瓶的事？如何应对周二的集会？莫莉敦促校方迅速采取慎重的措施。然而，帕姆打断莫莉的话，她相信还有比男生集会和燃烧瓶袭击更危险的情况。帕姆主张把注意力放在更大的问题上，而不只是关注这两件小事。帕姆认为，这两件小事只是校园需要重视的性别问题的冰山一角。事实上，帕姆觉得，对男生游行这件事，采取措施只不过是火上浇油而已，没有必要。莫莉和索尼娅强烈反对这一观点。这三位女生发表完自己的观点后，等着你的回复。

禁止欺辱：听起来似乎很简单

凯瑟琳·麦克休·恩斯特龙　雪城大学
苏西·纳尔逊　康奈尔大学

背景

托马斯大学是美国东北部一所综合性的研究型大学。该大学座落在一个临近几大城市的郊区，拥有 8 个学院和 2 万名学生，以招收有色人种学生入学为荣。其 12%的学生为非裔美国学生，8%为拉美裔或西班牙裔学生，2%为美国土著学生。过去 5 年，拉美或西班牙裔学生人数持续增长。3 年前，两个新的拉美裔学生联谊会组织成立，并得到校方的承认。这两个组织只是地方性学生联谊会组织，而非国家性组织。

人物

特里·斯莫尔：学生联谊会指导中心主任，从事学生事务长达 20 年。她和学生、学生联谊会指导教师、公寓公司员工、校董事会学生事务委员会中的董事们都长期保持着良好的关系。长期以来，她十分了解非裔美国学生和拉美裔学生联谊会在文化和实际方面的需求。她已和这些组织成员建立起了十分牢固的信任关系。她和校董事会学生事务委员会成员都关心学生的某些想法。学生们认为尽管学校相关规定明令禁止这样的行为，欺辱行为在不为人所知的地方发生，并且仍在学生联谊会中蔓延。特里逐渐认识到宣誓仪式在男生、女生联谊会中的文化历史意义，以及欺辱在这一过程中所起的作用。去年春天，两个历史悠久的以非裔美国学生为主的女生联谊会和一个白人男生联谊会因为凌辱行为被解散。在关于学生联谊会的论坛上，特里已经几次公开表态：欺辱行为无法容忍。

克里斯·麦尔斯：研一学生，非裔美国人，专业是大学生学生事务管理。读研究生期间，他是金鲍尔汉宿舍楼指导老师的助理。在很短的时间内，他便以多种有效的方式对托马斯大学社区做出了贡献。在他的主动促成下，他和一群来自不同宿舍大楼的本科生举办了题为“我有一个梦想”的活动周，包括各种活动和讨论会。今年春天，他凭借现有的实习经验，成立了一个非裔美国学生代表大会，其成员为精挑细选的 30 名非裔美国学生，并制定了一项旨在强化领导力的项目。

为了秋季学期的实习，他将和学生组织一起发起、计划和实施拉美传统文化月。克里斯还给担任宿舍指导老师助理的两个非裔美国人和两个拉美裔美国人提供了非正式的支持和建议。这四人是他在宿舍指导老师助理培训中认识的。最后，克里斯对其同辈和研究生同学说道：他听学生说过太多有关欺辱的事，这让他感到惊讶。特别是发生在历史悠久的非裔美国学生和拉美裔学生联谊会中的欺辱行为。他相信在他的本科学校中欺辱行为是绝对不能容忍的，但他发现在这所学校的学生竟然公开地违背禁令。

罗伯特·贝兹：来自纽约的波多黎各裔美国人，大二学生。今年春天，他向拉美裔学生联谊会组织之一的西阿尔帕男生联谊会提出入会申请。克里斯一直追问罗伯特是否会受到欺凌，而罗伯特始终否认受过欺凌。

埃里克·古铁雷斯：一名来自于迈阿密的大二学生，古巴裔美国人，其专业为新闻传播。埃里克在金鲍尔汉宿舍大楼担任宿舍指导教师助理的工作。他把克里斯·麦尔斯当作自己的导师。埃里克虽然和拉美学生团体和西班牙裔学生社团关系很好，但他对参加西阿尔帕组织或其他学生组织毫无兴趣。他对托马斯大学和本地校园里发生的欺辱行为十分清楚。但他不希望学校对拉美学生联谊会这一历史悠久的传统采取任何措施。

路易斯·费尔南德斯：多元文化事务部主任。他在校园里深受学生、管理员和教师的尊重和爱戴。学生信任路易斯，认为他能深入学生，为他们排忧解难。他认为学生是能够承担责任的，并希望他们能为学校社区和社会做出更广泛的贡献。作为领导，他负责开发并制定能涵盖且适合不同种族、不同民族和不同背景的学生的课程和学校政策。他支持去年春天解散非裔美国女生联谊会的决定，因为这些组织有欺辱违规行为。今年春天，他是克里斯·麦尔斯的实习指导教师。

辛西娅·约翰逊：研二学生，非裔美国人，在学生联谊会指导中心工作。其主要职责是协调校园 8 个非裔美国学生联谊会及拉美裔学生联谊会。跟克里斯一样，她也主修高校学生事务管理专业。辛西娅向特里汇报过：她发现，学生间相互保护的忠诚度在拉美裔学生联谊会中比在非裔美国学生联谊会和白人学生联谊会中要高得多。

乔斯·马丁内斯：拉美裔美国人，校董会董事，兼校董会学生事务委员会委员。该委员会为学生事务部提供指导和咨询。同时，他还担任校园第一个拉美裔男生联谊会的指导教师，该联谊会刚获批准，其名称为西阿帕。

案例

3 月 4 日。埃里克·古铁雷斯路过克里斯·麦尔斯的公寓，告诉克里斯，他穿过北校园时，看到 20 多位头戴面具的男生被肩靠肩地绑成一排站在那里。他正好随身带有拍立得相机，所以就照了几张。他给克里斯看了这些照片。克里斯认出他的辅导对象罗伯特站在这排男生外观看。克里斯估计，这是来自另一个校区的学生在此宣誓。他知道，学生联谊会的新入会者会被要求在大学校园的众多公开场合亮相，并受到那些宣誓仪式组织者的欺辱。这种情况在学生联谊会中十分常见。

克里斯问埃里克，他是否能保留这些照片。尽管埃里克不太情愿，可是他还是同意让克里斯复印了这些照片，并交代克里斯不要告诉别人是谁拍的。埃里克说，如果拉美学生联谊会发现他“出卖”自己同伙的话，他就不得不要担心自己的安全了。

3月5日。克里斯给辛西娅看了这些照片。克里斯坚持认为，只要调查结果一出来，这个团体就会马上解散。辛西娅问克里斯能否保留这些照片。克里斯说：“可以。”辛西娅解释说，她会跟她的督导特里谈谈此事，他们会马上给团体负责人打电话。辛西娅请克里斯转告那位拍照片的人，能不能直接跟她或特里谈一谈。克里斯说，他会转告拍照片的人，但是他估计会谈不太可能。

3月5日下午。辛西娅将有关情况和照片的事告诉特里。特里边看照片边抱怨。特里对辛西娅说，她认出照片中的乔斯·马丁内斯。特里给学生事务部副主任玛莎·哈洛克打了个电话，向她通报这件事的进展。特里要辛西娅把此事牵涉乔斯·马丁内斯的情况保密（尽管特里打算把此事告诉其上司玛莎）。

辛西娅打电话告诉西阿帕组织的负责人，通知她和特里第二天和他谈一谈。辛西娅通过电话告诉他，她们手头有欺凌行为的照片。该组织负责人问辛西娅是谁给她那些照片的。辛西娅回答说，照片的来源无关紧要，而要紧的是照片所呈现的内容。

3月6日。特里和辛西娅收到克里斯发来的邮件，邮件中克里斯既愤怒又惊慌。他在邮件中写道：“我已经受够了。西阿帕组织已经失控，你们必须马上阻止其活动。昨晚，至少10位拉美裔男生在我门外大喊“你小心点”。他们要报复我，因为我把照片上交了。他们怎么知道我上交照片呢？是不是你说的？我让他们马上离开，因为他们不住在这幢大楼，无权站在我这里。我们吵了几句，10分钟后他们离开了。可更糟糕的是，我的辅导对象罗伯特·贝兹昨晚跑来找我。罗伯特很害怕，因为他刚加入西阿帕组织，而这些人昨晚也找过他。他们逼问罗伯特，究竟是我还是他拍了上周他们活动的照片。罗伯特否认自己拍过照片，他也不知道我参与此事。他们知道，罗伯特是我的朋友，而且许多低年级拉美裔男生也是我的朋友。所以，他们让罗伯特来找我，弄清楚我都知道什么。

罗伯特非常害怕他们报复，想尽快撇清与宣誓事件的关系。我告诉罗伯特，是我把照片交出去的。但我没有说出是谁给我的。我还告诉他，西阿帕组织成员找过我。这让罗伯特大为惊恐。很明显，这件事威胁到我和罗伯特的人身安全。你能不能尽快告诉我校方会采取什么措施。你要是能及时关注到事态的严重性，我将深表感谢。克里斯·麦尔斯。”

特里要辛西娅劝告克里斯，她们理解克里斯的担心和忧虑。特里宁愿暂时将克里斯的请求缓一缓。因为她已尽力建立与拉美裔学生联谊会间的相互信任，也许克里斯的反应会毁掉特里所做的一切。特里要辛西娅告诉克里斯，让他把昨晚的事记在住宿生活事件报告中。因为如果没有这份报告，学生联谊会指导中心就无法采取行动满足他的要求。特里给住宿生活部主任打了个电话。主任说，关于此事她没听到什么消息。但她向特里保证，她会密切关注此事，以查明当时学生是否遵守了学校的规章制度。特里想听一听上司会如何处理照片中出现的那位校董。她很有信心，处理这个问题时上司一定会征求她的意见。

3 月 6 日。辛西娅和特里约见了西阿帕组织的两位学生领导。两位女士指出，她们收到一份非正式报告，报告上写道，克里斯昨晚受到了威胁。两位学生领导并不否认欺辱行为和找过克里斯这两件事。可他们强调，他们的指导老师很清楚欺辱行为，这种行为在托马斯大学 300 英里范围内都发生过。另外，他们觉得，克里斯应该受到惩罚，因为他的评论带有种族主义色彩。他们还觉得，克里斯作为大学雇员、宿舍生活指导老师助理，应该为此失去工作。因为他昨晚对学生讲了些不合时宜的话。辛西娅和特里要他们解释清楚。他们解释说，克里斯对他们大发脾气，还嚷嚷道：“滚开。不管怎样，我一点都不关心你们男生联谊会。你们并不像非裔美国学生组织那样得到人们的一致认可。我对你们组织的事不感兴趣。”

其间，克里斯悄悄把前几天发生的事告诉了他的实习指导老师路易斯·费尔曼德斯。实际上，路易斯早就听说过这些事，包括克里斯对拉美裔学生联谊会缺乏关心的议论。路易斯认为，那个组织之所以把克里斯当作种族主义者，是因为他只关心非裔美国学生组织。克里斯对人们误解他的话感到非常惊讶。克里斯的意思是，他除了了解自己所在的学生组织外，对其他学生联谊会组织知之甚少。尽管路易斯不同意学生们的看法，并告诉他们克里斯有多支持拉美裔学生，但他们还是不接受他的看法。路易斯同样认为，埃里克不该背叛他的同胞而把照片交给克里斯。这个团体已尽力在校园和当地树立自己的形象。而对此次活动的报告很可能会导致该组织解散。路易斯同时指出，在拉美和西班牙传统文化月活动期间，克里斯应该考虑自己是否有能力指导学生，因为他已失去该团体中的大多数学生领导的信任。

克里斯十分震惊地离开了路易斯的办公室。克里斯的指导老师怎能容忍欺辱行为呢？“欺辱行为不可容忍!”克里斯自言自语道，“我现在终于明白了为什么我的一些白人同事会被人误解为种族主义者。”“我，一个种族主义者?”克里斯疑惑不解，深感痛苦。此时此刻，克里斯因不被理解而伤心，不知道下一步该怎么做。于是，克里斯回到自己房间写事件报告，以便管理者能采取行动。这样一来，将更加损害他和拉美裔学生联谊会组织的关系。克里斯打电话告诉辛西娅，他跟自己的实习指导老师的谈话。辛西娅回答说，她对那位老师的反应并不感到奇怪。路易斯的意见和她的意见相一致：在该校园的拉美文化中，彼此绝对忠诚已根深蒂固。克里斯告诉辛西娅，他并不介意辛西娅将此事私下告诉特里。因为如果辛西娅能得到多元文化事务部主任的支持，对这一组织采取严厉行动的话，那么她处理此事也不至于盲目片面。

特里特别关注如何避免自己和拉美裔学生联谊会的关系变得紧张。毕竟，为了赢得该联谊会的信任，她已付出了多年的努力。特里对辛西娅解释道，现在该和克里斯讨论一下他该如何换一种视角来看待目前的情形以及如何处理这群学生了。当然，特里需要随时关注拉美裔学生联谊会的情况。她一边给克里斯打电话，一边对辛西娅喃喃自语道："我能断定本周一过，我就成孤家寡人了！"。

塔拉的早餐

克里斯托弗·布朗，史蒂文·托马斯
伊利诺斯州大学厄巴纳伊分校

背景

史密斯·达勒姆学院位于马萨诸塞州波士顿市的北部，是一所规模较小的学院。学院拥有 6500 名学生，其中少数民族学生比例近年来已有所增加。过去 10 年，史密斯·达勒姆学院录取的学生多为非白人学生。该学院还是马萨诸塞州梅尔维尔市的一所重点院校，雇用了许多社区人员。

联邦主义者协会是史密斯·达勒姆学院中最活跃的以社区为导向的学生组织，大约有 110 名成员，他们都十分活跃。

人物

马丁·惠特克处长：已在史密斯·达勒姆学院任学生处处长 12 年，过去 4 年兼任学生联邦主义者协会指导老师。他因以学生为中心且大力支持学生组织而知名。

黛布拉·托马斯博士：史密斯·达勒姆学院刚招聘的学生事务工作处副处长，来学院工作仅 1 个月。她十分明确地告诉学院社区和城镇社区，她会不遗余力地支持数量不断增加的学生，也支持与校园人口相当的周边社区。

联邦主义者协会：126 年前由一群活跃的年轻学生创建。当时，这群学生想营造一种能鼓励和支持其登上讲台表达其对政治的关心和见解的氛围。现在，联邦主义者协会仍然像他们的创始人那样，继续坚持共同的原则和价值观。

劳伦·布莱特雷：联邦主义者协会副主席，校女生联谊会会员。她以在其陈辞冗长的决策与顽固思想而出名。

帕默·艾略特：联邦主义者协会主席。他任主席已2年。今年是他在学院的最后1年，也是任主席的最后1年。在任期内，帕默·艾略特组织过多次集会，通过联邦主义者协会这一组织，他主张并赞助一些有争议的项目。这些项目使得他经常上校报的头版头条。

查德·马修斯：联邦主义者协会项目活动部部长，大三学生。负责联邦主义者协会赞助的所有项目，其职责是保证所有的项目都能遵循学校的方针政策。

事实

1. 3年前，因在2月份的黑人历史文化月活动中赞助一个模拟奴隶拍卖项目，联邦主义者协会受到警告。许多学生组织为此十分愤怒，直接找到学生处处长，准备展开行动。

2. 8年前，联邦主义者协会赞助过一次基金筹措活动，邀请吉斯哈博士和库纳博士发表题为“记住那些好学校”的政策性演讲，此演讲的主题是20世纪60年代前的美国教育。

3. 所有广告传单、海报、印刷品等，都必须经过学校公共信息办公室的批准才能贴出。这些广告一经批准，上面都会盖有“同意张贴”的印章。

4. 新上任的学生事务处副处长向学生组织收取了费用以用于提供更多的文化教育项目。钱已上交给学生处处长，以便其支配使用。

5. 所有的学生组织，只有在其章程得到学生组织注册办公室（RSO）批准后，方能视为正式团体。

案例

2月12日（周一）。联邦主义者协会已经决定发起一次基金筹款活动，以支持2月份的希望之家计划（通常为黑人服务）。希望之家计划是一个以波士顿为基地的项目，主要培养无家可归者和穷人为本地家庭提供看守或者家政服务（如看门、帮佣、照顾小孩等）的能力。在项目活动部主任查德·马修斯的领导和安排下，项目组已决定在本月最后一个周六举办一次筹款早餐。早餐上除有食物外，还有专题演讲。

2月21日（周三）。各项计划都在进行中，本周六题为“塔拉的早餐”的基金筹措活动进入最后的准备阶段。基金筹措的名称和主题已由联邦主义者协会的一些成员选定。

塔拉的早餐将成为史密斯·达勒姆学院一次令人难以忘怀的早餐。以下是联邦主义者协会对本周六基金筹措早餐会的憧憬：

“塔拉的早餐”这一名称用以配合该活动的种植园主题。早餐会上，联邦主义者协会成员将身穿种植园仆人风格的衣服，涂黑脸孔来提供南方风味的早餐。他们制作了一张经过批准的传单，并且复印了多份以号召周边大学的学生参与。传单上写着：“2月24日（周六），联邦主义者协会将在学生会舞厅举办‘塔拉的早餐’活动。活动预计从上午8点持续到上午10点，同时将邀请唐纳德·派克做主题演讲。唐纳德曾是国会议员候选人和白人至上主义者。早餐食物包括饭、熏肉、浓汤、火腿烤面包、蛋类、糕点、水果、咖啡、果汁、茶等。猪肉肠和蔬菜只在晚宴上才有。塔拉的早餐费用是每人12美元或每两人20美元。”

2月24日（周六）。学生会舞厅挤满了参与者。联邦主义者协会的成员们身穿各色各样种植园仆人风格的衣物招待客人。

2月26日（周一）上午9点。学生办公室主任的电话不断响起。愤怒的黑人学生联谊会、拉美学生联合会和其他学生组织不停地打来电话向主任投诉。他们十分憎恶早餐活动，这极大地冒犯了他们。

学生事务工作处副处长甚至接到社区领导及其他学生的电话，要求副处长对联邦主义者协会采取行动。

黛布拉·托马斯博士与学生处处长马丁·惠特克召开了一次会

议，以便采取行动。

作为惠特克处长，你会采取什么行动？

晚餐的玉米饼：种族骚扰的借口

瓜达卢普·阿那亚，莉莲·卡西拉斯
印第安纳大学

背景

该州立大学是一所中等规模的公立大学，约有 11000 名本科生和 3000 名研究生。大学坐落于一个面积较小的大学城，距本州最大城市州府约 175 英里。其本科生大多来自人口 4 万以下的城市或县城和乡村。然而，大部分少数民族学生来自州府周边地区。州立大学 89％的学生为白人，7％为黑人，3％为拉美人或拉美裔，1％为国际学生。学校对学生活动和学生生活提供了有力的支持。这一传统在该校园已有悠久的历史。其学生俱乐部和社团组织为丰富学生活动和提高学生生活质量做出了贡献。

人物

道格：学生处处长助理，负责学生活动工作，兼学生自治委员会指导老师，白人。道格已在州立大学工作两年，负责督察校园所有学生社团和组织的活动。作为指导老师，他出席学生自治委员会委员会议、学生培养和财政委员会会议等。道格形容自己的监督管理模式是放手让学生自治。但是，他也喜欢成为学生中的一员的感觉，享受和学生一起工作的快乐。这使得他在学生自治会和大多数学生团体中很受欢迎。但是，少数民族学生组织认为他无情无义。尽管身为州立大学学生处处长助理，可他很少主动去接触非裔学生、拉美裔学生以及其他少数民族学生和员工。道格接触少数民族学生时，通常会感到不安，所以给予他们的关注多半是表面的。他试图避免面对这一敏感的情形，并且表示，少数民族学生服务中心主任更适合处理少数民族学生问题。

纳塔莉亚：学生处副处长，负责学生培养工作，兼少数民族学生服务中心主任，墨西哥裔美国人。纳塔莉亚已在州立大学工作 8 年，其职责是向学生处处长报告工作。她监督校园和学生宿舍内的学生教育和发展计划，负责学生违纪处理事务和少数民族学生服务项目。她常常呼吁解决校园氛围问题以及种族歧视事件。她也常常在校务委员会上代表少数民族发表意见。纳塔莉亚常以大姐的身份和学生们一起工作。只要觉得合适，她就会调整对下属和学生的监督和指导标准。她很有前瞻性眼光，并设法为学生提供自身发展和适应社会的机会。作为少数民族学生的支持者，她在校园组织和委员会工作中，已经形成了一种坚定果断且富有魅力的风格。纳塔莉亚擅长调整自己的工作方法和个人行为，以反映出大学对职员和学生的期待。同时，她也会充分考虑少数民族职员及其学生的文化形式，并用适当的方式来向他们解释学校对他们的期望。

马撒：学生处处长，已在州立大学工作 20 年。在担任处长之前，马撒任学生处副处长长达 11 年。她监督学生活动和服务部门（住宅、健康中心、奖学金和资助服务）的工作，并且在教育学院担任教职。马撒性格开朗，工作作风强硬。人们常常能在校内各种场合见到她的身影。她在教代会中担任要职。她对全体师生的忠诚及其正直的品格赢得了同事的尊敬。她经常出席重要的学生活动，这使得她深受学生的欢迎。她是道格和纳塔莉娅的直接督导人，并且她意识到，总体上说他们俩在学生工作方法上明显不同，特别是在处理少数民族学生工作方法上。

埃斯特班：大二学生，波多黎各裔。高中时候他就已在各个俱乐部和学生组织中十分活跃。因此，大一开始，他便如鱼得水地融入了大学生活。埃斯特班是校国际象棋俱乐部成员，每天还在校园广播站播一小时的拉美流行乐，他还是民族联合会副主席。在高中期间，他周末都在富裕的白人区做售货员。他发现，自己不仅在波多黎各邻居中很受同学和同辈欢迎，而且也能让白人顾客感到满意。这一点从埃斯特班的销售奖金就可得到证明。可是，那只是周末的兼职工作，而在州立大学，他每天都处在一个白人为主的环境中。尽管埃斯特班在州立大学处于这种环境，但是他还是能应对自如。他在校广播站工作，被选入了学生会办公室，同时作为象棋选手，他也在不断改善自己的状况，他感觉自己正站在世界之巅。因此，埃斯特班很自信地应民族联合会的要求，负责为第九届家庭周末聚会争取资助。他把家庭周末活动看作是向拉美裔家庭展示拉美裔大学生学习生活的好机会。他一直期待着参加校学生自治委员会的规划会议，以便为民族联合会提出资助申请，该委员会从活动一开始就为该活动提供了部分资助。因此，他把这次活动看做是一次锻炼自己公众演说技能的机会。

斯科特：大四学生，白人，学生自治委员会委员，校学生自治规划和预算委员会主席。他是为数不多的连任校学生自治会委员的学生之一，也是规划和预算委员会中唯一一个连任委员。当事情按斯科特的思路进行时，他自己感到很满意，也很享受这份满足感。斯科特认为自己有丰富的领导经验，因此，他决定不理睬校学生自治会委员、学生社团及俱乐部负责人必须接受培训的规定。事实上，他公开表示过不会参加任何培训，因为培训过于注重种族歧视问题。斯科特认为，这些培训是在设法让自己产生负罪感，对此他十分厌恶。他对少数民族学生很愤怒，因为他们总是把种族与所有事情绞在一块来敲诈学校。斯科特热爱学生生活，也热爱州立大学。他觉得少数民族学生应该改变他们目前的做法，牢记学校的精神，学会如何与当今的世人打交道。他尽量避开少数民族学生，最大限度地避免与他们发生冲突。

肯：大二白人学生。他和其他社团成员刚担任学生自治会委员不到一年，所以他们经常在委员会议上请求斯科特的指导和帮助。他曾上过州府附近的一所以白人学生为主的高中。尽管他和少数民族学生的接触不多，但他在州立大学的经验足以让他明白什么是偏见、歧视和社会不公。作为大一学生，肯勇跃参加学生宿舍管理和学生能力培养的研讨会，该研讨会的内容主要是学生宿舍内的种族、性别等相关问题。可是，他不知道如何把每天讨论的东西应用到他所关注的同为自治会委员的天卫二身上。

天卫二：大三学生，非裔美国人。天卫二和其他委员都是第一年担任委员一职。她学市场营销专业，同时对文化交流传播很感兴趣。她参加一切有助于她积累跨文化知识和理解的研讨会，设法把自己的见解和所学的知识与其同伴分享。天卫二一直活跃于几个学生社团和自治委员会。通过这些经历，她渐渐把斯科特和埃斯特班看作是忠诚于学校的大学生。作为学生和学生领导，她勤勤恳恳地履行职责。可是，天卫二已注意到，斯科特总是设法转移人们对与少数民族相关的话题和事件的注意力。虽然天卫二和肯上同一所中学，但直到进入大学她才认识肯。除了一道处理校学生自治事务外，她和肯还一起参加了学生能力培养研讨会。

案例

校学生自治委员会规划和预算分委员会。校学生自治委员会通过了学校关于学生培训和活动拨款的资助政策。拨款可用于资助学校的教育和发展工作。虽然拨款一般不得用于购买食物，但实际上学校有时也会破例，赞助那些（通常情况下）学校并未将其视为正常资助范围内的活动。校学生自治委员会规划和预算委员会遵从这项政策。

校学生自治委员会董事主持信息发布会，说明资金分配原则，公布已经审核注册的学生组织名单。合格的学生组织经过审核认定、登记注册后会得到校商务办公室分配的账户。学生社团向校学生规划和预算委员会提交预算请求，每个学生组织都会得到一次听证会审核预算的机会。

每周都会举行预算申请会和听证会。每个学生组织都会出席会议，并且回答委员所提出的问题。委员们会要求这些组织代表先离开会议室，接着花 5 到 10 分钟时间讨论预算申请，做出决定，然后把委员们的决定口头通知与会代表。第二天，每个学生组织都会收到会议纪要，纪要上写有分配的金额。如果经费申请遭到拒绝，会议纪要会写明无法给予资助的原因。学生社团可以重新撰写计划，再次递交经费申请。

州立大学的民族联合会。30 年前，州立大学的墨西哥裔美国学生和波多黎各学生成立民族联合会。该学生组织由本科生组成，他们以拉美学生为主，是学生活动和培训的主要发起者。民族联合会在其整个发展过程中扮演着多重角色。拉美裔学生创设了会员招募、社会文化和教育等校内外活动，并将其作为常规活动。民族联合会发起的年度大型活动是“周末家庭参观活动”。周末家庭参观活动包括班级访问、校园游览，学生—教师—职员展板宣传、学生才艺展示和家长互动晚餐等活动。由于许多家长无法熟练使用英语，所以民族联合会尝试提供双语服务。今年，民族联合会学生准备在当地墨西哥餐馆卡撒梅亚，举办欢迎会和宴会。民族联合会有基于微薄的会员费、捐赠和筹款等活动的年度预算。预算还得到学生规划和预算办公室及校学生自治会的经费补充。学生还通过每月的烤牛肉活动、玉米晚餐活动和偶尔的洗车业务等途径来筹集款项。历史上，民族联合会会员曾在校园建立起一个充满生气的拉美学生团体。该团体既与校园环境分离，又与其融合。

校学生自治委员会规划和预算分委员会会议。该会议周二晚上在学生会召开。出席会议的有校学生自治委员会（由 5 位委员组成）和道格（校学生自治委员会指导老师）。埃斯特班应邀进入会议室，以陈述民族联合会主办周末家庭参观活动的预算申请。

斯科特在听证会上一直占据主导地位，他对“周末家庭参观活动”与州立大学已举办的“家长周末”在活动内容上的重复性表示高度质疑。埃斯特班向委员会报告，州立大学的“家长周末”活动并不能满足所有家长的需求。埃斯特班补充说，事实上，民族联合会举办的不是家长周末，而是家庭周末。斯科特提醒委员会，学校政策不允许校自治委员会为购买食物提供资助。他补充说，州立大学学生基金不能用于支持城里少数民族商业的发展。斯科特给餐馆起了个不雅的外号，并在讨论期间一直使用这一外号。另一名委员对餐馆也不太友好，同样使用了这个外号。同时，这位委员还建议，民族联合会应该用学校的餐饮机构提供饮食服务。在其他委员连珠炮式地对埃斯特班的申请进行了无情的嘲弄后，天卫二问道："这项计划有什么合理之处吗?"因为天卫二感觉到会议气氛紧张，所以她试图把焦点集中在正事上。她建议，委员会应该对项目描述和拨款申请是否相符进行评估。埃斯特班指出，之所以选择卡撒梅亚餐馆，主要是因为学校的饮食服务不能满足文化培训的需求。他附带说明，学生活动办公室和校学生自治委员会过去已经依例外条款资助过该计划。斯科特总结说，这不是一项教育项目，事实上，它意味着拉美裔学生家庭和墨西哥餐馆会从中不劳而获。斯科特请埃斯特班离会，接着他请与会委员慎重考虑，然后投票。斯科特最终让肯告诉埃斯特班，资金申请未获批准。

肯在走廊告诉埃斯特班，资金申请遭到否决。埃斯特班问肯，会议是否总以这种方式进行。埃斯特班明确地说，他觉得资金申请不该遭到拒绝。肯解释说，委员会只是遵守学校的政策，但他并未对会议本身进行评论。然后，肯回到会议室。埃斯特班离开，随后参加了一场校园象棋挑战赛。

会议之后。天卫二觉得，自己在会上与斯科特等其他委员对着干，这显得很不谨慎。会议一结束，她就对斯科特所定的基调和不合时宜的嘲笑表示担心。天卫二认为，委员会的决定有失偏颇，并请求肯和自己一道将此事告诉道格。肯也认为其他三名委员的口气极不友好。可是，他相信委员会的做法得当，所做出的决定也站得住脚。道格正好从他们俩身边走过，天卫二向道格打招呼，道格便朝她和肯走去。天卫二问道格，为什么他在会上什么都不说，而让"那些家伙掌控局面"。道格看了看表，说他觉得自己好像要错过什么要紧事了。接着，他又看了看表，然后告辞了。

第二周，埃斯特班和纳塔莉娅见面。显然，埃斯特班在规划和预算分委员会会议上的经历让他感到不安。一想到同辈的恶劣行为，埃斯特班就觉得愤怒、震惊和难过。他已向民族联合会报告了周四晚的情况。民族联合会起草了一份反击声明，向校学生自治委员会及其指导老师表达了强烈的不满。为了声援埃斯特班亲历的种族骚扰案，民族联合会交给他一份充满不满情绪的文件。文件分三部分。第一部分，民族联合会指控三名委员会委员（已指名道姓）参与对其代表的种族骚扰。第二部分，民族联合会指控指导老师道格未制止对其代表的种族骚扰。第三部分，由于涉及该事件的部分学生和职员的种族偏见，委员会做出了不恰当的预算决定。因此，民族联合会要求校学生自治委员会给予纠正。

你要是纳塔莉娅的话，你会怎么办？

谁先谁后？学生事务中的管理方案

罗伯特·得巴德
博林格林州立大学

背景

州立大都会大学是一所拥有 17000 名学生的公立大学，它位于城市西南一个有着 35 万人口的地区。该大学被称为“蝴蝶大学”，而师生彼此都认为这个称呼因对方而来。由于持续增长的课时费支出，学校需要对资助学生活动的开支总体上进行适度调整，这一压力一直在不断增强。大家都在强调要增加学生的学时，因为学时是州政府配套拨款的计算基础。

州立大都会大学新任校长是劳伦斯·派珀博士。他决心以“这是你一生中最重要的学习阶段”为主题，引导大学成为一个学习型社区，以提高大学的声誉。他新引进一名教务长哈维·基彻尔，以帮助建立学习型社区文化。派珀校长改进了报告制度，规定学生处处长比尔·卡斯珀以后直接向基彻尔汇报工作，以便更好地协调学术部门和学生事务部门之间的工作。

人物

劳伦斯·派珀：已任校长两年，以态度强硬、不说废话、知识渊博、反应敏捷而著称。另一方面，据报道，他的缺点是不与他人商议而迅速做决定。如果他判断人们要他愉快地吞下被愚弄的苦果，那么他肯定会婉言谢绝。

哈维·基彻尔：新任教务处处长，在成为管理者之前，是一名得到好几十万美元科研经费的生物学家。他的人生抱负就是当一名大学校长。他把在州立大都会大学任职视为一块铺路石。他向比尔·卡斯珀指出，虽然为了获取工作经验，他欢迎学生事务处向他汇报工作，但是他对学生事务的具体工作却几乎一窍不通。

比尔·卡斯珀：分管学生事务的副校长，以前直接向校长汇报工作，可现在却被指定向哈维·基彻尔汇报工作。他已在州立大都会大学工作了 16 年，最后 7 年他是学生工作的主要负责人。现在在新的管理机制下，他担心自己的工作失去保障。

简·奥顿：学生活动中心主任，这是她在州立大都会大学工作的第一年。之前，她曾担任托马斯·杰菲逊学院（拥有 1900 名学生的文学院）文化事务负责人 3 年。她拥有大学生职业咨询的硕士学位。最近，她参加了美国大学人事协会召开的一次全国性会议，会上她参与了几场关于学生学习是学生事务工作当务之急等问题的小组讨论会。

理查森·德法西奥：学校新大都会学生活动中心主任，接受了一项让活动中心的设施运转，自负盈亏连同偿还沉重债务的任务。

肯·伯恩斯：英语专业副教授，已在州立大都会大学工作了 12 年。因为他有与众不同的教学方式，并乐意通过州立大都会大学流行文化俱乐部这一场所，在课后与学生打成一片，所以他在同事中以标新立异而闻名。

菲尔·本尼特：当地一家广播站总经理，想和州立大都会大学建立良好的业务关系，因为他将这所大学看作一个十分重要的广告客户。

艾米莉·比蒂：成人学生学生会主席，离婚后回到大学。她活跃于州立大都会大学流行文化俱乐部。为了准备从事教师职业，正仔细考虑上研究生院攻读硕士学位。

勒妮·罗格斯：州立大都会大学多元文化中心主任，在该大学花了6年时间试图促进校园文化的多样性。令她感到困惑的是，中心大部分活动在内容上都是多元文化的，但却几乎无人问津。

案例

周一，简奥顿非常愉快地走进比尔·卡斯珀的办公室，她想告诉上级，自己对即将到来的家长节庆祝活动有几个好点子。卡斯珀向她打招呼，不过很快就告诉她，哈维·基彻尔已经决定改变州立大都会大学预算拨款的优先权，给予学术部门更多的倾斜，以便各院系能为学生提供更好的学业指导，从而降低学生的流失率。

哈维·基彻尔要求学术事务以外的部门将运行经费预算的5%退还给他的办公室，以便重新分配给学术部门。很明显，校长派珀在通过这一提议前没有跟卡斯珀商量过。

卡斯珀认为，应该尽可能削减“家长周末”活动原有的12000美元的资助预算。他真正感到痛苦的是要将此消息转达给第一次负责该项目的简。简意识到这不是卡斯珀的错，并说道，她会尽其所能平衡收支。他们简要讨论了一下取消“家长周末”活动的可能性。但他们都认为，取消活动只会让学校老式的有轨电车的校园形象永远被铭记在人们心中。“有轨电车校园”这一形象已经过多地代言了大都会大学的对外形象。卡斯珀认为，校长派珀肯定不想被家长的抱怨。简同意回办公室想一想接下来能做些什么。

简回顾了上年的费用金额，寻思可削减经费之处。她再次考虑到了今年“家长周末”活动已做过改进的主题——“大都会大学的骄傲”。当她想到经费的削减会对活动参与者的体验带来影响时，她吸了一口气。决定尝试别的方法。

周二早晨，简接到了多元文化中心主任勒妮·罗格斯的电话。从比尔·卡斯珀那儿得知预算的消息后，勒妮深感不安。简告诉勒妮，她一直在考虑这个问题，并且有个建议：“为什么不把一些活动放在一起做？这样也许不至于入不敷出。”尽管勒妮善于听取他人意见，可她还是表示怀疑。简回答说，她也有同样的担心。但是，州立大都会大学似乎期望她们采用新方法来做出新计划。她们约定，午餐时讨论几个将不同活动安排在一起的计划。

周二午餐，理查森·德法西奥在简和勒妮的午餐桌旁停下来，提到他想为即将在新大都会学生中心举办的“家长周末”策划一些活动。勒妮抱怨，有一笔经费被新中心以场地、食物和技术服务的名义拿走。理查森回答说，“普遍资助”的时代已经过去，他不得不通过销售商品和服务来贴补开支。勒妮和简一致认为，商业化似乎将成为校园里一股新兴的力量。他离开后，她们继续讨论备选方案。

周二下午晚些时候，简联系广播站总经理菲尔·班尼特。州立大都会大学在该站为其招生办公室和学生活动中心投入了大量的广告费。这次，简要求与班尼特合作主办布鲁斯乐队大赛活动。这项活动是勒妮在午餐时的提议。因为该活动和广播站的音乐风格吻合，所以班尼特对此有点兴趣。他想与大都会大学保持密切的关系，希望通过支持多元文化中心的活动提升他的信誉。他向简做了保证，并且相信她能“把所有事情办好”。

周三，简来到英语专业副教授、流行文化专家肯·伯恩斯的办公室。她向他介绍了自己的几个想法：“家长周末”活动的重点放在城市乐趣的主题上；布鲁斯乐队大赛于林迪舞节前在学生中心舞厅举行；城市美食节在校购物中心举行。简想请肯和他的一些文科同事帮忙组织教育部分，该部分主要是做些音乐、文学以及城市文化历史故事方面的报告。简和肯谈起学生学习是学生事务工作当务之急的若干问题。并想知道，流行文化俱乐部能否支持这些活动。肯说，他一直在寻求一种把俱乐部力量整合起来的方式，并向她保证，只要她愿意，他会很乐意提供专业的建议。肯强调，他对“管理”不感兴趣，不过他建议，简应该参加流行文化俱乐部下周四下午召开的会议。

周四，流行文化俱乐部负责人艾米莉·比蒂向大家介绍了简和勒妮。简和勒妮解释了她们的计划，以及在哪些方面需要俱乐部成员的合作。俱乐部成员们将目光投向了肯·伯恩斯，以征求他的意见。肯·伯恩斯说，他确实觉得一直以来自己试图通过流行文化俱乐部讲授的关于城市文化和娱乐的知识，能通过这些活动得到进一步阐释。俱乐部投票决定帮助这项活动。不过，艾米莉要求简解释一下，具体有哪些活动需要安排在一起进行。

第二天，简拜访了卡斯珀，将她的计划告诉他。卡斯珀担心花费过多以致难以按基彻尔的要求退回5%的拨款。卡斯珀告诉简，在批准此项目之前，他想要一份报告，详细说明在活动前、活动中以及活动后有哪些工作是必须要做的，以及这些工作是如何增加收入以弥补费用超支的。你现在是简，请你写一份报告。

学生会中的冲突：谁在正确行使权利？

佛罗伦斯·汉姆里克，休斯敦·多尔蒂
爱荷华州立大学

背景

州立草原大学是美国中西部一所规模庞大的公立大学，拥有近25000名学生，大部分学生是本州居民，其暑期学校招生人数约占年总注册人数的20%。

人物

约翰·亨明斯：州立草原大学学生活动中心主任，向学生处处长汇报工作。

乔伊斯·史密斯：州立草原大学本科生，现任 LGBT 学生联盟主席。

苏珊·亚当斯：暑期培训部主任，向分管商务的副校长汇报工作。

斯科·特米勒：童子军协会官员。童子军协会今年将在草原大学举行年会。

拉西德·马丁：州立草原大学学生会资产设备负责人，向学生会主席汇报工作。而学生会主席则需要分别向分管学生事务工作的副校长和分管财务的副校长汇报工作。

鲍勃·卡斯尔：数学学院助理教授，已担任学生联合会指导老师一年。

琳达·安德森：学生活动办公室秘书，向你（约翰·亨明斯）汇报工作。

霍华德·威廉姆斯：州立草原大学校长首席助理。

蒂莫西·弗里希：已担任州立草原大学分管学生事务工作的副校长 17 年。

凯瑟琳·卡莱尔：州立草原大学学生处处长。她正在做为期一周的远足野营。

案例

你是约翰·亨明斯，负责监管学生组织，培训全体教职员工和教师顾问，促进学生领导力发展，指导州立草原大学学生自治会委员，制定并实施与学生活动及其组织相关的政策。你还是学校同教师工会间的主要联络人。在州立草原大学工作的 6 年多里，你已经为自己赢得了受人尊敬的专业人士的声誉。大家赞赏你与其他部门建立了稳固的工作关系，组了令人印象深刻的学生活动，创建了优秀的学生组织。

州立草原大学同性恋、双性恋和变性人学生联盟（LGBT，本案例中简称联盟），是近年来发展迅猛的学生组织。除了赞助各类教育项目和支持学生团体外，LGBT 联盟还在“安全地带”项目推广中扮演着重要角色。它在学校和城里向 2000 多人发放了贴贴纸。这 2000 多人愿意将其贴在胸前作为欢迎 LGBT 学生的标志。今年晚秋时节，联盟的学生以和平的方式对一名反对 LGBT 学生的福音派传教士的到校演讲表示抗议。在演讲的当天，联盟成员们通过在演讲厅外静坐以示抗议。第二天则带着拖把和抹布来到教士做演讲的地方象征性地清扫，以“扫除仇恨”。

八月初的这个周一早上，你正在对“秋季学生领导力反思”文件进行修正，并很享受夏季里可以用来思考和计划的大段时间。你负责学生会工作的同事们正忙碌于各种会议的安排协调。学生会学生活动中心拥有校内最大的会议场所。事实上，就在今天早上，国际童子军协会的 7000 多名代表刚刚在草原大学正式开始了他们为期 4 天的年会。苏珊竭尽全力争取到了这次国际童子军年会的承办权，这被视为一次巨大的成功。因为预期的会议收入会很高，而且参加童子军年会的 5500 多名高中生代表将很有可能成为学校潜在的生源。

就在上午 10 点前，乔伊斯・史密斯敲了敲你开着的门走了进来。看得出她非常的震惊和愤怒。

乔伊斯说：“我们的展品被偷啦！这一定是童子军干的。”LGBT 联盟本周将主要的展品柜在学生活动中心进行展示，其目的是展示关于童子军中排斥同性恋的事件以及同性恋的反抗事迹的文献资料。但展品还没放到中午就不见了。玻璃箱的锁头坏了，所有的海报和图片都没了。“他们甚至拿走了联盟中两位前童子军成员借给我们的徽章及装饰品。我已经打电话给校警，这事件就算暂时告一段落。”

接下来，乔伊斯让你同她一起上楼去检查展柜情况。你先给苏珊·亚当斯打电话，叫她在那儿与你见面。当你和乔伊斯来到展柜前，6位穿童子军制服的人员——看起来都有五六十岁——正站在附近轻声交谈。

乔伊斯让你看了展柜和弄坏的锁头。这时，一个代表走过来，伸出手对你说："你好，你是这里的工作人员吗？我叫斯科特·米勒，是童子军协会的负责人，也是会议筹备委员会委员。你肯定想知道之前摆放于此的令人作呕的展品的下落吧？今天早上我实在找不到有此展柜钥匙的工作人员，但我不得不将这些展品撤下，因为它们太侮辱人啦。我们的代表看到这些东西后非常地难受，并且很生气。"斯科特向附近的那群代表点了点头，继续说："我们会赔偿箱锁的损失，也会归还展品。但是，在童子军代表大会会议期间，我们绝不能容忍这些展品再次出现。"

你看到乔伊斯难过不安，便请她先到办公室等你。当乔伊斯正要离开时，苏珊在拉希德·马丁的陪同下来了。你向斯科特介绍了他们两位。斯科特继续说道："我们付这么多钱给你们，可不是为了每天在往返会场的途中看到这些令人憎恶的、充满攻击性的东西。我们已经向全国总部汇报了此事，并通知了律师。不过考虑到代表们非常愤怒，如果你们执意要继续进行展示的话，我担心我不能为与此展品相关的任何人或财产的安全负责任。我只是想跟你们说实话。"

你回到办公室，乔伊斯正在等你。苏珊和拉希德俩还在跟斯科特交谈。乔伊斯非常生气地说："真是疯了！你能相信吗？他居然大言不惭地公开承认是他砸坏了展柜玻璃，偷走了展品。他竟然觉得自己的行为是光明正大，没有任何错误。他更关注的是如何令他们自己感到舒服，而不是让事实的真相公诸于众。我之前没有告诉你，当我们今天一大早在准备展品时，有两个看起来约十五六岁的童子军代表朝我们走过来表示感谢。因为他们是同性恋，而且也加入了童子军。我们举办此次展览是为了我们自己，但更多的是为了他们以及其他处于类似境地的人们。这正是 LGBT 联盟存在的意义。我会马上给鲍勃和联盟其他负责人打电话。我们将决定采取什么反击措施。”说完这些话后，乔伊斯离开你的办公室。

过了一会儿，苏珊来敲门，将头探入你的办公室。“约翰，你知道我完全赞同联盟学生们的意见，也理解他们的感受。拉希德确认说，LGBT 联盟是按照程序举办的展览活动。但是，这是我们今年最大型的一场会议，我们还需做出更多努力，让与会者感到这是一次积极有益的活动。学生还没提出什么想法吧？他们能否就此暂时罢休？童子军在校园内只会待上几天。我需要你在这件事上帮助我，约翰。但是，现在拉希德和我必须就目前情况先碰个头。”

电话响起来，琳达大声喊道：“约翰，你的电话，是霍华德·威廉姆斯打来的，在一号线。”你拿起电话，听到霍华德说：“约翰，你那里出什么事了？正在学校举办年会的国际童子军协会的主席刚刚送来一份有两千名童子军成员签名的请愿书。他们抗议在我校遭受到他们称之为的‘造谣中伤的展览和不尊重的对待’。究竟发生了什么事？天啦，他们不是昨天才刚来吗？”这时你的专线电话响了，电话显示的是负责学生事务工作的副校长打来的，于是你打断了霍华德的谈话。

当你接起直拨电话时，蒂莫西在电话中说：“约翰，出什么事了？我的助理告诉我，LGBT 联盟成员今天下午 2 点要在我们会议室安排一场记者招待会。他们邀请了报社和电视台，将就联盟反对把同性恋者排除在童子军组织之外的立场做一场公开声明，然后他们会把媒体带到学生活动中心，向他们展示被肆意破坏的展柜。让童子军协会今天下午的会议继续在学生活动中心召开是否明智？我需要你弄明白到底出了什么事，拿出一个对策。回头再给我打电话。”

你挂断电话后，琳达走进来，给你带来送霍华德的传真。她还向你转述了一个来自 LGBT 联盟的电话留言。告诉你，LGBT 联盟负责人计划与暑期培训部和学生活动中心的教职员工中午举行会谈，还邀请你参加今天下午的记者招待会。琳达又说："一个叫斯科特·米勒的人在你打电话时曾来访，离开这儿时给你留下了些东西。"接着，她递给你一堆展柜里的文件、照片和徽章等东西。

你现在怎么办？

颇具争议的演出除了票房还会带来什么？

卡西·麦克休·恩斯特龙，迈克尔·埃尔莫
雪城大学

背景

亨廷顿大学是美国东北部一所私立研究型大学。其 11000 名本科生和 8000 名研究生分布在 9 个学院，其中艺术学院、科技学院和通信学院在全国名列前 20 名。根据学院的不同，新生录取标准由严格到特别严格不等。过去 10 年，该大学一直致力于增加来自传统上属于弱势群体的学生人数。过去 5 年，其有色人种学生已占招生总数的 20％以上。

过去 10 年里，亨廷顿大学的学生组织已主办了多场很前卫的音乐活动，以及社会、政治等方面的演讲。演讲者包括玛丽莲·梦露、哈立德·穆罕默德和奥利弗·诺斯等。学生的学费被用于资助那些高调且充满争议的活动。

人物

凯文·弗兰纳里：学生活动中心主任，高加索白种人，经验丰富的学生事务专业人士。凯文、其助理和 4 位研究生担任校园活动筹划委员会顾问，并为所有学生组织提供指导性支持。凯文担任过两所大型研究型州立大学学生活动中心主任。他相信，其最主要的职责就是为学生提供学习机会；他和他的职员为有志于策划和运作学生活动的学生提供建议和咨询，这些就是支持学生学习的核心所在。他也相信，从事学生活动的专业人员必须对学生的流行文化有所了解。

玛莎·特里：学生联谊会指导教师，已在学生事务工作处负责住宿生活、学生活动工作超过 14 年了，近期开始负责学生联谊会的指导工作。她在响应校董事会授权的“整顿学生行为”的行动中表现出了卓越的领导才能，并极大地提高了学生联谊会的声誉，尤其是在成绩、同辈欺凌和酗酒方面。她还致力于不断增加有色人种学生参加传统的学生联谊会的人数，并致力于提升这些组织的领导力。

拉里·格雷：“学生联谊会文化节筹委会”① 活动项目负责人，非裔美国人，政治学专业大三学生。拉里此前没有任何担任活动项目负责人的经验，但是他保证将举办一场影响广泛、参与者众多的大型活动，为亨廷顿大学重新赢回声誉。

瓦辰·华盛顿、达丽娅·托马斯和布里安娜·戴维斯：今年“学生联谊会文化节筹委会”的几名成员。

吉姆·马洛：分管学生事务工作的副校长的助理，凯文和玛莎的督导人。他监管两座学生活动中心大楼、娱乐服务项目、领导力培养和新生适应性教育与学业定向等工作。他信赖其两位主任的能力，仅在他们主动征询时才给他们提出建议。他倾向于沟通协调，以使可能需要解决的问题自然而然地浮现出来。

扎克尔·布朗：法律事务部主任，拥有法律学位。3 年前，他离开市中心法律事务所后直接来到大学。他努力地理解和欣赏这所大学的教育使命，并将这种教育使命融入学生纪律工作中去。

约翰·洛根：体育馆器材管理部主任，负责为在体育馆举办的音乐会提供服务。其职责是向体育学院及商务服务部门汇报工作。

---

① 译者注：Greek Fest Committee，译为“学生联谊会文化节筹委会”。参加学生联谊会（兄弟会和姐妹会）在美国校园也被称作“Greek life”，因为学生联谊会的每一个兄弟会（fraternity）和姐妹会（sorority）通常都用 1 到 3 个希腊字母来为自己的组织命名。

他与学生活动中心有着良好的工作关系，只要能保证安全，他都尽量提供更灵活的服务，以满足学生的需求。凯文对学生邀请来校的不同团体、演讲者和表演者的信息几乎了若指掌。这一点令约翰十分惊讶。约翰发现，这方面的知识必不可少。因为在其岗位上，他需要处理各种事件，并预测各种可能出现的问题。

案例

20 多年以来在亨廷顿大学，非裔美国学生团体每年都会在 4 月的某个时间举办一场“学生联谊会文化节”周末活动。这项活动主要由全国学生联谊会领导。全国学生联谊会委员会由八个不同的传统上的非裔美国人学生联谊组织构成。为了获取学生自治委员会的资助，学生联谊会委员会成立了一个独立的学生组织——“学生联谊会文化节筹委会”，该筹委会由来自全国学生联谊会的代表和来自其他非全国学生联谊会学生团体的代表组成。

最初“学生联谊会文化节”活动以点缀性的、参与人数较少的“街舞大赛”的形式出现。但到 90 年代时，它便演变成了一整天的由街舞大赛和大型音乐会组成的活动。最近，这两项活动又已经变为在同一个周末分别举行。尽管事实上这些活动的组织策划者只有少数几个人，但活动却吸引了 4000 多名有色人种学生从 500 多英里外的地方赶来参与。

在过去几年里，凯文已开始关注学生联谊会文化节活动负责人的压力。实际上，他们都是没有经验的活动组织者。可在文化节期间，为了维护亨廷顿大学音乐会在地方乃至全国的声誉，他们承受着巨大的压力。过去五年，他们举办的音乐会都赔了钱。凯文发现，他们希望自己主办的音乐会或演讲会比上一届学生联谊会文化节办得“更大、更好、更眩”的愿望是很强烈的。是的，这种愿望确实存在。

现在，凯文认为，他的同事们无法花费大量的时间以帮助一群没有经验的活动筹划者（学生）顺利举办大型音乐会。去年春天，他分别向他的督导人吉姆和学生联谊会管理办公室主任玛莎建议，并给出了两个可供选择的解决方案。凯文相信这两种办法都能消除他的顾虑。第一个办法是，其办公室应继续指导学生联谊委员会，但实际执行组织音乐会的责任，要由学生活动规划委员会来承担，因为他们实际上平时就是负责校园音乐会的。跟学生联谊会文化节筹委会成员不同的是，这个团队在组织大型音乐会方面接受过训练，而且在不断积累经验。

第二个建议是，缩小周末音乐会的规模，因为无论学生联谊会还是学生联谊会筹委会都没有能力很好地运作它。

凯文相信，对这些活动的指导应该是学生联谊会管理办公室的职责。因为这些活动是由全国学生联谊会举办的。玛莎觉得她无法为这一大型活动的员工提供指导，并且学生联谊会对将他们的活动交给一个他们从来没有任何往来和信任的团队也还没做好心理准备。于是，凯文再次向他的团队表示，他们将继续指导这一活动。尽管时间和精力有限，他们也要尽最大努力确保活动的安全，并同相关部门一道及时掌握活动进程。

今年早春时分，学生联谊委员会成功邀请到了在北方城市学生中非常受欢迎的著名说唱乐团 X 乐团到校演出。他们非常高兴能请到乐团中的天才歌手，并且相信他的乐队能吸引大量观众前来。然而，仅仅一个月后，乐队的经纪人便解释道因为他前期没有把事情安排妥当，乐队将无法到校演出。乐队经纪人意识到自己把事情搞砸了，于是诚挚地提出给予 15,000 美元的赔偿。学生们非常难过。活动一两个月后就要开始了，他们能邀请谁来呢？怎么保证活动的吸引力和维护学校在本地的声誉呢？时间已经这么紧张了。

3 月 5 日，拉里·格雷，音乐会的负责人，同凯文会谈了一次。他告诉凯文，学生联谊委员会经过多次会议商讨决定邀请里奥和他的舞者到学校演出。里奥在南方城市有一家俱乐部，这家俱乐部以淫秽、粗俗的音乐和舞蹈而出名。在他的俱乐部里，舞蹈表演往往是“X^-”级的。凯文非常清楚里奥的表演，所以他要求学生们认真考虑里奥的表演将带给学校的影响，凯文列举出了管理和后勤方面在遇到争议性事件时会有的顾虑。然而，他后来还是认为这件事情应该由委员会的成员们自己决定。不过，凯文要求在签合同时签署一份声明，保证表演者不会有任何煽动性或者破坏性的行为。针对凯文的担忧，拉里解释道，每个人对里奥意味着什么都非常清楚，而且学生们会在了解基本情况的前提下做出是否愿意参加的决定。最重要的是里奥将是本次音乐会的一个绝佳卖点，而且还可以解决他们面临的资金紧张的压力和音乐会吸引力的问题。他对凯文说到“争议就是票房”。

当天晚些时候，瓦辰和达利亚来找凯文。他们对学生联谊委员会将邀请里奥来校表演表示担忧。他们发现里奥的宣传录音带令人厌恶而且低级下流。他们俩在委员会最近一次会议上提到了他们的担忧，然而却遭到了男生们的嘲笑，并被告知不要把里奥看得太严重。他们被驳斥没有意识到里奥的表演将带来多少门票收入，而委员会又是多么地依赖于该收入。“越轰动越好！”凯文鼓励他们回去再考虑一下自己的想法。

3 月 6 日，拉里告知凯文，委员会决定邀请里奥进校园。凯文便问，委员会是怎么做出这样的决定的。拉里回答说，投票的结果是 5 比 3，委员会同意签约邀请里奥。凯文接着问：“谁投了反对票？”拉里解释说：“当然是女委员。但是，我们向她们保证，如果她们不想参加活动，我们会理解。我们也不会因此而反对她们。”凯文试图让拉里意识到其他女性对这一行为会在多大程度上感到被冒犯。可是没有任何作用。最终，凯文签署了里奥表演的合约。

3 月 7 日至 4 月 14 日。凯文分别会见了约翰、斯图以及活动赞助者。凯文把里奥表演的性质告诉了他们。

4 月 23 日。凯文和他的全体工作人员，吉姆·马洛、约翰和斯图等人，都出席了音乐会，有 3500 位学生到场。表演开始前，里奥的经纪人对约翰声明说："我能给你们从PG级到XXX级[1]表演的所有东西。你们想要什么？"约翰明确地说，PG（入门级）就好了。他强调，舞台上不许有裸体表演。

暖场的打击乐队激情四射地演出了数小时后，里奥上场。里奥的表演包括事先录制的小段音乐以及与观众的交流互动等。作为舞台表演的一部分，他的伴舞者的确失控了。虽然他们没有暴露任何身体的隐私部分，但是他们的舞蹈却包含高度的性暗示。有两名伴舞者在表演进行中开始跳一种膝上艳舞[2]。一名女伴舞者在面对自己的男舞伴时模仿了大量的性爱动作。他们还从观众中邀请志愿者。三位志愿者和舞者也表演了类似的动作。过了一会儿，约翰对斯图说："行了，到此为止。"然后，里奥结束了表演。舞台下，没有观众抱怨。人群静静地散去。里奥在舞台上待了大约20分钟。

4月26日上午8点。凯文独自在办公室享受了片刻的安宁。他看过校报，报上压根儿没有提及星期五学生联谊会文化节的活动。"恩，"他心想，"假如这是学生活动中心学生活动规划委员会赞助的一项活动，女生以及其他团体一定会很愤怒。他们肯定会要求削减这项活动的经费。校园里肯定会有集会和抗议。"可是，校报上对此次活动却只字未提。

上午10点，人们开始接二连三地拜访凯文了。首先，玛莎来了。她并未参与星期五的活动，然而，她从她的研究生助手莉斯那儿听说了。莉斯当时在音乐会现场，那些充满性暗示的动作让她感到受到了冒犯。令莉斯感到羞辱的还有这场表演会使人们对学生联谊会形成负面形象，尤其是传统上的黑人学生联谊会。玛莎还担心，音乐会没有采取任何措施来保证未成年人没有来观看演出。

---

① 译者注：美国电影分级为G：大众级，任何人都可以观看；PG：辅导级，该级别电影中的一些内容可能不适合儿童观看；R：限制级，建议17岁以上观看，X：这一级中的电影包含大量的暴力和性内容，基本上不适合在大院线里公映。

② 译者注：膝上舞（lap dance），在美国膝上舞是指在脱衣舞夜总会中，性感舞女和客人面对面，坐在客人大腿上，跳的一种舞蹈。

玛莎坚持认为音乐会主办机构的成员应该受到纪律处分。“那他们究竟违反了学校的那条纪律啊?”凯文质问道。玛莎认为表演者们明显触犯了校园内禁止传播淫秽内容的规定。而正是学生联谊会将他们引进来的，因此主办机构应当为此负责。凯文对这样的推理方式和干预感到非常的不高兴。他认为所有与音乐会相关的教职工提前都已被明确告知了与里奥相关的信息。因此这样的担心在表演之前就应该提出来，而不是现在来追究。玛莎同时说道，她已经给学校负责纪律事务的扎克尔・布朗打过电话了，她寻求他的支持以启动针对学生联谊会的纪律处分行动。

上午 10 点半。瓦辰、布里安娜和达莉娅来到凯文办公室，说他们对此次活动十分愤怒。她们觉得，该活动是对非裔美国女生和传统黑人学生联谊会的侮辱。凯文问她们，是否对所发生的事感到惊讶。她们回答说:“不是很惊讶。”不过，她们补充说，这与坐在那儿看到她们的尊严受到践踏可不是一回事。令她们十分愤怒的是，她们先前的顾虑遭到了文化节筹委会男委员们的漠视。然而，她们现在不愿意与学生联谊委员会的其他成员分享她们对该委员会的看法，因为她们担心再次遭到他人的漠视。

上午 11 点，凯文收到扎克尔请他回电话的电话留言。

上午 11 点半，凯文收到了一封来自拉里的语音邮件。他在邮件里说道，周五晚上的活动让他格外兴奋。拉里说，能跟一大群观众在一起看表演，而且还能得到来自校外的学生以及亨廷顿学生联谊会成员的响应，他感到无比激动。他感到很自豪，自己维护了亨廷顿大学的荣誉和声望。

下午 1 点，吉姆・马洛来见凯文。他解释说，分管学生事务工作的副校长将在明天上午 7 点半开一次会来讨论这件事。凯文问吉姆，为什么要召开这次会议?会议议程是什么?吉姆解释说，今天上午在两周一次的例会上，副校长跟玛莎见面时说，他对允许里奥行为的发生感到非常震惊。副校长还想知道，如果这次活动引发负面的报道，我们有什么应对措施。副校长还请吉姆、扎克尔、玛莎、约翰和斯图参加会议。

凯文叹了一口气，自言自语道："唉，是我让管理层对此次活动反应过度，希望学生们做出公正的反应！我想，我应该乐观地看待这一情形，认识到潜在的扭转局面的时机。"

现在你是凯文。你将为这次会议做何准备?

第八章 学术问题案例

乍一想，我们可能认为学术问题似乎不是学生事务管理者的工作范围。然而，有太多的案例证明学生事务工作者必须和学术同仁携手才能真正解决学生的学术问题。

在鲁思·拉塞尔和盖尔·龙德甘合著的《把学费退给我们》一书中，学生因对教学不满意而异想天开地提出了一个富有创造性的解决办法。在《所罗门之歌》中，简·兰伯特描述了一名新上任的处长为冲破学术欺诈网所做的努力。玛格丽特·詹宁斯的《研讨会论文》详述了在一所规模较小的大学内的许多学生群体中作弊成风的情况。萨利·胡德·西泽和吉利安·金西的《体制内的失败》强调，一位女生因在学习和金钱上不堪重负而导致的问题。在《当分数制约学习时》一书中，作者鲁思·拉塞尔深刻洞悉学生联谊会成员和非学生联谊会学生之间所发生的学术冲突。最后，罗伯特·施瓦茨的《亡羊补牢》描述了一名专业人士与一位有学术剽窃行为学生的斗争。

本章所述的学术问题将会对学生事务专业人员带来广泛的影响。

把学费退给我们

鲁思·拉塞尔，盖尔·龙德甘
印第安纳大学

背景

拉菲特大学坐落在美国南部腹地，具有上几百年的悠久历史传统，校园被茂盛的常春藤所环绕，展现出一幅美国大学生活的完美画卷。只要你漫步在校园，就能听到溪流潺潺、钟声幽鸣，看到古树成阴、繁花似锦的景象。这幅景象简直美妙至极。然而，拉菲特大学的名气并不仅仅在于其美丽的校园环境。这是一所极负盛名的私立大学，许多方面在全国高校都名列前茅。近年来大学为本科生既提供了全方位的服务计划，又提供了以学习为中心的课程。

人物

瓦尔特·马库塞：心理学系专职终身教授。马库塞教授以在课堂上充分应用科技而著称。过去 20 多年，在运用新科技教学方面他一直是系里的带头人。在其职业生涯刚刚开始时，马库塞教授就被授予了终身教职。他在出版了几本关于弗罗伊德及其心理分析的哲学专著后便进入了专职教授的队伍。然而，近 3 年来，他好像对自己的研究完全失去了兴趣。

心理学课程学生（课程代号 399)：该课程为刚结束的第 23 个秋季学期而设置。在该秋季学期，这门本科专业课程由马库塞教授担任任课教师。马库塞以前也教过这门课，不过春季学期他并不是这门课的教师。

克里斯丁·米勒：心理学系学业辅导教师。虽然这只是一个兼职职位，但是克里斯丁是心理学系唯一的学业辅导教师。她被认为是全校效率最高、最成功的咨询师——其他学术导师经常向她请教大学学术要求和相关政策。尽管她分别拥有辅导专业的学士学位和硕士学位，但她却认为自己的事业被暂时“搁置”了，因为她需要把精力放在3个小孩身上。她的孩子年纪尚小，所以她只想做些兼职工作。最近克里斯丁一直急切地表示希望在“真正的”辅导事业上取得进展。

安妮·惠特曼：本科生项目与服务处处长，担任校级行政管理工作已两年。此前，她在一所文科学院任副院长，负责本科生的学习事宜。她已在拉菲特大学任职15年。

案例

就在春季学期开学不久的一天中午，心理学系秋季心理学课程（编号399）的4位学生受全班同学委托，来到惠特曼处长办公室反映意见。他们来的主要目的是投诉马库塞教授。尽管他们忽略了事先应与处长预约，但是他们在其他方面做得无可挑剔，准备得也很细致周密。他们假期通过邮件收集了同学们对马库塞教授的评价，根据这些评价，他们汇总了一份投诉意见清单，然后向惠特曼处长提出要求。他们说，他们喜欢马库塞教授本人，也敬重他在专业方面取得的成就，但是，他们觉得上学期上马库塞教授的课无异于是一场灾难。他的授课效果极其不佳。他们还告诉惠特曼处长，学生们把他们对马库斯教授的评价告诉过学业指导老师克里斯丁·米勒，米勒老师也表示同意。还有，他们顺便递给惠特曼处长一份米勒老师的备忘录，以证实他们的投诉。

具体地说，他们的投诉主要集中在以下几方面：

1. 马库塞博士几乎有一半时间没来上课。
2. 上课经常迟到，没备好课，注意力不集中。
3. 他花了3到4周批改作业，但是几乎没对作业做什么评讲。

（这时，惠特曼处长问学生，对马库塞的期末评分有什么意见。学生们表示对期末成绩没有意见。随后，惠特曼处长从学籍管理老师那里得知，马库塞教授给所有学生的成绩都是A。）

4. 他的教学进程远远落后于教学大纲，研究主题、阅读材料和课后作业都很滞后。

基于以上原因，这 4 位学生才向惠特曼处长投诉。“我们感觉，作为拉菲特大学的一名教授，马库塞博士的表现令人难以接受。从他的这门课我们没学到什么东西。因此，我们觉得，我们有权要求学校退还我们缴纳的学费。我们相信，在这门课程中，学校对我们根本没尽到应有的职责。我们花钱来受教育，可这门课并没教给我们什么东西。”然后，学生递给惠特曼处长一份所有上一秋季学期心理学 399 课的学生姓名和学号。并且表示，他们希望尽快从她那儿听到：“好吧，可以退款。”

如果你是惠特曼处长，你该怎么办?

所罗门之歌

简·兰伯特
印第安纳大学

背景

城市大学（简称 MU）是一所位于美国西北部州州府的都市高校。该校共招收 27000 名学生，其中本科生占 75%，研究生占 25%。城市大学校园建于 25 年前，和其他许多都市高校一样，肩负着多项使命，其中最重要的是建立一个享誉全国的研究中心，为城市社区周围的居民提供高等教育。城市大学已圆满完成了上述两项使命，而且仍然坚持真正开放的招生政策。尽管该校周边社区人口的种族多样化程度较高，可非裔美洲学生仅占城市大学学生总数的 10%，亚洲学生占 3%。城市大学与相距 35 英里的校本部保持着密切联系，校本部拥有 35000 名学生。实际上，该大学包括商业学院在内的许多院系的教职工在两个校区都有任职。

人物

宋柳：本科生，在城市大学学习仅1年多。她是越南难民，从城市大学所在地的另一所学院转学而来。她一到城市大学，就给每个跟她有接触的人看一封信，信里描述了她目睹家人惨遭死刑，以及在难民营中苦不堪言的可怕经历。她主修商科。全校人都认识她。宋柳谈到许多学院女秘书和女辅导员都像阿姨一样对待她。该大学正式将宋柳划为“残疾”生，因此，她的考试都需要额外加时。不过，她没有什么明显的身体缺陷，看起来聪明活泼。

萨姆·威廉姆斯：城市大学商学院兼职教师。他已任教8年，他的学评教成绩一直远远高于平均分。威廉姆斯受聘于该城市一家会计公司当会计。他本夏季学期担任A312中级财务会计（2）课程的任课老师，宋柳正好在他班上。

豪斯曼院长：担任城市大学商学院院长已10年。因为他果断、积极、勤劳、精明，所以学院教职工和学生都非常敬重他。人们称赞他带领学院度过了艰难时期。学院现在兴旺发达，豪斯曼院长任期将于本夏季学期期末结束。届时他将继续从事以前的专职教师工作。

凯恩教授：任城市大学本科生商学学科负责人两年，他是会计系的终身教授。由于耐心和勤奋，他在各种职位上做到了游刃有余。他聪明、幽默，对学生也很温和，常应邀在商学院主办的各种活动中演讲。他曾负责聘评兼职教员以及处理其他相关问题。不过，现在这项工作已转给负责学生服务中心的新任主任。

克莱尔·芬纳兰：城市大学商学院负责学生事务的新主任，她以前是该校专职非终身教师。4年前，她离开学校去攻读博士学位，本周刚返校开始新的工作。主任既要从事行政管理工作，又要担任本科生的教学。她在其行政能力范围内负责评聘兼职教员，监督指导老师和其他办公人员，支持课程规划，处理学生事务问题以及管理新生入学等。

案例

A312 中级财务会计（2）课程是城市大学会计专业的必修课，也是财务会计学这一课程系列的第二门课。该课程分几个学期讲授，夏季学期由兼职教师上，秋季和春季学期由专职教师上。学生普遍认为这门课特别难学。

舞弊现象在城市大学并不普遍。但是，正如大多数大学一样，该大学每年都会发生那么几起。而这些舞弊事件都由指导老师悄悄处理了，并未引起很大的反响。如果指导老师没能处理好这些事，学校专门机构就会参与处理。过去 6 年，商学院只有两起类似事件提交到校审查委员会。其中一起是某生在考试中涉嫌作弊，另一起是某生篡改考试等级。商学院在这两起事件中都蒙受了名誉损失，指控也被裁决无效。

第一周周一，克莱尔·芬纳兰上任的第一天上午就明白，她已深陷麻烦之中了。凯恩教授向她简要说明了她的新职责，并间接提出了一个"奇怪的伦理问题"，需要芬纳兰尽快帮他把这件事解决好。此事凯恩已处理了几周。在他去吃饭前，他向克莱尔承诺他会一直与克莱尔共同处理此事，不会简单地把问题丢给她。这时一名从旁边经过的秘书无意中听到此事，便说道："她才第一天来上任，你不会把这个难题交给她来处理吧？"

就在那天早上 11 点，芬纳兰接到萨姆·威廉姆斯的求助电话。威廉姆斯希望能得到一些建议以妥善解决 A312 课程上的问题。芬纳兰询问了事件的详细情况后，威廉姆斯告诉她如下信息：

宋柳是萨姆·威廉姆斯老师 A312 课程的学生。老师考虑到宋柳的生理缺陷，把她安排在专门的考试中心考试，该中心有定位设备和计算机辅助考试设备。期中考试第一场安然无事，但是第二场却出了大乱子。宋柳参加考试的前一天晚上，萨姆将试卷放到了考试中心。宋柳第二天上午来到考试中心，在监考老师的监视下开始答题。考试大概进行到一半时，宋柳称痛经请求上厕所。监考老师同意了，她去了将近 20 分钟。之后，她回到教室开始答题，几分钟之后又请假，理由是疼痛加剧，无法完成考试。她说之后会与导师联系完成考试。监考老师收卷时，发现她在藏一张纸。老师叫她交出来，她极不情愿地上交了。那张纸是考卷某页的复印件。宋柳解释说，有可能是学校教学秘书复印考卷时多复印了一页。两天后，监考老师告诉威廉姆斯，他觉得宋柳复印了那张卷子，因为她离开考场很长时间，很可能打算在考试结束前抄袭答案。但是，宋柳和威廉姆斯商量后，已在教学秘书办公室完成考试。威廉姆斯改卷时，发现宋柳的选择题部分全部正确，问答题部分 92％正确。尽管威廉姆斯心存疑虑，可除了监考老师的电话之外，他没有别的证据，于是只好给宋柳打 A。

期末考试那天，威廉姆斯班上另一个叫安米的学生考试后找他。安米告诉威廉姆斯，临考前几天，宋柳因为无法解答几道会计学的题目，给她打电话寻求帮助。安米帮她解答了，并直到她们确定答案为止。当安米发现那些题目就是 A312 课程试卷上的题目时，她惊呆了。安米告诉威廉姆斯，那些题目一模一样，并且确信，宋柳自己复制了一份考卷。

威廉姆斯把自己的想法告诉了布莱尔，他正在考虑给宋柳评什么等级，是给她评 F 还是凭考试成绩给她评 A，又或是在他弄清楚事实前先将她认定为“暂缓定级”。威廉姆斯说，这门课程考试选择题得满分的只有宋柳一人，这可以证明宋柳在考试中有作弊行为。布莱尔答应威廉姆斯，她会跟凯恩教授和豪斯曼处长商量此事，一有结果马上电话通知他。

当天晚些时候。凯恩教授午饭后回来跟布莱尔说：“我最好告诉你有关联邦快递的情况。”凯恩告诉布莱尔，有个联邦快递的司机告诉他一件事。一位学生订购了城市大学的 4 门商学课程的赠阅本和应试手册。由于该书用透明膜包装，而该司机也是城市大学的一位学生，所以该生立即认出那些书和应试手册。这个新到的邮件在联邦快递等着派送给一位学生，而联邦快递会对投递过程进行录像。经查收件的学生就是宋柳。凯恩教授从布莱尔办公室出来，打电话给一名相关出版商，问他为什么会邮寄这些资料。该出版商告诉凯恩教授说，一名自称城市大学叫约翰逊的教授打电话订购了该书，叫他们把书快递到她家。出版商给了送货地址，该地址被证实是宋柳的住处。

克莱尔叫豪斯曼院长去她办公室和凯恩教授一起协商此事。豪斯曼院长仔细听了两件事的经过，并询问了一些细节问题。院长摇摇头说，关于作弊，任课老师现在不妨先不做断定。他描述了本学期他作为商学院院长所掌握的有关此类事件的细节。“两次了，”院长说道，“我经历过两次类似的事，最初我确信我们不会输，可最后我们还是输了。尽管我们有教师和学生证人、证据……可靠的证据，我们尽可能拿到了所有的证据，最后还是输了。原因在于，学校行政部门不愿在这件事上支持老师，以违背学生的意愿。我想，他们是担心摊上官司。我不想凭你们今天告诉我的事来赞成对宋柳作弊的指控。或许你们可以就冒名索取教师用书和应试手册对宋柳进行指控。告诉任课教师，如果他想征求我们的意见，那就给她 I（未完成）暂缓定级。同时你可以向学校治安部门咨询她涉嫌违背了哪些规定，这就是我能给你们的最好建议。克莱尔向威廉姆斯传达了院长的意见。告诉他还有其他事需要调查，叮嘱威廉姆斯，趁着记忆犹新赶紧把事情的细节都写下来。她还告诉他，尽快找到监考老师和安米的书面陈述。威廉姆斯没再问下去，克莱尔也没透露正在调查的事。威廉姆斯先把宋柳 A312 课程的成绩改为 I[①]（未完成），其理由是，现在情况不明，给她评等级为时尚早。

第二周，凯恩教授来到克莱尔办公室，说他已和校治安部门联系过。凯恩想就向联邦快递提出下次投递时进行录像的建议，征求一下治安部门的意见。而治安部门告诉他，他们会回他的话，并建

---

① 译者注：美国最常用的评分等级是 A－F/0－4，A=4，B=3，C=2，D=1，F=0（不及格），其他常用的评分等级：I=未完成，W=退出，WC=非正式退出。

议他最好征求一下学校律师的意见。律师告诉凯恩教授，单就电话索取书籍一事而言，任何人如果假冒大学老师订书，都是不合法的。宋柳知道自己的成绩等级后，打电话给咨询服务工作人员，问威廉姆斯先生是否把她 A312 课程的等级改了。那周周末，凯恩教授再次和校保卫处联系。他们回答："你希望我们如何处理此事?"凯恩教授回答道："这正是我要问你们的问题。"

第三周，克莱尔的工作人员都不得安宁。宋柳的电话由天天打来变成了每个小时都打来。一名学业辅导老师私下告诉克莱尔，这已经不是第一次有老师暗示宋柳涉嫌作弊了。另一学业辅导老师在教师中有个亲戚，于是流言开始在整个办公室悄然传开。没人知道宋柳索取教师用书与考试手册的事，但是似乎人人都知道宋柳被指控作弊的事。宋柳也找了许多位教学秘书以试图联系上威廉姆斯教授询问其成绩。凯恩教授没回答克莱尔关于调查情况最新进展的问题。克莱尔吩咐办公室人员，下次再接到宋柳的电话，或者遇上她来办公室，就叫宋柳去找她。

克莱尔回到办公室，思考如何处理这件事，她真希望宋柳现在立刻出现在她办公室。

研讨会论文

玛格丽特·詹宁斯
迪金森学院

背景

派恩学院是一所规模较小的文科学院，创建于 19 世纪中叶。该校作为一所入学条件严格的私立大学而享有盛誉。其学生普遍来自中产阶级和上层阶级，家境富裕。其课程始终如一地秉承传统。该校老师认为，课程对学生来说有点吃力，甚至有点苛刻；但是只要学生按时上课，认真学习，极少会有人不及格。

派恩学院由一个新教主流教派创立，和教会保持着一定的联系。这种联系主要表现为向神职人员后裔颁发特殊奖学金，同时董事会将有几名牧师出席颁奖仪式。但学院不要求学生做礼拜，学生也不必把宗教课作为必修课。

学院的宗旨是弘扬文科精神。要求学生们将自我从迷信、偏见以及传统和社会对他们的束缚中解放出来。文科就应该让学生能够“认识自我，充分发挥自己的能力”。

关于学术作弊，学院概况中特别申明：“老师在处理学生的学术不端行为时有权采取任何他认为合适的措施。通常学术不端的学生将被任课老师给予 F 等级成绩并取消修课资格。如果事情被汇报到系主任那儿，老师们可能建议劝退或开除学生。”

过去的 5 到 7 年，派恩学院招生情况每况愈下。增加学费收入势在必行。其更多的基于学费的预算将用于弥补学校总经费与联邦财政资助金额之间的缺口。高级教师已开始抱怨学生质量很差。他们认为，招生处只是招来一群交得起学费的空皮囊。学生事务工作处正在处理越来越多的违纪问题，如宿舍违纪事件、未成年人酗酒问题，以及公共财产破坏问题等。然而校长已经定下了原则：招生规模必须扩大，在册率必须提高，学生流失率必须降低。

人物

威廉·坎特伯雷博士：英语系系主任，已在派恩学院任教 23 年。他认为，他的英语课程的学生的素质差得令人不安。他强烈反对在作文、英语以及数学课程中设立发展性（补救性）辅导课程。一有机会，他就指责学生处像保姆一样照顾学生，指责学术支持人员填鸭式的教育，指责招生人员录取“只会填申请表的医生（有钱人的代表）的低能儿”，从而损害了派恩学院的学位的声誉。

作为英语系系主任，坎特伯雷博士负责大一新生的研讨课。研讨课由一系列由教师和高级行政人员主持的小规模学术讨论会组成。每次研讨会都会指定许多阅读材料以及相关的写作要求。

阅读材料通常是传统的读本，10 年来几乎没什么变化。大部分学生根本不读原著，只买带有注释提要的简写本来读。然后再向上几届学生请教一下如何完成写作作业。

斯蒂文·丹弗斯博士：教务处处长，担任此职仅两年。之前他是一所中等规模的综合性大学历史系的系主任。他本身是派恩学院的毕业生。至今他还记得，自己大一上坎特伯雷教授的写作课时的害怕、焦虑和敬畏。而坎特伯雷教授却老是喜欢提到那门课他只得了 C^- 的成绩。

丹弗斯博士热爱派恩学院，并支持校长扩大招生规模的强硬态度。然而，他不确定自己一个教务处处长能在多大程度上影响学生的在册率。他一点都没有信心。因为，他认为如果学生在学院过得不开心的话，那应该是学生处处长的事。

罗斯玛丽·塞莱克女士：校女排主教练，体育教育助理教授。派恩学院拥有一支较高水平的女排队伍，经常在第三区获得前十名。由于它是一支常胜之师，所以招收并留住排球队员不是一件难事。排球夏令营是学校的重要生源之一，也是学校稳定的财政收入来源。塞莱克女士被人们亲昵地称呼为“罗丝”。她悉心地呵护队员，在队员们高二时就招募他们入队。她通过队员们在派恩学院的训练经历，与队员及其家庭建立起紧密的联系。她深受队员们爱戴，也广受学生们喜欢。

她教一年级的一门学术论文研讨课。她鼓励新队员选修她教的那个小组。这样，她就能够关注她们的学业进度，并帮助她们在派恩学院找到“脚踏实地”的感觉。学生们都知道，她愿意在学习上与她们共同努力，愿意在傍晚或周末与她们见面，辅导她们，让她们在质疑中学到有用的东西。

玛丽·吉利根博士：学生处处长。她刚拿到学生事务管理专业博士学位便加入了派恩学院。她很满意学生在派恩学院所得到的关注，但对日益增加的宿舍内损坏公物的行为，以及普遍流行的未成年学生酗酒等现象表示担忧。

她的几个同事都鼓励她明年承担一门研讨课的教学，可是她对研讨课的指定阅读材料持保留意见。她认为阅读材料课应该更多地关注非主流文化，而且她对读物中没有女性、非裔美国人、美国土著人和西班牙作家的作品表示关注。她认为，学生团体在变化，世界也在变化；如果学生想领会那些变化，并从中学到东西的话，那么指定阅读材料就应该与之相适应。

案例

罗丝坐在更衣室外的桌子上，听到几个大一的新队员谈起即将到来的研讨课写作作业。一个高年级学生告诉其中一个队员，这已经是多年来的“标准化练习”，以便学生与其他研讨小组的学生共同协作完成作业。既然作业（所有小组都布置一样的作业）都将由不同研讨课老师批阅，那同样的一篇论文则可以交给几个不同的指导老师。没有比这更聪明的啦。队员们都明白这一做法的好处，所以异口同声道：“为什么我们不这样做呢?”

可惜的是，由于更衣室其他噪音的缘故，罗丝没能听清每个人的声音。罗丝感觉，因为学术作弊尚未发生，所以她几乎无话可说。

你是学生处处长玛丽·吉利根。就在写作作业批改下发后的第二天，一个叫艾米莉·哈斯克尔的大一学生，在她的宿舍指导老师的陪同下前来见你。艾米莉的写作作业只得了B。可是她说，她在作业上整整花了几天的功夫，其他什么事都没做，什么社会活动也都没参加。而她的室友梅拉妮只花了50美元买了一份同学的论文，却得了A。你答应她一定会调查这件事的。

你和宿舍指导员以及艾米莉·哈斯凯尔的同学、其他高年级学生谈论此事时，惊奇地发现，艾米莉所描述的现象在校园中比比皆是。你打电话给坎特伯雷教授，把你所听到的事告诉他，但没告诉他和你谈话的那些学生的姓名。

坎特伯雷教授表示，招生标准如此之低，又没有严格要求学生对自己的行为负责，那这就是必然的结果。他发誓会一查到底，并坚持所有违纪者都将得到严惩。

坎特伯雷教授在没跟其他指导老师商量的情况下，便要求下次进行写作作业评级前先将作业直接交给他本人。在接下来的一天，坎特伯雷教授在大量咖啡的刺激下，一口气看完了350篇论文，越看越生气。看完之后，他冲到丹弗斯处长办公室，抓起一个纸箱，把一箱子的纸倒在地上，怒气冲冲地说："有82份论文抄袭其他论文！有些论文一式三份，甚至一式四份。我得说，这么多论文中，只有五六篇能及格。就连你丹弗斯先生也会比这些懒虫写得好。这82位作弊的学生必须开除……今天就开除。"

事情终于水落石出，真正涉嫌抄袭的有82位学生，几乎包括所有的大一排球队员。甚至有一位董事会成员的孙女也牵连进去。流言四起，指导老师们也开始关注此事。泪流满面的学生们频繁出入你的办公室。一些人是来认错的，一些人是来狡辩的（声称他和室友共用一台电脑。也许他不在的时候，别人复制了他的论文），所有人都等着看这件事怎么收场。

作为教务处处长，你怎么办？

体制内的失败

萨利·胡德·西泽，吉利安·金西
印第安纳大学

背景

麦迪逊州立大学最初作为一所规模较大的州立大学的分校而创建，通过近30年来的努力争取到了学校的自治。该大学坐落在一个大都市的中心。学校提出了自己作为大学的使命，即理解并回应学生的天性和需要，发展当地、附近区域及本州所需要的专业和服务。然而，由于多年失控的发展，学校产生了诸多问题，如部门零乱，沟通不畅，部门间、部门与当地社区间联系不够紧密等等。学校最近重新定位，希望把这所综合性大学晋升为拥有博士点的一流大学。然而，校长也承诺继续重视本科生的教育、教学和服务。去年全日制和非全日制学生加起来已达27000名之多。然而，由于学生们“时进时出”，招生人数仍然是学校需要关注的问题。和其他都市大学的学生相比，麦迪逊州立大学的学生不愿在学校活动或校园休闲方面花时间。对大多数学生而言，在麦迪逊州立大学求学的学生就像夹在工作和家庭之间的三明治。

人物

杰夫·莱文森：管理系助理教师。

希瑟·钱伯斯：商务专业大二学生。

里克·查维斯：社区机构主管——住房援助机构办公室主任，大学与社区伙伴关系促进会联席主席。

凯依拉·格林：住房援助机构职员。

琳达·约克：管理系系主任。

帕特里克·穆里甘：学生处处长，大学与社区伙伴关系促进会代表。

案例

杰夫走下楼时，尽力控制自己的紧张情绪，他提醒自己，第一堂课的首要任务是要激发学生在课程要求和负担方面的自信心、恒心和严肃的态度。杰夫之所以紧张，部分原因是本秋季学期他才开始担任大学助理教授。最重要的是，尽管他上一春季学期已教了W250课程——管理和非营利性组织课程，可这回还是他第一次承担实践教学部分的工作。暑假，杰夫在见过原任课老师后，花了几好周时间准备课程大纲和任务。原指导老师明确告诉他，尽管实践教学课程需要指导老师和校外机构配合，可实际上，选这门课的学生一直很少。这大大减少了这门课的工作量和评定成绩的负担。但杰夫拿到班级花名册时，非常惊讶地发现居然有 30 名学生选课。他上午讲课的重点是让学生明白，与校外机构合作需要高度的专业精神，一学期需要投入 30 小时的时间。

杰夫相信，他成功地达到了留住那些最认真的学生的目的。到第二周周末，只有 5 位学生退了这门课。实践服务教学课程的难点就是做课程计划。麦迪逊州立大学大部分本科生每学期要修 15～18 学时的实践服务课程。另外，很多人都认为，这只不过是一项兼职工作。杰夫发现一些学生的时间安排有冲突，以致无法完成要求的学时。接下来的几周，杰夫试着和学生的实习单位指导老师就此进行沟通，尽量把学生的兴趣与其所从事的工作结合在一起。月底，除希瑟·钱伯斯仍没在现有的岗位中发现适合她的时间安排表的职位外，所有的学生都已安排妥当。

杰夫想方设法满足希瑟的要求。他在课前与希瑟见面，以免希瑟课后还要专程来学校找他。杰夫还与住房援助机构主任里克·查维斯联系，希望得到他的帮助。里克非常乐观，他向杰夫保证，会找到适合希瑟的岗位。开学六周后，里克专门为希瑟安排了一个从事志愿者招募工作的职位。希瑟对这个机会表示出了极大的热情和兴趣。她告诉杰夫，她想做有意义的工作，希望对社区有所贡献。希瑟回顾了她高中时所参加的志愿者工作，希望将来的职业能为当地带来积极的变化。课堂讨论时，希瑟发表了她关于工作场所的平等问题、消除等级制度、增强管理者职责等方面的观点。杰夫对希瑟的表现表示满意，特别是在班上其他同学怀疑并讥刺非营利组织的基本原则和使命时。

期中临近，杰夫检查评分手册时发现，三次作业希瑟一次都没有交。后来上课时，杰夫问希瑟为何没交作业。希瑟说她正在做，可同时还忙着其他 5 门课的作业。希瑟在某些课程的选择顺序上没有安排好，现在正花时间努力迎头赶上。讲到这些时，她几乎要哭出来了。杰夫给她宽限了最后上交作业的期限，并再次强调了这门课的要求。接着，杰夫和希瑟谈了一会儿社区经济和社会问题。希瑟谈到要致力于改变当地居民的居住条件和周围环境的想法，这给杰夫留下了深刻的印象。

一周后，里克·查维斯告知杰夫，希瑟已经两周没到住房援助事务办公室工作了。更严重的是，她连缺席的原因都没告诉指导老师。杰夫意识到，希瑟最近 4 次课有 3 次没到。他在课堂上问其他同学时，也没人知道希瑟在哪儿。杰夫很担心，于是，他在家里给希瑟的宿舍挂电话。希瑟的室友接电话解释说，希瑟在外工作。

与此同时，学生资助事务办公室也让希瑟非常的沮丧，感到压力巨大。由于没有家庭的经济资助，为了完成大学学业，希瑟借了大量的贷款。她目前被告知，由于缺少某些信息，学生资助事务办公室再次拒绝了她要求被认定为没有经济收入来源和家庭资助的学生的申请。她愈发担心自己能否继续负担大学学习的费用。

当希瑟出现在课堂时，杰夫问起她缺课和缺岗的事。希瑟哭了起来，她解释道，这是因为课程太多，而她又得 5 天兼职上夜班做服务员。她保证，将补上住房援助机构缺岗的时间，而且保证以后不再旷课。希瑟给了杰夫 2 周前应交的作业。当被问起她的其他作业时，希瑟解释说她正在做。杰夫再次给了她一个宽限期，并对她的处境表示理解。

两天后，杰夫接到希瑟工作的住房援助机构指导老师凯拉·格林的电话。讲起希瑟涉及的一件事情时，格林很不高兴。希瑟不同意格林解决一个客户的问题的方法。希瑟指责格林不仅没有对自己的工作尽职尽责，反而在成为阻止社区改变的障碍。争执之后，希瑟离开了。杰夫一回到家就接到希瑟的电话。希瑟哭着诉说与凯拉·格林的争执带给她的震惊。希瑟很生气，因为指导老师说她没经验，不去正视工作场所的现实，还说她活在自己的梦想世界中。杰夫承认，雇主必须坚持非营利性组织的使命。但杰夫却十分坚定地阐明了自己的观点，希瑟在工作时应表现出对他人的尊重和专业精神。尽管这意味着折中自己的价值观。希瑟觉得杰夫在跟她作对，于是声明道，她不应该在她付了学费的课程中受到如此的对待。杰夫请希瑟和凯依拉与自己见一次面，以解决这个问题。希瑟拒绝了。杰夫提醒希瑟，她要兑现自己修完实践服务学时的承诺。

大学与社区伙伴关系促进会会议结束后，里克·查维斯找到帕特里克·穆里甘，与他谈论一位学生在其社区机构工作的事。他解释说，像这样的事可能会让一些人更加相信，学生在实践学习项目中没有得到有效的监督。作为校长办公室赞助委员会的校方代表，帕特里克很关注这类事的负面影响。他因对此事毫不知情而十分生气。帕特里克问杰夫，杰夫随后解释了希瑟的情况。

接下的一周，希瑟告诉杰夫，她想到另一个社区机构工作。杰夫强调她应该对住房援助机构负责，要求她回去继续工作。然而，杰夫更关心的是希瑟尚未完成作业。杰夫给希瑟发了一封邮件，列举出了她所拖欠的作业，问她是否能及时完成作业，以获得学期成绩评分。希瑟在回复的邮件中做了如下回答：

没问题，杰夫！三周时间足够完成作业。我已经开始着手，打算把所有的时间都花在作业上。我找到人顶替我在网络咖啡室的工作，所以现在我有很多时间。感谢你对我的理解和给我的宽限。

本学期最后三周，希瑟缺席了6节课中的4节，也没去住房援助机构工作。最后一节课，希瑟没交作业。此时，杰夫已评定完其他同学的作业，他认为希瑟该重修该门课程。周六，在学校要求上交成绩之前，杰夫在计算机实验室看到希瑟。希瑟看起来很疲倦，解释说她正在赶着完成作业，接着问杰夫她已上交的作业的成绩。杰夫试图劝说希瑟让她重修，说不愿看她总是赶着做作业。希瑟说她不愿意重修，因为她必须在学业上取得令人满意的进步，否则学校给予她的助学金就将泡汤。

周日上午，杰夫在邮箱里发现希瑟的作业。他开始批改，立刻发现作业是匆匆赶做的，质量很差，不符合课程提纲所列的要求。这时，杰夫生气了，也没花时间给她写评语。杰夫很不高兴，因为希瑟向他保证过会全力完成作业，可现在看来，她是在糊弄自己。

杰夫二话不说，给她的那门课评了“F”，同时给她的实践服务学习部分评了重修。

第二学期第一周，杰夫接到希瑟的电话。杰夫试图解释为什么她会不及格。希瑟说，她很认真完成作业，并且一直投身于非营利性工作，她不明白自己做错了什么。杰夫不想和希瑟在电话上争论这个问题，答应和希瑟一起重新评审她的作业。与希瑟电话上的一番交流让杰夫感到不安，于是杰夫打电话征求系主任琳达·约克的意见。琳达支持杰夫对希瑟的评分，不过认为希瑟有权提出质疑。

两周后，希瑟打电话给琳达·约克，声称杰夫在电话里对她蛮不讲理，也没给她的作业进行认真的评分。希瑟认为，不能因为她没要求延期而给她不及格。她要求与他们两人见面，一起仔细评阅她的作业。琳达告诉希瑟说自己会和杰夫联系，也会给希瑟发邮件，安排一次见面。然而，琳达由于工作太忙，所以被迫两次推迟见面。

你是学生处处长帕特里克·穆里甘。在看了学生申诉规定后，你接到希瑟的电话，定下她与你见面的时间。而在此之前，她给你发了封邮件，讲述了事情的经过，强调由于其经济原因而努力争取学分的情况。希瑟觉得自己在住房援助机构得不到公正的待遇，实践服务学习部分不该重修。希瑟还认为，指导老师杰夫给自己的评分也不公正。在她看来，杰夫讲课毫无条理，备课也不充分。希瑟觉得她不该重修这门课程，并且解释说，重修会推迟自己拿到学位的时间。更重要的是，由于 W250 课程的成绩，学校资助办公室将停止资助她本春季学期所选的 19 个学分的课程的学费。最后，希瑟解释说，自己一直想见系主任琳达·约克，可琳达却对她置之不理。希瑟说，没人站在她那一边，她的权利没有得到尊重。你知道，杰夫·莱文森是学校数一数二的指导老师，他很关注大学与社区合作伙伴关系促进会的反应。事实上，你下午就将和里克·查维斯以及校长见面讨论促进会的发展事宜。

那么，你现在该怎么办?

当分数制约学习时

鲁思·拉塞尔
印第安纳大学

背景

路跑大学方方正正的混凝土建筑，就像海市蜃楼一样在沙漠中拔地而起。这是一个位于本州西南部郊区的大学校园，其周围稀稀拉拉地矗立着高档住宅。这所大学是州立大学中的一员，其校本部位于25公里以外的州府所在地。其使命是服务于城市东北部迅速增长的人口。该大学以招收本科生为主，今年招收了12320名学生，近5年一直保持着7%的年招生增长率。这所大学的校园始建于12年前，其目标是创建一个微缩版的校本部。因此，除了校本部的某些特色专业外，该校区的学术课程和校园服务都是校本部的翻版，其中包括女生联谊会和男生联谊会。

人物

路易斯·斯卡格斯：社会学系终身副教授。斯卡格斯教授因擅长教学，特别是擅长社会学概论（社会学100）课程而出名。她为人热情，讲课生动，深受学生欢迎。

简·伍德：贤明布拉什宿舍大楼协调员。简是路跑大学特殊教育专业在职硕士生，今年是她在贤明布拉什宿舍大楼工作的第2年。去年她是3名助理协调员之一。前任协调员毕业后，她今年夏天晋升为协调员。作为路跑大学的一名大学生，她也曾住过贤明布拉什宿舍大楼。

玛丽、卡伦、艾莉莎和梅勒妮：本科生，兰布达穆奴女生联谊会会员。玛丽和卡伦是社会学专业大二学生，艾莉莎是化学专业大三学生，梅勒妮是数学专业大三学生。她们居住在女生联谊会所在的贤明布拉什宿舍大楼侧楼，也就是“大楼”的两居室套房内。艾莉莎和梅勒妮荣登女生联谊会光荣榜，成了玛丽和凯伦的楷模。本学期她们都选了社会学 100 这门课。

威利、凯西和苏：都是大二学生，住在贤明布拉什宿舍大楼。她们不是女生联谊会会员，本学期也选了社会学 100 这门课。威利和凯西还是室友。

哈罗尔德·弗里德曼：路跑大学学生处处长。

事实

1. 由于校园是新建的，招生人数又众多，所以 10 个学生联谊会组织中的两个有自己专门的住宿大楼。大多数学生组织都分布在路跑大学 5 个宿舍大楼中的某一层或某个区域。

2. 贤明布拉什宿舍大楼是学校女生宿舍区，住着大约 300 名学生。宿舍大楼设有两个女生联谊会——兰布达穆奴女生联谊会和阿尔法贝塔女生联谊会。其他 4 幢校园宿舍大楼，包括学生联谊会“宿舍大楼”，都是男女生混合居住。

3. 兰布达穆奴女生联谊会 1988 年获得路跑大学特许成立。它是学校 4 个女生联谊会之一，现有 45 名会员。她们都居住在贤明布拉什宿舍大楼侧楼兰布达穆奴区。该联谊会之所以是学校最受认可的联谊会，或许是因为其会员一贯有着很高的学术成就，且在住宿区开展了良好的具有公民意识的服务项目。

4. 社会学 100 课程是每学期由斯卡格斯教授上的社会学概论。该门课通常有 100 多名学生选修，它还是社会学和其他社科专业学生的必修课，自然科学专业学生的选修课。

案例

每学期开始，按惯例，兰布达穆奴女生联谊会都要举办一场学术成就庆功宴。该联谊会在贤明布拉什宿舍大楼餐厅预定了一个分区举办晚宴。晚宴活动包括表扬上学期荣登光荣榜的学生，公布该女生联谊会整体平均学分绩点等。平均学分绩点对奴员们（她们的自称）来说是很重要的数据。因为其他学生联谊会总是在同他们竞争最高的平均学分绩点。通常，她们还会邀请一些德高望重的教授当嘉宾。

9月15日，玛丽和卡伦在上完一节社会学100课后，向路易斯·斯卡格斯博士走去，邀请她参加本年度兰布达穆奴女生联谊会庆功宴。斯卡格斯博士很意外，欣然答应了她们的邀请。

9月26日，斯卡格斯博士来到贤明布拉什住宿大楼餐厅。玛丽热情地迎接她，领着她进了奴员们专用的餐厅接待厅。很快，卡伦和另外两个没选社会学100课程的学生聊上了，她们愉快地谈论着斯卡格斯博士的课程。卡伦和玛丽热情地告诉女生联谊会姐妹们，这门课上得十分精彩。稍后，联谊会会员和嘉宾进入用餐区进餐。卡伦和玛丽继续谈论斯卡格斯博士的课程，谈得很愉快。当晚宴正式开始时，所有会员站起来欢迎嘉宾。玛丽极力称赞斯卡格斯博士。在公布荣登光荣榜的会员时，斯卡格斯博士惊喜地发现，艾莉莎和梅勒妮受到了女生联谊会主席的褒奖。她们俩这学期也修了斯卡格斯博士的社会学课程，但是晚宴时她们没上前问候斯卡格斯博士，所以她不知道她们也是该联谊会会员。晚宴在斯卡格斯博士向艾莉莎和梅勒妮的祝贺声中结束。斯卡格斯说，她为能有这么优秀的学生而感到高兴。

9月28日，就在社会学100课前，斯卡格斯博士在玛丽和卡伦刚要坐下时向她们表示了谢意，感谢她们邀请她参加颁奖晚宴，并再次祝贺艾莉莎和梅勒妮。

10月12日，学生上交社会学100课程的学期论文。

10月21日，社会学100课程期中考试。

10月27日，评过分数的考卷和学期论文发还给学生，期中评分张贴出来。

10月28日，你是简·伍德。这天晚上有人敲门，你打开门。威利、苏和凯西进来告诉你，贤明布拉什宿舍大楼非学生联谊会学生正在开专题会。会议主题是“学校给予非男女生联谊会成员的不公待遇”。她们邀请你参会。当你走到三楼休闲室时，七八位学生围着威利正在讨论。学生们怒气冲冲。威利说，期中考试评分结束后她们做了一些调查，她们发现了路跑大学的一种“精明的学术舞弊方式”，要求学校采取行动。她声称，兰布达穆奴女生联谊会和其他学生联谊会一直留着往年的试卷。她进一步说道，艾莉莎、梅勒妮、玛丽和卡伦在这次期中考试前拿到了上次期中考试的卷子，所以她们这门课考得较好。“另外，据我个人观察，斯卡格斯博士给予女生联谊会的婊子们以优待。”凯西尖叫道。“要么这些学生联谊会和大家分享这些保留的试卷，要么校方就给兰布达穆奴女生联谊会和其他类似组织以纪律处分，”威利总结说。你建议还是多做调查和讨论再说，但是与会者却不顾你的建议，拟了一份请愿书，并在其背面签名。

10 月 29 日，威利、凯西和苏把请愿书递给学生处处长哈罗尔德·弗里德曼，要求处长和贤明布拉什住宿大楼有关的学生开个会。

10 月 30 日，你去女生联谊会宿舍区找梅勒妮、玛丽和卡伦，但是只有玛丽在。你告诉玛丽：“应贤明布拉什住宿大楼的一些学生请求，前天召开了一次会议，讨论女生联谊会本学期在社会学 100 课程上学术舞弊的行为。”玛丽红着脸回答到：“我可以解释。艾莉莎和梅勒妮不是社会学专业的学生，所以她们的社会学得 A 对平均学分绩点很重要。这比她们从社会学学到的东西重要得多。卡伦和我让她们看我们的学期论文，但是我们没想到她们会抄袭。看到她们的所作所为，我们一直很担心。”玛丽告诉你，她希望承担全部的责任，也希望艾莉莎和梅勒妮平安无事。“我真不希望女生联谊会会员知道这件事，”玛丽请求道。你没告诉玛丽那晚的会议上学生真正抱怨的是什么，想再考虑一下如何处理这个问题。你回到办公室时，看到电话留言机上显示，弗里德曼处长留言请你给他回电话。

亡羊补牢

罗伯特·施瓦茨
佛罗里达州立大学

背景

摩尔学院是美国南方一所中等规模的公立大学，你在该学院任学术事务处副处长。摩尔学院也是一所学术性较强的大学，其70％的学生招自本州，30％的学生招自州外，而大多数学生都来自附近城市或地区。

你既为老师服务，又为学生服务。作为一名管理者，你安排学术日程，处理与全体教师相关的问题，如对招生的要求、对学院和机构委员会的要求、学生档案以及“指定的其他职责”。必要时，你还得在师生之间扮演协调者的角色。事实证明，你干得相当出色。因此，处长渐渐地授权你处理大多数学术问题，例如学术舞弊、师生冲突以及其他事宜。

由于你善于倾听，特别是对当事各方都很公正，当大家还在想弄明白他们在课程或教学方面是否存在问题时，你已在学生中树起了极高的威信。通常，你很珍惜这种荣誉，并且乐意与大学生见面，尽管他们总是带着问题来找你。

案例

一天中午，你在办公室，突然听到有人小心翼翼地敲门。你抬起头来，看到一个稍显年轻的学生。从他犹犹豫豫走路的神情，你推测他也许是大一新生或大二学生。该生问你是否有时间和他讨论一个问题。你请他坐下并开始聚精会神听他讲话。

那位学生解释道，政治课老师告诉他，要给他不及格。由于离本学期期末还有几周，你质疑学生的假设，问他：“不是还有足够的时间将成绩提高到D乃至C吗?”该生差一点流下眼泪。他解释说，那位老师曾说他剽窃，不仅要给他的成绩评F，而且还要把他的情况上报学术事务处处长或学生处处长，追究其违纪行为。他甚至可能会被停学。

考虑到学生所受指控的严重性以及可能产生的后果，你站起来绕过办公桌去关门，以保护其隐私，同时也给自己一点思考的时间。在有关学生操守行为规章制度的《学生手册》中，学生剽窃如果证实，对其的处罚包括该门课程学分为零，学生还有可能被处以停学。坐在你办公室的这位学生的确该为此担心。

你叫学生用他自己的话描述一下导致目前状况的所有细节，特别是指控他剽窃什么，以及为什么剽窃。该生解释说，之前他从不知道什么叫剽窃，也绝不是有意要这么做。由于政治课有篇论文要交，他时间又不多，所以他写了自己能写的部分，然后就像上高中时的做法一样，从书上抄了一些内容加到自己论文中去。这种做法或许有错，可他不明白这怎么会有教授说的那么严重。

显然，你想到自己有几件事得处理。一方面，该生已经承认，在某种程度上他明白自己已犯错。另一方面，既然过去在高中没有人责备过他，那么他该在多大程度上为学术诚信负责呢?老师推测学生将来一定会犯之前那样的错误，这种做法对学生是否公正?显然，最重要的是你得尽快听取任课老师的意见。

你当着学生面给任课老师打电话了。你认为，尽早从双方了解尽可能多的信息，对了解事情真相肯定会有好处。可惜的是，电话没人接听。你查了一下课表，很快发现该老师正在上课，还要等上45分钟。

你回到学生身边，留下了学生的相关信息，包括电话号码、班级课表等作为办公档案。你解释说，这确实是一个非常严肃的问题。尽管你在副处长这个位置上，可你也只能跟任课老师谈一谈。然后你站在学生的角度，尽量给他提出下一步如何处理的建议。由于这个问题的性质非同一般，所以你只能和他谈论怎么做，而非解决此问题。可能（其实是很可能，但是你现在没告诉学生，因为没有必要再让他更担心）他和任课老师都得与学术委员会一起来讨论此事。

学生悔恨交加，保证第二天同一时间会到办公室询问事情的进展。你认为到那时你会和任课老师取得联系，也许能了解到更多事情的进展情况。你和学生握手告别，然后回到办公室。

不到 1 小时，你联系上了那位任课老师。接到你电话时，她一点都不吃惊，只是就该问题做了不同的解释。她手中拿着课程提纲，描述了各种学术诚信问题，包括剽窃、考试作弊等。另外，她指出，由于班上多数都是新生，她第一堂课就把这方面的问题细说了一遍，并提出，如有必要，她可以对个别学生做进一步讲解。

针对你的问题，她表示，因为该生尽管很用功，可是并不聪明，所以她对他的论文比较留意。因此，当她发现他的论文有相当部分写得文采飞扬、句式复杂，一点都不像他平时的风格，他甚至还提出了一个颇有见地的解释时，她感到非常意外。她认为他自己绝对不可能写得出来。

接下来的某一天，她就论文当面和该生谈话。起初，他说论文是自己写的。然而，在继续追问之下，该生承认，他引用了图书馆书中的某些参考文献。她大略估计了一下，10 页论文中，大概四分之一到三分之一直接摘自其他文献资料，却未加注。

任课老师告诉你，她正准备给该生评不及格。因为如果不这样做的话，那么这类事不会引起其他学生的重视。另外，她说，如果学院不就此事追查到底的话，那么其他学生会坚守什么样的标准呢？其他老师又以什么标准作为评分的依据呢？她解释说，她跟系主任已谈过此事，也得到了系主任和其他教授的支持。你解释说，你同意她处理此事的原则和所持的观点。你想知道，该问题学生是否如其所说是自己愚蠢行为的受害者呢，还是是学术不端行为的受害者？现在你已知道了任课教师的意见。你同意再找机会与该生谈一谈，多了解点情况后，明天再找她。

第二天，学生如约来到你办公室。看上去，他刻意整理了自己的思绪，重新思考过问题。毫无疑问，他受到学生宿舍夜间卧谈会的启发，言词听起来有些振振有词。如他怎么知道在高中能做的事在大学就不能做？难道不会是这位教授想让她自己在学校、在学院同事面显得与众不同而故意为难他？他为何不能面见校长投诉教师故意针对他？父母指望他能从大学毕业好找份工作，而不是因无聊的论文被踢出校门。现在他怎么开口向父母说这件事？

第九章 法律和司法案例

作为对美国社会变化的整体反映，涉及学生事务专业的法律事件从20世纪80年代到90年代与日俱增。在前面几章探讨的许多案例中，有些法律方面的问题不容忽视。然而，本章探论的几则案例，将更加直接地针对学生事务管理者正面临的法律问题。

在《言论自由与性骚扰：一些出乎预料的事》中，贝基·罗珀斯一修依尔曼和布莱恩·罗珀斯一修依尔曼，描述了类似性骚扰却非性骚扰的一起案例。在特里萨·豪尔的《迎新晚会的真相》中，一位新上任的管理者正在考虑如何对一场出格的庆祝活动进行处罚。凯里·麦凯和谢丽尔·洛弗尔的《诸圣学院的性骚扰风波》，介绍了一名新来专家的轻率之举。在克里斯托夫·布朗和斯蒂文·托马斯的《寻宝游戏》中，当种族歧视和性别歧视成为主旋律时，寻宝游戏的乐趣荡然无存。最后，在迈克尔·库莫斯的《阿伯希尔学院的安全：责任的界定》中，面对日益增加的暴力案件，经过仔细考虑，校方权衡了赞成者和反对者的观点——是否需要给校保卫人员配备武器。

本章所提出的法律问题不只是大学校长、董事会和律师所要面对的。学生处处长及其助理、教务处处长、校董事会成员以及学生生活部主任等也都必须加强其法律意识。

言论自由与性骚扰：一些出乎预料的事

贝基·罗珀斯-修依尔曼，布莱恩·罗珀斯-修依尔曼
路易斯安那州立大学

背景

绿河学院（GRC）坐落在威斯康辛州的乡村地区，拥有 8100 名本科生，该学院为能给学生提供全面自由的当代教育而感到自豪。绿河学院几乎完全是一个本科生的校园，全体教职员工和学生都致力于建立一个能兼容并蓄、百家争鸣的教学环境。得益于之前招生工作的成就，绿河学院的招生标准变得非常严格，招收来自美国各州以及世界各地的精英学生。该学院制定了一项政策，要求所有大一新生必须住在校园内的宿舍楼内。可这项要求通常显得没有必要，因为 75%的学生在整个大学生活期间都居住在学校宿舍楼。出于经济和教育的原因，学院已采取强有力的措施以确保学生在学生宿舍的生活经历对他们产生积极正面的影响。

洛克威尔宿舍大楼每年大约住 225 名学生。洛克威尔以学生认真学习而闻名。住宿生严格遵守保持安静的规定，其宿舍文化通常关注于学生的学习方法和职业发展。而且，由于其积极有效的管理，洛克威尔成为最早为住宿生提供大型计算机实验室的宿舍大楼之一。每年，宿舍文化管理员都要申请经费且通常还受到额外资助，以扩展计算机实验室的功能。因为洛克威尔宿舍大楼位置偏僻，离校园的其他设施最远，所以学生选择住在这儿的主要原因是其拥有计算机这一额外的设备。

人物

加比：洛克威尔宿舍大楼的一位工程学本科生。和其他大多数同学不一样，加比家境并不富裕。因而她认为，在像绿河学院这样

的一所精英大学攻读学位，对她而言是一项荣誉。她认同绿河学院的教育哲学——学习包括课堂学习和课外学习。但她坚信课堂学习对她而言是第一位的。

萨姆：洛克威尔宿舍楼管理中心主任。尽管她有3年的主任助理经验，可是这还是她第一年担任主任。萨姆觉得自己熟悉大楼内部情况。她坚持认为，校园应该是一个言论自由的地方。所以她一直致力于举办各种论坛以让各种声音都能被听到。她正在附近一所大学攻读女性研究方向的硕士学位。

埃里卡：绿河学院学生处处长。埃里卡早在25年前就已获得博士学位，见证了学生事务的种种变迁。过去，她一直是学生活动的坚定支持者。最近，她几次促成了学生就环境和教育问题前往州府大厦游说的活动。她为绿河学院学生团体感到骄傲，认为自己的工作更大程度上是一种乐趣。

案例

下午9点，洛克威尔宿舍楼。加比走进设在洛克威尔宿舍楼底楼的计算机实验室。她想完成大型工程仿真作业，希望整晚使用计算机。走到实验室后面时，她感觉宿舍楼有计算机实验室真是太好了。特别好的是，该实验室终于配备了两台能够完成仿真作业的计算机。她走向后面角落的一台计算机，拿出书开始学习。

她很快发现，坐在她前排的一位男生并没有在做作业，而是正在神采飞扬地玩网络游戏。加比觉得，能有时间去玩网游真不错。夜深了，她发现前排的男生开始浏览黄色网页和新闻网站。他的显示屏显示出各种各样的性交姿势。加比惊呆了，她简直不敢相信，众目睽睽之下，这位男生居然在公共实验室浏览黄色图片。

她不知道该做什么，于是站起来，走到实验室前面，对学生管理员说："我前面的那位男生在浏览黄色图片，你能叫他不看那些图片吗?"那名实验室管理员抬起头，然后慢慢地摇摇头说："对不起，我不负责监视学生在电脑上做什么——我只负责电脑的正常运行，保证没人偷东西。另外，和你一样，他们也有权做他们想做的事。”

她感到很失望，回到座位，努力专注于自己的学习。然而，她再也无法专心学习了。她不断用眼角去瞟那些图片。最后，她决定叫那位学生用另一台她看不到显示器的电脑，否则就别浏览黄色网站。可那位男生却坚决地回答：“不。”

她努力注视自己的电脑，做自己第二天要交的作业。可是她再也受不了了，背起书包回寝室。当她穿上外衣和鞋子时，心想要是自己寝室有台能上网的电脑该多好啊。她再次检查自己所有的东西，然后迈着沉重的步子踏上雪地，向工程学实验室走去。

晚上 10 点 45 分，工程学大楼。加比大约花了 10 分钟走到工程大楼，走进计算机实验室。她知道，今晚实验室肯定会很忙。可是，当她到看所有位置都坐满人，而自己是第 4 个排队等候的人时，她还是开始着急了。大约过了 53 分钟，她终于找到了座位。这时，已经是晚上 11 点 30 分，但是她还需要花几小时才能完成作业。她想要是能在宿舍大楼实验室做作业的话，她现在可能已经做完了，就用不着熬夜了。

凌晨 2 点 30 分，她终于做完作业，把所有东西装进书包。昏昏欲睡的她沿着格外明亮的道路往回走。经过自己的宿舍大楼的计算机实验室时，她探头往里看，发现先前那位男生还在那儿。她不想回头再看他在浏览什么，而是经过电梯走向宿舍大楼主任的寝室。她给萨姆留了一张字条，上面写道：“我想尽快见到您。请您上午打电话给我。加比。”

上午 7 点 45 分，洛克威尔宿舍大楼。第二天上午，宿舍电话响了，加比被吵醒了。由于昨晚晚了 3 小时睡觉，所以她睡过头了。萨姆打电话问她有什么要事要商谈。加比胡乱穿了件毛衣，跌跌撞撞地向萨姆办公室走去。

“萨姆，昨晚有位男生在计算机实验室通宵看黄色图片！我不得不离开去工程大楼做作业，因为我受不了。怎样才能杜绝此类事情发生呢?”加比问到。

“我不知道,”萨姆答道:“根据学校规定,言论自由权受保护,包括使用电脑。但是,学校有规定,校园网只能用于学习和研究。或许,这项规定对我们会有帮助吧。今天与学生处处长埃里卡见面时,我可以跟他说一说这件事。如果与你的时间不冲突,我们欢迎你也参与讨论。”

下午2点30分,学生处处长办公室。当天晚些时候,加比上完工程学的课,交完作业后,她和萨姆一起到埃里卡办公室。埃里卡坚持来访必接的原则,对萨姆也很了解,所以他们三人很快切入正题。萨姆叫加比讲述昨晚的事情,然后问他们该怎么办。

埃里卡从文件中抽出一份有关大学计算机的使用手册。“对不起,”她说,“看来我们无法处理此事。因为使用手册相关部分规定如下:‘本校直接和间接连接起来的因特网和其他网络,对其不当使用将视为滥用计算机使用权。滥用计算机使用权是指网络活动的使用者给有限的计算机资源造成过重的负荷。网络活动包括一切网络游戏,在网上向不特定第三方发送淫秽和/或骚扰信息,以及用学校计算机资源非法进入,或者试图进入其他计算机网络系统。’一来那位男生没给你发黄色图片。二来因特网显然也不是未经授权的网络。”

“那么,骚扰呢?”加比问道:“我受到了直接的冒犯,感觉他在侵犯我的私人空间。”埃里卡又从文件中拿出相关的规定。“嗯……我觉得这么说可能也没什么用。我们关于性骚扰的定义是:‘性骚扰是指不受欢迎的性骚扰语言或性肢体行为,其行为的目的或结果是不合理地干扰特定第三方的工作或学习环境。’加比,你觉得,从我们的定义来看,你受到性骚扰了吗?”

加比回答说,她不希望给这种行为贴上性骚扰的标签,只希望杜绝这种现象。她再也不想半夜穿过整个校园。毕竟,计算机网络的便利使用是她选择这座宿舍大楼的主要原因。

你是埃里卡。加比和萨姆都想听一听你的意见,和你一起应对目前的情况。你能提什么建议？你知道你得解决这一起独立事件，并且还得为学校提供一个适用范围更广的关于计算机使用或性骚扰的管理规定，以处理今后可能发生的类似情况。你将怎么办？

迎新晚会的真相

特里萨·豪尔
道森大学

背景

州立南方大学是一所综合性州立大学，坐落在一个拥有 5 万人口的城镇。该大学 1878 年成立时为师资培训机构，可经过 100 多年的发展，现已拥有 7 个学院、55 个专业和 35 个主要学科，主要致力于培养本科生。州立南方大学约有 1 万名在校生，其中本科生 8200 名，研究生 1700 名。学校居住着 2300 名学生，其中包括大约 600 名住在男生联谊会和女生联谊会宿舍的学生。除学生联谊会成员外，许多学生周末回家或离开学校。州立南方大学的学生联谊会有 22 个分会，拥有 1200 名会员。联谊会要么在城区租有房子，要么拥有自己的房产，在那里发挥着各种作用。

州立南方大学拥有一个由学生纪律事务处处长指导的学生行为管理体系，包括一个学生纪律委员会。该大学学生行为守则不但禁止常见的校园违纪行为，而且对学生的校外行为也有明确的约束要求，即学生在校外不得从事对他人有不良影响或有损学校学术声誉的活动。

人物

斯蒂文·卡尔：兰姆达男生联谊会主席。该协会作为一个国家级学生联谊会在校园已有 50 年的历史，而作为地方团体则大约有 100 年的历史了。斯蒂文积极参与校园生活，担任了男生联谊会理事会成员和大学纪律委员会委员。

凯里·戴维斯：南方州立大学学生联谊会组织协调员，任该职已有4年。凯里已经获得大学生人事专业的硕士学位，本科时曾是女生联谊会会员。

凯利·史密斯：学生联谊会理事会委员，学生联谊会管理办公室学生助理。

玛丽·帕特里克：学生纪律事务中心主任，学校纪律委员会顾问。

案例

1月12日（周一），按惯例，凯里·戴维斯周一早上的第一件事情就是冲一杯咖啡，然后查收语音信箱。留言大都和往常一样，但有一条匿名留言却与众不同。该留言这样说道："你应该知道，兰姆达男生联谊会迎新晚会上邀请了一名脱衣舞女，她与所有参与派对的人发生了性关系。"凯里立即拿起电话，打给他所熟悉的男生联谊会主席斯蒂文·卡尔。可斯蒂文不在家。

凯里打电话给纪律事务中心主任玛丽·帕特里克，告诉她自己接到的匿名电话，并向她征求意见下一步采取什么行动。凯里和玛丽通完电话后，凯里的助理凯利来到学生联谊会管理办公室。凯里问凯利，是否对兰姆达男生联谊会迎新晚会的事儿有所耳闻。凯利回答说，女生联谊会会员大多知道兰姆达男生联谊会迎新晚会上脱衣舞女的事，而且她们对自己在该联谊会的男朋友都很生气。凯利继续说道，她曾和一位与自己很要好的兰姆达男生联谊会朋友聊起过此事。他告诉凯利，就连他们的指导老师也曾参与此事。凯里现在急于想和兰姆达男生联谊会主席谈一谈。

当天中午晚些时候，兰姆达男生联谊会主席斯蒂文走进凯里办公室。凯里问起迎新晚会的事，斯蒂文回答说："晚会办得非常好！"

凯里问斯蒂文，当晚是否有一名脱衣舞女。斯蒂文说："是啊，但是这是一场仅限于兄弟联谊会的男生晚会。有什么问题吗?”

凯里说:“我不仅听说有名脱衣舞女跟新会员发生了性关系,而且还听说你们的指导老师也参加了派对。”

斯蒂文说:“脱衣舞女并没跟新会员发生性关系。就算发生了,这又有什么大不了的呢?”

凯里回答说:“迎新活动是一件十分神圣的事。你们的庆祝方式使得迎新活动低俗化。你想把兰姆达男生联谊会和脱衣舞女相提并论吗?”

斯蒂文离开办公室。

下午大约 4 点 30 分,凯里接到兰姆达男生联谊会一位新会员母亲打来的电话。这位母亲很不高兴。她说,他们家人一直用基督教思想教育其儿子,但没想到儿子会被迫参与如此卑劣的活动。她继续说,她的儿子极为震惊,但他感觉,只有入会才不会遭到男生的排斥。母亲很吃惊,这个男生联谊会竟然会做出此事。当时家人在陪同儿子一起参加家长周末活动,也明白参与男生联谊会的好处。她本以为,男生联谊会会帮助儿子学会怎样成长,怎样发展,怎样成为好学生,可却从没听说他们会干这种事。她想知道学校打算如何处理。

凯里打电话给学生纪律事务中心主任玛丽,继续讨论这件事。凯里和玛丽决定把此事调查清楚,打算与兰姆达男生联谊会所有负责人以及新会员分别见面谈话。

1 月 13 日(周二),玛丽与斯蒂文见面,告诉他学校决定调查此事。玛丽还告诉斯蒂文,在调查期间,斯蒂文将暂停他在校纪律事务委员会的职务,直至调查结束。接下来的两个晚上,玛丽叫斯蒂文帮忙安排会员与自己见面。玛丽问斯蒂文,是否已将此事通报全国男生联谊会办公室。斯蒂文说没有,因为他们没做什么不对的事。玛丽建议他尽快通报全国男生联谊会办公室。

1 月 14~15 日(周三、周四),安排和兰姆达男生联谊会新会员、纪律委员会委员,以及所有被认为与此事有关的人面谈。但兰姆达男生联谊会指导老师认为此事与他无关，拒绝面谈。凯里和玛丽主持面谈工作。第一个面谈的是斯蒂文。他解释说，11 月有些老会员参加了脱衣舞俱乐部活动，一番尽兴后，他们有了主意，那就是在迎新派对上请脱衣舞女表演。迎新派对前一周，他们最终敲定计划，和一名脱衣舞女签订协议。“事实上，”斯蒂文说，“为了落实细节，我上周还专门举办了一场价值观和道德观研讨会。”玛丽问斯蒂文，脱衣舞女和那些学生签订的是什么协议。斯蒂文回答说，表演中她可以用牙齿解开男人的裤腰带，再把这些裤腰带绑在他们头上。这样一来，晚会上，很多男生都用裤腰带当头巾。“脱衣舞女和这些学生就没有过其他接触?”凯里问道。“没什么不同于通常的脱衣舞女互动表演的，就是些膝上艳舞什么的。”斯蒂文回答。

玛丽和凯里继续和联谊会负责人面谈。他们说的内容都差不多。没人确认那天晚会上曾出现过一名指导老师。大部分联谊会的负责人都认为此事没什么大不了的。他们认为，自己只是在观看有趣的表演，为新会员做点与众不同的事。当问到是否有人曾摸过脱衣舞女，或者曾跟她发生过性关系时，几位负责人甚至笑起来。他们回答说，脱衣舞女的保镖荷枪实弹，大家都不敢轻举妄动。当叫他们描述保镖和枪时，在场的负责人回答说，保镖个个人高马大，身背长枪。

玛丽和凯里接着跟 15 位新会员面谈。这些新会员都认为自己确实做了错事。他们相信联谊会可能会有麻烦，因为有人这样告诉过他们。他们和老会员的说法大同小异。不过，从新会员这儿，玛丽和凯里得知，老会员为他们提供免费饮料，大部分是啤酒，每个会员大约 12 罐。而 15 名新会员中，只有一名年满 21 岁。他们说自己都没跟舞女发生过性关系，并且承认，一些新会员吸引了脱衣舞女而被从人群中挑选了出来。但是，除了把扎在衬衣上的腰带脱掉之外，舞女几乎没有碰过他们。另外，他们还说，自己当晚没看见联谊会指导老师。但是很多人承认，他们的注意力都集中在其他地方，而没注意门口观众的进出。

最后一个面谈结束。现在你是玛丽，凯里周五上午打电话告诉你，全国男生联谊会执行主任正在前来州立南方大学的路上。你开始想，学校应该对此事采取什么措施？你开始准备和执行主任的面谈。你边工作，边想该给学校即将采取的行动提些什么建议，这些建议都将写入你准备交给学生处处长的报告中。你会提什么建议？

诸圣学院的性骚扰风波

凯里·麦凯
阿拉珀霍社区学院
谢丽尔·洛弗尔
丹佛大学

背景

诸圣学院是一所规模较小的私立学院，喜欢招收传统年龄的学生。学院因学术诚信而声名远扬，其招生人数也逐年增加。校长得到当地社区领导、学院全体教职工及其学生的大力支持。最近，他还被高等教育委员会评为富有活力和创造力的领导。学院有完善的文科核心课程体系，其学生伦理和道德观的发展是本科课程的基石。由于学院地处大城市附近，所以其商业和管理专业逐渐受到学校重视。

学生主要由来自中上层白人家庭的学生组成，68%的学生非本州生源。

诸圣学院是一所与基督教会有密切关系的大学，但是它致力于促进学生背景的多样化。诸圣学院的校训明确推崇公平公正。为了践行校训，诸圣学院近年来郑重承诺将致力于杜绝性骚扰事件的发生。

人物

蒂姆·琼斯：学生生活部主任，26 岁。生活部主任是他大学管理专业毕业后的第一份工作。蒂姆直接向分管学生事务的副校长汇报工作。他还兼任学生纪律委员会顾问一职。

萨莉·史密斯：诸圣学院大三学生，19 岁，优等生，学生宿舍楼管理委员会委员，大三学生领导力发展项目成员。她是学生反性骚扰组织的负责人，还在学校休闲娱乐中心当兼职救生员。

比尔·赖特：22 岁，大二学生。通过针对学业不佳学生的特殊项目进入诸圣学院。他高中一毕业就应征加入美国海军，服完兵役，光荣退伍，进入诸圣学院，在这里他已经成为了一名优秀的学生。他是大二学生领导力发展项目的成员。他在那些今年通过特招项目进入学院的新生面前扮演着大哥哥的角色。

事实

1. 由于萨莉·史密斯在宿舍楼管理委员会中的号召力，去年她所在的学生反性骚扰团体受到学校各方面的极大关注。

2. 校纪律委员会由 5 个大三、大四的学生组成。他们由学生自治委员会任命，并且必须得到学生生活部主任蒂姆·琼斯的批准。

3. 学生手册明确规定了纪律委员会的工作程序、处理措施和合理的补救方法。然而，对某些违纪行为还需要进一步进行明确的定义。例如学生手册严厉禁止性骚扰，但却没有写明哪些行为属于性骚扰。

4. 纪律委员会的指导老师必须出席纪律委员会举行的听证会，并就与违纪事件相关的学校政策和可能采取的处理措施予以说明。然而，学生手册说明，纪律委员会顾问不得介入决策环节。

5. 纪律委员会的委员们未经过任何正式的关于权衡和评估证言和证据的培训。

案例

1 月 15 日下午 3 点，比尔·赖特和 3 个朋友一起坐在学校休闲娱乐中心的游泳池边上。他的几个朋友都去游泳了，他和一位叫萨莉·史密斯的值班救生员闲聊。游泳池总共就他们 5 个人。萨莉和比尔聊起了学校前天晚上的舞会，就舞会上各自的约会彼此开起玩笑。谈话比较随意，比尔开始炫耀起来。他在游泳池中显摆游泳技巧，并大声嬉闹，对萨莉动手动脚。于是萨莉责备比尔向她漏臀的行为，不尊重萨莉是个女生，也不尊重她救生员的工作。萨莉叫比尔马上离开。比尔解释说，自己没有不尊重她的意思，边说边拿起毛巾离开游泳池。

1 月 17 日大约中午时分。一位在纪律委员会任职的好友告诉比尔，萨莉正在投诉他，可能要投诉到纪律委员会。萨莉控告比尔猥亵暴露、危害游泳池安全以及性骚扰。

1 月 17 日晚上 7 点，萨莉正和两名舍管助理一起吃晚饭，比尔走过来，把自己所听的事告诉萨莉，问萨莉情况是否属实。萨莉拒绝和比尔讨论此事。这使比尔更加愤怒。比尔骂萨莉在诋毁自己的名声和人格。比尔恶狠狠地离开萨莉的饭桌，并说道："小女孩，你总有一天也会长大的。"

1 月 17 日晚上 10 点。比尔在寝室听见有人敲门。蒂姆要他立刻去宿舍助理办公室谈话。比尔拒绝了。蒂姆强行进入比尔房间，要比尔解释当晚在咖啡厅对萨莉说的那番话。比尔又拒绝了，并且警告蒂姆他正在侵犯自己的隐私，威胁自己，骚扰自己。比尔要蒂姆离开。蒂姆把门砰地一甩，离开房间。

1 月 18 日上午 8 点，比尔去学业辅导老师那儿问前几天课程中遗留的问题，辅导老师向他打听这件事。蒂姆告诉比尔，萨莉正式提出控告，指责比尔猥亵暴露、危害游泳池安全以及性骚扰。蒂姆说，校方已通过校邮件正式通知比尔。

1 月 20 日下午 4 点，校纪律委员会为此举行了听证会。比尔提供了自己的 3 位证人。萨莉说这 3 位证人串供，其实比尔说的都是他的一面之词。她坚持认为既然自己是救生员，毫无疑问，她说的才是事实。萨莉坚称，比尔向她露臀调戏她，危害游泳池安全，并对她进行性骚扰。

比尔坚持自己没做过任何萨莉指控的事，萨莉只是反应过度，把嬉闹当成性骚扰。比尔辩称，萨莉之所以如此敏感，只是因为她有学生反性骚扰团队负责人的特殊身份。比尔觉得萨莉在诋毁自己的名声和人格。

在休会商议处理决定期间，蒂姆以一种微妙的方式影响纪律委员会委员，提醒他们关注听证会上没提到的事实。蒂姆所指的事实是比尔在高中的名声及其特殊的录取方式。

经过 3 小时的商议，纪律委员会裁决，比尔在游泳池和咖啡厅有语言骚扰（非性骚扰）的行为，并且在救生员值班时分散救生员注意力，有破坏游泳池安全的嫌疑。对比尔的处理措施是给予他留校察看处分（这是除开除学籍外最重的处分），禁止他在校期间使用游泳池，建议他去校心理咨询中心咨询 3 次。

1 月 21 日下午 1 点。校纪律委员会一名成员告诉比尔，她为听证会上的事感到不安。她告诉比尔休会商议处理决定时发生的事。这时候，比尔真正觉得自己蒙冤了。

你是蒂姆·琼斯。分管学生事务的副校长打电话给你，说比尔的律师刚刚联系过他，说他正准备控告学生宿舍管理中心的职工和校方。律师说，控告的理由是听证会没有履行正当的程序。律师特别强调，你（蒂姆·琼斯）曾强行闯入比尔的房间，侵犯比尔的隐私。而且，律师指控你非法干涉裁决程序。副校长希望上午在他办公室与你见面。那么，你打算为自己的行为做什么解释和辩护？你会改变处理类似事件的方式吗？

寻宝游戏

克里斯托夫·布朗，斯蒂文·托马斯
伊利诺斯大学香槟分校

背景

新罕布什尔州农业理工学院是一所环境美丽的大学，位于新罕布什尔州一个山脚下约10万人口的“颠簸”镇。新罕布什尔州农业理工学院的办学宗旨是，满足本州及周边地区对工农业人才的需求。该校目前拥有14700多名在校本科生，约1800名研究生。自120多年前建院起，学院校园内一直有男、女生联谊会。

人物

珍妮·休顿博士：学生处处长，分管7个部门，这些部门都向她汇报工作。

彼得·沙龙先生：学生纪律事务部主任，该部直接向学生处处长汇报工作。

乔西夫·布里曼：兰姆达·卡帕·阿尔法男生联谊会会员。乔西夫有一个室友叫乔治，是乔西夫最好的朋友之一。

乔治·查里斯顿：非裔美国男生，刑事审判专业。他是在册的非裔美国学生学生会副主席。

兰姆达·卡帕·阿尔法男生联谊会：现有45名会员。该男生联谊会若追溯其原始会员的话，则已有了80多年，具有悠久的历史和传统。

事实

1. 作为男生联谊会，兰姆达·卡帕·阿尔法男生联谊会从未与任何欺辱行为或非法勾当产生过联系。

2. 对所有的男生联谊会和女生联谊会，新罕布什尔州农业理工学院都有严格的强制性措施，以规范他们的招新和宣誓程序。

3. 大部分进入新罕布什尔州农业理工学院的学生，都是来自周边城市，或来自“颠簸”小镇方圆不到150英里的周边地区。其少数民族学生约占学生总数的10%。

案例

每学年第一学期的第二周，都是各男生联谊会和女生联谊会招新的时间。历史上，兰姆达·卡帕·阿尔法男生联谊会已形成这样一种传统：宣誓的最后一周叫作“地狱周”，而“地狱周”将有一次闭幕式活动，这一活动称为“寻宝游戏”。寻宝游戏的规则是将宣誓人分成两队，每5人一组，每组都得完成一张寻宝清单上所列的合法和非法项目，例如寻找停车标志、女性内裤、小册子和传单、涂成有色人种或同性恋者的会员照片等等。

9月15日（周一），A队觉得把照片上某人涂成有色人种的行为有些不妥，可为了加入兰姆达·卡帕·阿尔法男生联谊会，他们只得照做。

9月19日（周五），按规定，寻宝游戏应于下午6点30分在兰姆达·卡帕·阿尔法联谊会活动室举行。所有宣誓人都得整队接受指令，准备寻宝。乔西夫分在A队，在寻宝的过程中，他觉得可以回宿舍找室友乔治要照片。

A队来到乔西夫和乔治的宿舍，觉得乔西夫应该进去劝室友为寻宝游戏准备照片。乔西夫走进房间，向乔治说明了情况，问他能否让队友把他放倒并用一根棒球棍顶住他的头给他拍照。乔治惊呆了，觉得受到侮辱。因此，乔治拒绝乔西夫的劝说。乔西夫和乔治争论了大约10分钟。

最后，乔西夫决定继续进行寻宝游戏。尽管室友反对，他还是叫队友用棒球棍顶住乔治的头部，自己连拍了几张照片。乔治叫来学校保安，指控他们有人身侵犯的行为。两名学校保安来宿舍做了记录。

9月20日（周六），寻宝游戏的消息和照片传遍了校园和当地社区。乔治打电话问保卫处怎么办。保卫处告诉他，无论大学还是州立法律机构都未明令禁止此事，所以这并非是一种人身侵犯。

乔治与非裔美国学生学生会取得联系，准备策划一次校园游行示威。他还通过当地民权部门联系了媒体。当天晚些时候，几家电视台就以所谓“在寝室用棒球棍顶住非裔美国学生头部进行殴打”为题做了采访。嫌疑事件在晚间新闻和深夜新闻中进行了播报。

9月21日（周日），“颠簸”镇《早间新闻快报》用整幅头版报道“新罕布什尔州农业理工学院的学生，在寝室用棒球棍殴打一名非裔美国学生的嫌疑事件”。社论栏目用半版刊登了当地一名官员关于大学校园种族关系状况的评论，以及要求清除种族歧视事件的建议。

非裔美国学生学生会主席的寝室外举行了烛光守夜活动。烛光守夜活动包括学生和当地民权领袖的激烈言论。当地媒体就此事做了录像采访。烛光守夜活动举行的同时，兰姆达·卡帕·阿尔法男生联谊会正在进行新成员的最后宣誓和入会仪式。

校长半夜接到校董事会成员的电话，质询有关全州皆知的校园种族骚乱事件。

9月22日（周一），学生主办的校报突出了这样一条标题——《没有殴打，黑人学生反应过度》。标题下面贴着烛光守夜活动照片和乔西夫拍的那张照片。黑人学生及其他关心此事的学生愤怒不已。有些学生正在商议占领学校行政楼。

珍妮·休顿博士这时在镇外度周末，第二天上午8点才能来学校。她下半夜回到“颠簸”镇，对周末的事件一无所知。她收到校长的语音留言，约她第二天上午9点30分见面，以讨论这一事件和学生骚乱的可能对策。休顿博士打电话询问彼得·沙龙周末事件的最新情况。休顿博士打了30分钟的电话之后，要沙龙先生第二天上午9点前写好建议。

作为沙龙先生，你想提什么建议？

阿伯希尔学院的安全：责任的界定

迈克尔·库莫斯
博林格林州立大学

背景

阿伯希尔学院始建于20世纪60年代。学院建校委员会希望成立一所在教学和学习上都打破传统、富于创新的大学。以下内容摘自该大学的宗旨，它们充分说明了阿伯希尔学院独特的办学目标：

阿伯希尔学院创建于1965年，作为替代俄勒冈州当时的中学后教育机构而建立。建校委员会为阿伯希尔学院设立了3个目标，这3个目标一直引导着学院的发展：

1. 阿伯希尔学院致力于教学。
2. 赋予学生适当的权利。
3. 阿伯希尔学院坚持公平，提倡关爱。

阿伯希尔学院致力于营造良好的学习环境。学院全体教职员工和学生，应以探求真理为理念，一起互助协作。为了实现这一目标，我们努力创造一种团结协作、相互尊重、相互支持的友爱氛围。学校不设任何正式的头衔，因为我们认为，头衔产生地位，而地位有碍平等。而我们认为平等应属于阿伯希尔学院的每个人。

我们坚信，如果学生能对自己的学习负责，就能形成批判性思维，就会掌握知识。阿伯希尔大学的核心课程是研究项目。这些跨学科的研究项目由师生合作完成。研究项目可以是学生的研究兴趣，也可以是老师有兴趣探索的知识新领域。通过组建跨学科的研究项目，我们可以帮助学生认识大学和社会的内在联系。

［（摘自《阿伯希尔学院公报》首页）］

阿伯希尔学院位于城市郊区，该市拥有25700多人口。校园占地250英亩，由8英尺高的砖墙围起来。人们白天可以通过4座校门进入校园，而晚上就只能从校大门进出，而且校大门由校园保安监控。

校园中央是一大块方形草地，草地边上矗立着艾伦图书馆、教学楼以及学生活动大楼。在这块草地上，可以看到非正式讨论、即兴演奏、政治集会以及户外教学等场面。为获得更广泛的影响，师生们常把学生活动大楼的走廊当作设点宣传的场所。

阿伯希尔学院有5235名本科生，其中65%来自俄勒冈州，大约20%为有色人种，8%为住校生，住校生分散在各个学生宿舍大楼。学院既没有男生联谊会，也没有女生联谊会。阿伯希尔学院学生的典型特征在于他们自由开明，有环保意识，积极参与一系列社交、政治等校园活动。新生选择该校的最大原因是，学院反权威的形象以及富有创意的课程设计。学院创办人的真正愿望是，学生积极参与学校各层次的管理，与教职员工一样享受平等的待遇。阿伯希尔学院充满着一种团结协作、积极行动的集体主义氛围。

人物

朱迪丝·普鲁伊特博士：阿伯希尔学院第4任院长。自建院起，她就一直在该院任教，曾担任过心理学系系主任、教务处处长等职务。过去4年，她一直是学院院长，深受学院师生的尊重。在她坚持学院的办学宗旨、欣赏自由的氛围时，却受到希望提高学院行政管理能力的院监察委员会的指责。为了实现办学目标，她努力使学院办学宗旨中的表述正式化，并号召为学院的发展制定战略计划。其行动遭到学院一些资深员工的反对。

萨拉·罗思博士：阿伯希尔学院学生处处长。她是本校毕业生，过去10年都在该院工作，是学院心理学系的终身副教授。3年前，普鲁伊特院长聘任萨拉当学生处处长。她对学校宗旨坚信不移，在整合学生生活与课程设计方面做出了突出成绩。她负责7个方面的工作：住宿服务、学生活动组织、咨询及心理辅导服务、新生入学教育及学业规划、领导能力培养、合作学习经验（与学术服务中心合作）以及学生健康中心。

弗兰克·莱斯特博士：商业金融系副主任，刚到阿伯希尔学院任职。他两年前受聘，具有丰富的私营企业管理经验。学院专聘他的目的是提高学院的投资组合收益。他分管会计、结算、学校安全和硬件设备等方面的工作。

拉里·旺德利：校保卫处处长，原城市警察。他已受聘阿伯希尔学院3年。在此期间，他已使校保卫处的人数翻番。在任期间，学校很少发生严重的犯罪事件。

詹姆斯·约翰逊：校园保安人员，和其上司一样，也是原城市警察。他去年受聘，现在是校园安全员协会会长。

黛博拉·帕特南：学生会主席，阿伯希尔学院大三学生，打算从政。她和其他大多数阿伯希尔学院学生一样，积极参加政治和社会活动。作为学生会主席，她是院长的“内阁”成员之一。她视朱迪丝为良师益友。

约翰·塔斯克，萨利·索克拉和温迪·雷恩斯：阿伯希尔学院学生。他们都是学校安全特设委员会委员。温迪还是一名妇女联盟的成员，该联盟由女生和女教师组成，维护女性权益。

案例

8月20日，新学期第一次院长办公会议上，朱迪丝·普鲁伊特院长给大家分发了一封校保卫处处长拉里·旺德利的来信。处长在信中指出，一些校保卫人员对学校安全问题表示质疑。尤其是质疑不准他们随身携带武器的政策，因为校保卫人员现在只准随身携带木棍。办公会议上大部分成员支持现有规定，而商业金融系副主任弗兰克·莱斯特博士却指出，现在全国很多高校的校园犯罪问题都遭到曝光，阿伯希尔学院必须避免类似事件的发生。讨论很久之后，普鲁伊特院长请学生会主席黛博拉召集安全特设委员会成员开会，讨论学校安全问题，以及保卫人员要求配备武器的问题。

9月15日，安全特设委员会就学院的安全问题举行第一次会议。与会者有黛博拉·帕特南、拉里·温德利、弗兰克·莱斯特、詹姆斯·约翰逊、约翰·塔斯克、萨利·索克拉和温迪·莱恩。会议集中讨论学院是否需要其保卫人员随身配备武器。支持者主要是代表院保卫人员的詹姆斯·约翰逊和代表妇女联盟的温迪·莱恩。詹姆斯担心不允许随身配备武器可能使其同伴遭遇危险。温迪支持保卫人员的请求，并说道，随身配备武器的保卫人员可以威慑针对女性的罪犯。经过两小时的讨论，特设委员会决定，就保卫人员是否需要随身配备武器在全院进行民意调查。

10月1日，阿伯希尔学院全体人员（包括教师、职工、行政人员以及学生）都收到了一份调查表。该表调查保卫人员是否需要随身配备武器，主要收集全院人员安全感方面的信息，以及对校保卫人员随身配备武器的意见。

10月2日，校报社论头版严厉批评了给校保卫人员配备武器的想法。社论这样评论道："配备武器的警察与阿伯希尔学院自由平等的办学宗旨相违背。我们真诚希望院方通过摒弃为保卫人员配备武器的想法来证明其对学院宗旨的良好认知。社论强烈请求给决策者传达这样一条信息：给保卫人员随身配备武器只会使校园环境更加危险。请别把阿伯希尔学院变成一块警察的地盘!"

10月3~9日，就那篇社论和是否给保卫人员随身配备武器的问题，校报后来刊登了多篇文章。反对者与赞成者的比例约为五比一。文章频繁援引的民众反馈是，配备武器的保卫人员会破坏阿伯希尔学院现存的社区感。

10月15日，院安全特设委员会召开第二次会议，商讨收集到的意见。调查表回收率约为72%。绝大多数（占总回收表的86.5%）接受调查人员反对为保卫人员配备武器。反对为保卫人员武器配备的评论常援引学院已形成的家庭感，以及学院现有的良好的安全状况（尤其是巡夜保安和晚间禁入制度）。

会议上，拉里·旺德利列举了阿伯希尔学院过去3年的校园犯罪数据。其校园犯罪主要涉及财产问题（如偷盗、破坏公物等），以及毒品滥用导致妨碍治安的行为。没有人报告过强奸案，过去3年只发生过一起故意伤害案，这些案件数远低于全国平均数。可是，詹姆斯·约翰逊还是再次请求武装学院保卫人员，要求委员会不要为调查结果所左右，而应考虑专业人员的建议。

10月25日，《朴茨茅斯灯塔报》头版头条报道了阿伯希尔学院的安全问题。前一周在学院一名不愿透漏姓名的安保人员的陪同下，一名调查者亲自体验了学院夜间安全状况。该调查者在其调查报告中宣称，学院保卫人员的校大门值班室约30分钟无人看管。他还写道：楼栋大门很少有人或者无人看管；寝室大门敞开，而学生正在学习或睡觉；宿舍楼楼门洞开；宿舍墙壁乱涂乱画。报告最后引用了学院宣传册上高度赞扬学校安全的一句话，“聚焦阿伯希尔学院的安全问题”来作为结束语。

10月29日，院安全特设委员会召开最后一次会议，决定起草给校长的建议。尽管考虑到《朴茨茅斯灯塔报》的报道所提到的负面影响，委员会还是决定反对给保卫人员配备武器。委员会引用的理由如下：一是校园不存在严重的暴力犯罪，二是学校校园文化不支持武装保卫人员。第二条理由有学院的调查报告作支撑。最后，委员会还建议，武装保卫人员可能会影响学校的招生。詹姆斯·约翰逊对委员会的建议极为不满，他表示如果必要的话他会用其他方式提出武装保卫人员的建议。

11月1日。假设你是学生处处长萨拉·罗斯，院保卫处有人通知你说，万圣节晚会后的夜里有一位女生遭到伤害。由于伤害案发生在学院昏暗的小道上，所以没人听到。那位女生在朴茨茅斯医院就诊，观察了一天后，已经出院。她分别向院保卫处和朴茨茅斯警察局报了案。在报案中她声称，她相信袭击者不是学生。她还向室友透露，在事情没有解决之前，她不会回校园。

这起伤害案在校园悄悄传开。妇女联合会倡议在11月2日晚举行一次“找回平安夜晚”的集会。

在院长办公例会上，你把你所知道的此次伤害案的情况向院长做了陈述。按照会议议程，校安全特设委员会应就是否给保卫人员配备武器之事向院长提出建议。班子成员也收到詹姆斯·约翰逊的信件，他在信中说，如果学院班子接受安全特设委员会的建议，他将不得不向俄勒冈州劳工部投诉。他会投诉学院为保卫人员提供不安全的工作环境。

院长要你考虑一下报上登的那篇报道、约翰逊那封带有威胁口气的信件，以及最近发生的伤害案，写一份报告给学校，谈一谈你建议学校近期和长期分别要采取什么措施。院长还要你关注一下相关的案子，看一看受害女生是否会状告学院。你准备在报告中写什么？